化学化工课程
思政素材选编

叶俊伟　主编　　　唐　萍　崔　淼　副主编

HUAXUE HUAGONG KECHENG
SIZHENG SUCAI XUANBIAN

化学工业出版社
·北京·

内容简介

《化学化工课程思政素材选编》是为落实立德树人根本任务和高质量推进课程思政建设，从“科学家事迹”与“学科故事”两个维度挖掘化学、化工学科发展中蕴含的丰富思政素材，从家国情怀、理想信念、科学精神、工匠精神、学科故事等方面整理了有代表性的课程思政元素，旨在用好学科资源，讲好专业故事，促进专业课程德智相融。

《化学化工课程思政素材选编》可供化学、化工类及相关专业的学生使用，也可为教师教学提供参考和借鉴。

图书在版编目（CIP）数据

化学化工课程思政素材选编 / 叶俊伟主编；唐萍，崔淼副主编. —北京：化学工业出版社，2024.6

ISBN 978-7-122-45495-9

I. ①化… II. ①叶… ②唐… ③崔… III. ①高等学校-思想政治教育-教学研究-中国 IV. ①G641

中国国家版本馆 CIP 数据核字（2024）第 080708 号

责任编辑：徐雅妮　　文字编辑：张玉芳
责任校对：李雨函　　装帧设计：王晓宇

出版发行：化学工业出版社
（北京市东城区青年湖南街 13 号　邮政编码 100011）
印　　装：大厂回族自治县聚鑫印刷有限责任公司
710mm×1000mm　1/16　印张14　字数 235 千字
2025 年 1 月北京第 1 版第 1 次印刷

购书咨询：010-64518888　　售后服务：010-64518899
网　　址：http://www.cip.com.cn
凡购买本书，如有缺损质量问题，本社销售中心负责调换。

定　　价：69.00 元

前言

党的二十大报告提出，育人的根本在于立德。课程思政，作为新时代高等学校全面提升思想政治工作质量的一项重要战略举措，是把“立德树人”作为教育根本任务的一种综合教育理念。将专业课程与思想政治理论课同向同行，构建全员、全过程、全方位育人格局，对于培养德智体美劳全面发展的社会主义建设者和接班人具有重大战略意义和实践价值。

课程思政元素（素材）是指蕴含在专业课程知识体系中，有助于对学生开展思想政治教育、价值引导、德育培养、科学精神和工程伦理教育的思政元素，是课程教学改革和创新的关键。课程思政素材的深度挖掘和有机融入课堂教学事关育人效果。通过将思想政治教育理论、价值理念以及精神追求等思政素材融入专业知识学习中，可以潜移默化地对学生的思想意识、思维模式和行为产生积极影响。思政素材不能强加于专业课程的知识讲授中，而是要在学科发展历史、理论知识和实践教育体系中找到教书与育人的内在关联。通过在教学过程中回应学生课内外遇到的真实问题，深入触及学生认知和行为的思维根源，从而润物无声地产生积极正确的引导和育人效果，实现显性与隐性教育的有机结合。

化学和化工类专业口径宽、知识覆盖面广、知识的可迁移性强，更需要深度挖掘课程思政素材，从课程目标、内容、模式、方法等方面进行改革。在“以学生为中心”的教学理念下，一方面应加强教师对课程思政理念的认知，提升教师开展课程思政教学的实践能力；另一方面应立足学科视角、理论和方法，提炼爱国精神、工匠精神、科学思维、工程伦理等方面的思政素材，使之与课程知识点有机融合，这样才能有效激发学生的家国情怀和使命担当，增强专业认同，培养学生探索未知、追求真理、勇攀科学高峰的责任感和使命感，促进学生的全面发展。结合学科特点，将思政教育、科学思维教育与习近平新时代中国特色社会主义思想的世界观和方法论相统一，在课程教学中从化学化工学科视角强化科学和工程思维方法的训练，帮助学生提高正确认识问题、分析问题和解决问题的能力，深刻领会习近平新时代中国特色社会主义思想的精髓要义，深刻理解社会主义核心价值观的内涵和意义，深刻理解化学和化工对人类文明和社会发展的重要贡献，坚定中国特色社会主义道路自信、理论自信、制度自信、文化自信，为实现中华民族伟大复兴的中国梦提供精神指引。

为了用好学科资源，发挥课程思政作用，本书编写组从“科学家事迹”与“学科故事”两个维度深入挖掘、梳理化学和化工学科发展中蕴含的典型思政素材，从家国情怀、理想信念、科学精神、工匠精神、学科故事等方面整理了有代表性的课程思政素材案例，促进化学、化工类专业课程价值塑造、知识传授、能力培养“三位一体”教学目标的达成。讲好化学化工故事、传递化学化工声音，通过案例激发和提升学生学习兴趣和学习动力，实现在潜移默化中对学生进行思想政治教育，倡导和培养学生树立正确的世界观、人生观、价值观，增强学生的责任感和专业认同感，实现立德树人。

参与本书编写的有：叶俊伟（第一、五章）、唐萍（第二、五章）、崔淼（第三、五章）、刘颖雅（第四、五章）。全书由叶俊伟统稿。左轶、王海、李克艳、赵佳明、曾洋、高钦欣、刘微参与了资料搜集和修改工作。感谢大连理工大学研究生教学改革与研究基金和国家本科教学工程项目的支持。

在本书编写过程中，参阅和借鉴了大量文献资料，在此向有关作者表示感谢。受篇幅限制，还有很多案例和资料未能引用。

限于编者的学识水平，书中不足之处，敬请提出批评指正意见，编者不胜感激。

编者
2025 年 1 月于大连

目录

第一章 家国情怀

家国情怀是对国家和民族所展现出来的理想追求，是对自己国家的一种高度认同感、归属感、责任感和使命感。本章以“家国情怀”为主题，分享10位化学、化工领域科学家的故事。他们热爱祖国，忠于人民，求真务实，开拓创新，以发展科技、服务国家、造福人民为己任，不畏艰难，无私奉献，为科学技术进步、人民生活改善、中华民族发展做出了卓越贡献。新时代的青年学子更需要继承发扬以国家民族命运为己任的爱国主义精神，保持深厚的家国情怀和强烈的社会责任感，勇担时代重任。

实业救国的“化工之父”

—— 化工实业家，中国重化学工业的奠基人，范旭东

范旭东（1883—1945），湖南湘阴县人。中国化工实业家，中国重化学工业的奠基人，被称为“中华民族化学工业之父”。1910 年，毕业于日本京都帝国大学化学系。此后，先后创办和筹建久大精盐公司、久大精盐厂、永利碱厂、永裕盐业公司、黄海化学工业研究社等企业，历任总经理、董事长。

化工实业家范旭东

范旭东是民国时期著名的实业家，毕生致力于发展工业，以实现科学救国的理想。他在创业实践中笃信科学，始终坚持以科学研究为基础，依靠科技进步兴业，既发展生产，又重视对科技的投资和人才的培养，他的实业救国实践为我国化工事业的发展做出了巨大贡献。

一、兴办实业，科学救国

范旭东在青少年时代，就受资产阶级维新思潮和戊戌变法运动的影响，树立了科学救国的崇高思想。为了实现自己的理想，范旭东于 1908 年考入了日本京都帝国大学理学院学习化学。辛亥革命后，他抛弃优裕的生活，毅然归国，准备将其所学的科学奉献给振兴中华的伟大事业，期冀实现科学救国的理想。

近代工业以化学工业为核心，酸、碱、盐则为化学工业之母。范旭东胸怀“先中国化工之忧而忧”的气概，为实现科学救国的崇高目标，积极创办化工厂。要真正发展民族工业，就必须坚持独立。因此，他将独立自主作为办厂的信条和原则。1914 年，为了促进民族工业的独立发展，解决中国近代化学工业所需的用碱问题，范旭东在天津塘沽创办了中国第一个精盐工厂——久大精盐公司，

揭开了中国盐业和化工史的新篇章，中国现代化学工业由此奠基。

20世纪初世界制碱行业被外国公司所垄断，其中制碱的索尔维法更是被几大公司严格保密，使得纯碱（当时称为“洋碱”）在旧中国贵如黄金，严重制约了民族工业的发展。1917年，范旭东开始筹备成立永利碱厂，立志要生产中国人自己的碱，以振兴中国的化工事业。1918年11月，永利制碱公司在天津正式成立。1922年底，各部机器先后装齐，试行运转。1924年，工厂首次开工，但所出纯碱色发红夹黑，质量很差。1925年，因主要设备干燥锅烧坏，碱厂被迫停产。为彻底解决制碱技术问题，范旭东决定派侯德榜等技术人员赴美考察，并采购新式设备。1926年，永利碱厂再次开工，所出纯碱完全达到质量指标，碳酸钠含量在99%以上，多年的艰苦努力终于换来了中国人自己制造的纯碱。同年8月，永利公司生产的“红三角”牌纯碱在美国费城万国博览会上获金奖，并被誉为“中国近代工业进步的象征”。

永利化学工业公司

制碱工业创立后，范旭东又投入到制酸工业中来。酸和碱一样，都是近代化学工业不可缺少的基本原料。中国自建立近代化学工业以来，其所需的各种酸剂，完全依赖进口。范旭东等人认为，在中国不先树起酸碱工业，中国工业将永远不能独立，因此又计划创办制酸工业。历经多年筹划和努力，1934年，范旭东等人在南京兴建了一座年产5万吨的硫酸铵厂，通过两年多的艰苦奋战，终于在1937年1月试车成功，第一批国产硫酸铵陆续投放市场，结束了洋货独霸中国化肥市场的历史，此举也使范旭东作为中国化学工业的开拓者被载入史册。

二、科研先行，重视人才

范旭东不仅相信科学，而且为发展我国的科学事业奋斗终生，他深有体会地说："中国今日若不注重科学，中国工业有何希望？"

范旭东十分注重企业的科学研究工作，并积极为科学研究创造条件。久大精盐公司建成投产不久，他就拨出专款建立了久大化学实验室。1922 年，在原久大化学实验室的基础之上又将其扩建为独立的黄海化学工业研究社，这是我国近代民族工业企业中第一家民办的科学研究机构。黄海化学工业研究社的创立，为进一步促进化工事业的发展奠定了坚实的理论和人才基础。

范旭东深信要发展工业，实现国家的富强，必须有一批懂科学、勤于科学研究的人才。他认为，"事业的真正基础是人才"，"凡事待人而兴"。因此，从创办化学工业开始，他就非常尊重、爱护和善于使用人才。早在工厂的筹备和兴建过程中，范旭东就派陈调甫到美国进行技术考察和学习，并通过他引入侯德榜等几位留学生。不久，侯德榜又为范旭东聘请到美国工程师李佐华。此外还有李烛尘、余啸秋、傅冰芝等一大批技术人才被范旭东招进企业，成为骨干力量。在 20 世纪 30 年代的旧中国，一家私营民族工业企业能集中如此多的高级技术人才，实不多见，这些具有一技之长的专门人才，极大地推动了化学工业的快速发展。而这种尊重人才、以人为本的思想，是范旭东事业成功的重要保证。

范旭东是近代最早实现产、学、研结合的爱国知识分子之一，他积极致力于普及科学知识，推广科学研究，推进研究成果的转化和实践，为实现科学救国和振兴中华做出了卓越的贡献。

参考资料

[1] 朱华．范旭东科学救国思想论[J]．贵州社会科学，2006(5):162-165.
[2] 李德芳．范旭东与永利化学工业公司（1917—1937）[J]．中国经济史研究，1998(1):135-144.
[3] 麦群忠，吴晓波．范旭东——实业救国的化工之父[J]．中国市场，2012(25):50-53.

科技泰斗，士子楷模

—— 著名科学家，杰出化学家，侯氏制碱法的创始人，中国重化学工业的开拓者 侯德榜

侯德榜（1890—1974），福建闽侯人。著名科学家，杰出的化工专家，“侯氏制碱法”创始人，我国重化学工业的开拓者，近代化学工业的奠基人之一，被誉为“科技泰斗，士子楷模”。

“侯氏制碱法”创始人侯德榜

在近代中国，以侯德榜为代表的中国人走出国门，向西方学习，为振兴中华而顽强拼搏。他们在国外学习先进的科学技术，不忘报效国家，以强烈的时代责任感和爱国心，在艰苦的环境条件下，以学术研究为社会服务，将科学知识转化为救亡图存的物质资源，自强不息，刻苦钻研，大胆创新，取得了令世人瞩目的成就。侯德榜积极传播交流科学技术，培育了很多科技人才，为发展我国科学技术和化学工业做出了卓越贡献。

一、打破垄断，揭秘“索尔维制碱法”

1921 年，侯德榜获得哥伦比亚大学制革博士学位，爱国实业家范旭东力邀他到正在筹建的中国第一家碱厂——河北塘沽（现属天津）永利碱厂工作。侯德榜放弃了纽约一家工厂优厚的待遇，毅然回国，受聘担任永利碱厂工程师，开始了他的科学救国和实业救国的人生历程。

20 世纪初，碱作为基础化工原料，是当时许多工业部门（如纺织、肥皂、造纸、玻璃、火药等）大量采用的原料。然而优质纯碱制造技术一直被西方人垄断，其中制碱的索尔维法更是被几大公司严格保密。但这个制碱方法却被一个聪明的中国人摸索出来了，这个人就是侯德榜。虽然现在看起来索尔维制碱

法的原理非常简单，但在当时生产工艺被外国公司所垄断的情况下，侯德榜要掌握此制碱法，完全得靠自己摸索，难度可想而知。

索尔维法制碱的特点之一是连续生产，整个工艺流程中所用的机器设备节节相连，形成了一个完整的系统，若有一个部分发生故障，生产就会受到严重影响。永利制碱公司刚试车时，由于缺乏经验，经常出问题。侯德榜带领工程师们昼夜奋战，摸爬滚打中进行着这场革命性的艰苦创业。经过几个寒暑的奋战，通过数百次试车过程中的修改和调整，永利制碱厂终于运转起来了，同时也终于掌握了索尔维制碱法的各项技术要领。

侯德榜纪念邮票

1924 年 8 月，永利碱厂正式投产。正当大家兴高采烈地等待雪白的纯碱从烘烧干燥炉中出来时，出现在大家眼前的却是暗红色的纯碱。这是怎么回事？这无形中给大家泼了一盆冷水。作为总工程师的侯德榜经过冷静分析，发现纯碱变成暗红色是由于铁锈污染所致。随后，他们以少量硫化钠和铁塔接触，使铁塔内表面形成一层硫化铁保护膜，再生产时纯碱就是纯白色的了。此后，经多次改进，终于在 1926 年成功制得含碱 99.9%的产品，因产品纯洁，也为了与“洋碱”区别，将此碱命名为“纯碱”。1926 年，永利碱厂生产的“红三角”牌纯碱在美国费城举办的万国博览会上荣获了金奖，并得到了“中国近代工业进步的象征”的评价。

1933 年，侯德榜将自己苦战多年得到的制碱经验写成《纯碱制造》（英文版）一书，将索尔维制碱法公之于众，因为他坚信科学是属于全世界并应该造福于世界。该书的出版彻底打破了西方国家对制碱技术的垄断，从此揭开了索尔维制碱法的神秘面纱，让世界各国人民共享这一科技成果。

二、潜心钻研，创制“侯氏制碱法”

1937 年，全面抗战开始，永利制碱公司被迫迁至四川省。由于四川的盐井所产之盐要比塘沽贵几十倍，导致制盐成本提高了许多倍。而当时索尔维法对食盐的利用率又很低，能否提高食盐利用率成为永利能否继续生产的关键。侯德榜决定不再使用索尔维制碱法，要另辟蹊径。

1938 年，侯德榜在德国考察期间获得关于察安制碱法的一些资料。结合这些有限的资料，侯德榜决定模仿试制。试验之初是重复察安制碱法的内容，可是进行不久，反应物形成一锅粥样，试验无法继续进行。为了探索该法实质，干脆重新进行条件试验，从头做起，对反应条件进行筛选。通过对每次试验结果进行认真分析和条件不断地调整，经过半年多的努力，研究小组基本摸清了察安制碱法的各种工艺条件，从 1939 年起，开始对察安制碱法进行创新及放大实验，并在两个方面取得较大突破：一是不加入“中间盐”，不需要任何辅助剂，可以降低成本；二是原料由固体碳酸氢铵改为 NH_3 和 CO_2 的水溶液，反应可以进行得更彻底。1941 年 3 月，在厂务会议上，范旭东介绍了新法制碱的特点和研究经过，将这一技术成果命名为“侯氏制碱法”。

1942 年，侯德榜想到一个从合成氨出发的制碱流程，这个制造碳酸钠和氯化铵的新法，巧妙地把合成氨工业和制碱工业联合成一体，用同一套工艺流程生产出化工原料纯碱和农用化肥氯化铵，大大提高了原料的利用率，降低了生产成本，并实现了生产过程的完全连续化。至此，侯氏制碱法的连续化过程得以在扩大试验中实现，一个与察安制碱法截然不同的氨碱联合流程宣告完成，它的特点是连续循环操作，同时得到纯碱和氯化铵两种产品。

新中国成立后，联合制碱的大规模工程建设得以开展。联碱工程上马之初，国家就给予了大力支持，调集了当时全国纯碱行业的一流专家学者来完成该项工程的扩大试验和工程设计。随后，在大连化学厂第九车间原有的精制氯化铵生产基础上，侯德榜领导设计了日产碳酸钠和氯化铵各 10 吨规模的侯氏制碱法中间试验厂。

1953 年 10 月，全流程循环试验在大连开始进行。其间，侯氏制碱法主要产品之一氯化铵应用的局限性曾是联合制碱工程是否可行的争论焦点，试验一度停滞。1957 年，在化工部和周恩来总理的支持下，试验在中断 4 年后重新开展，为了充实技术力量，化工部还专门把部属的化工设计院制碱科纯碱专业组迁到大连，侯德榜很快指导完成了年产 16 万吨纯碱的工程设计。

1961～1964年，通过3年的试生产，侯氏制碱法大生产车间已经达到设备运转正常、生产操作稳定的要求，纯碱和氯化铵两种产品均达到日产240吨的水平，全面实现了国家规定的各项指标。由于这个制碱方法在原理上是联合了纯碱和氯化铵两种产品的生产，在1964年国家科委组织的鉴定会上，侯德榜提议将这项制碱方法改名为“联合制碱法”，简称“联碱法”，并获采纳。鉴定会之后，侯德榜带领联碱工程的技术人员继续研究加压碳化新工艺，并探索小型装置的性能，使联碱技术更适合在全国推广应用，成为新中国成立后的工业样板工程。联碱技术极大地提高了原盐的利用率，降低了生产成本，有力地推动了我国纯碱和化肥行业的发展。

“侯氏制碱法”的成功是在中国人民最艰苦的十四年抗战中取得的，它反映了中国化工科学家们的聪明才智以及不屈不挠攀登世界科学高峰的进取精神和为改变我国落后工业面貌的自强不息的奋斗精神。“侯氏制碱法”的成功，不仅是为中华民族在国际学术界争得光荣和地位，更是为世界制碱工业树起了一块光辉灿烂的丰碑。侯德榜所展现出的爱国、勤奋、节俭、百折不挠等优良品质，值得尊重和学习，对解决国家重大需求、“卡脖子”技术难题具有启迪价值。

参考资料

[1] 罗明勋．化工先驱侯德榜——纪念侯德榜先生诞辰120周年[J]．化学教育，2010,31(8):86-87.
[2] 叶青．联合制碱工程在中国[J]．工程研究：跨学科视野中的工程，2009,1(4):368-379.
[3] 李树伟，王川，唐文炎，等．“侯氏制碱法”与四川的化学工业——纪念侯德榜先生诞辰一百二十周年[J]．四川化工，2011,14(1):49-51.
[4] 赵子云．制碱先驱侯德榜[J]．炎黄纵横，2011(3):16-17.
[5] 吴东好．制碱大王——侯德榜[N]．东方烟草报，2008-10-31.

中国味精之父

—— 化工实业家，近代化工专家，中国氯碱工业的创始人吴蕴初

吴蕴初（1891—1953），上海嘉定人，中国近代化工专家，著名的化工实业家，中国氯碱工业的创始人。

二十世纪二三十年代，吴蕴初成功研究出廉价生产味精的方法，在我国创办了第一个味精厂、氯碱厂、耐酸陶器厂和生产合成氨与硝酸的工厂；他大力支持学会活动，资助寒门优秀学子上大学，培养了很多高级科技人才。他为我国化学工业的兴起和发展做出了卓越的贡献。

化工实业家吴蕴初

一、研制味精，创建国货品牌

20世纪20年代初，十里洋场上海滩，外货倾销，到处是日商“味之素”的巨幅广告。“为什么中国不能制造？”吴蕴初感叹着，发誓要造出中国的调味品，把“味之素”从中国赶出去，强烈的民族自信心坚定了他的决心。

他买了一瓶“味之素”仔细分析研究，发现其主要成分是谷氨酸钠。他知道1866年一个德国人曾从植物蛋白质中提取过这种物质。于是，吴蕴初开始在自家小亭子间里着手试制。凭着在兵工学堂学的化学知识和走南闯北试制耐火砖、火柴、牛皮胶等积累的化学实践经验，经过一年多坚持不懈的试验，神奇的白色粉末终于试制成功。

1921年春，经人举荐，吴蕴初得到酱园老板张逸云的支持，开始试办企业。很快首批产品问世，以“天厨味精”为名，凭着味美、价廉、国货，大得人心，销路大开。1923年8月，天厨味精公司成立，产量达3000吨，获北洋政府农商部发明奖。1926～1927年间，为保障味精的产销，“天厨”在中国驻英、法、

美三国使馆协助下，先后取得这些国家政府给予的产品出口专利保护权，开中国轻化工产品获得国际专利之先声。继而又办妥了进入这些国家的食品入境卫生检验手续，吴蕴初由此成为闻名遐迩的“味精大王”。

二、创办多家化工企业，实业报国

在天厨的成功中，吴蕴初感受到了国货的力量，同时，他也深以为疚。天厨以国货起家并发展壮大，然而制造味精的化工原料盐酸却多年依赖日本进口。加上时局的影响，盐酸供应时断时续，促使他燃起自己生产盐酸的念头。

1927 年起他就积极收集世界各种电解槽、发电机、整流器等资料，想创办中国自己的氯碱工厂。1929 年 10 月，吴蕴初集资 20 万元在上海周家桥成立了天原电化厂（天原：“为天厨提供原料”之意），该厂是我国第一家生产盐酸、烧碱和漂白粉等基本化工原料的氯碱工厂。至 1937 年，天原厂烧碱日产量已达 10 吨，成为我国实力雄厚的少数厂家之一。

成功地生产盐酸后，吴蕴初的脚步并没有停歇，他再次向自己发起了挑战。天原厂在生产盐酸时，电解盐会产生大量氢气，只有少数用于生产盐酸，大量都被浪费了。1932 年，吴蕴初赴美国考察氯碱工业时，买下了一套美国杜邦公司的合成氨试验工厂待售设备，建立了天利氮气厂（天利：“利用天然氢气”之意）。天利厂用天原厂电解车间放空的氢气制合成氨，部分合成氨再制成硝酸，是我国第一家生产合成氨及硝酸的工厂。

1935 年，为使天厨、天原所需耐酸陶瓷做到自给自足，吴蕴初在上海建立了天盛陶器厂（天盛：“给天原提供盛盐酸的容器”之意）。他利用自己当年生产硅砖和锰砖的技术，采用江苏宜兴陶土，生产多种耐酸陶管、陶质阀门瓷板及鼓风机等，填补了我国化学陶瓷的空白，开创了国产耐酸陶瓷工业之先河。

天厨、天原、天利、天盛 4 个轻、重化工企业的创办，带动了一系列有关工业，对我国经济的发展和国计民生做出了重要贡献，在我国化学工业史上写下了灿烂的篇章。

三、重视科技事业，积极培养人才

吴蕴初在不断的探求中深深体会到，要发展我国的化学工业关键是要有化学人才及良好的科研条件。因此在他从事的一系列实业救国活动中，同样把科学技术与人才培养摆在重要的位置。他认为，他的财产是“取之于社会，用之于社会”，把财产集中起来，发展事业，培养化工人才，对国家和社会才会有好处。

1928 年，吴蕴初在上海创办了中华工业化学研究所，购置了相当数量的机器设备，根据生产需要进行技术研究和分析化验等科学研究。1929 年，原设在北平的中华化学工业会因北方政局动荡，学会活动被迫中断。吴蕴初邀请该会南迁上海，并提供房屋与该会合址办公，与该会建立了合作关系，协助该会迅速恢复了学会活动，为化学化工学会的发展繁荣做出了重要贡献。

1931 年，吴蕴初出资 5 万元，成立清寒教育委员会，资助没钱而想读书的有志青年。同时在沪江大学（现上海理工大学）化学系设立奖学金，先后培养了上百名优秀的高级科技人才。吴蕴初也很重视对公司职工的教育培训，拨专款作为工厂技术人员出国考察进修经费。

1945 年，吴蕴初成立“吴蕴初公益基金委员会”，将他投资化工事业的全部股票拿出，交给基金会统一保管。抗战胜利后，他又将味精发明权所得的收入全部归入基金会。这些基金，对培养我国科技人才，促进我国科技事业的发展，发挥了重要作用。

吴蕴初刻苦钻研、不断进取、自学成才的科学精神，独立自主、力克艰辛、发展民族工业的爱国主义精神，重视科学、积极培养人才的孺子牛精神，为后世传颂、学习。

参考资料

[1] 中国民主建国会.“味精大王”吴蕴初[EB/OL]. [2014-12-19]. https://www.cndca.org.cn/mjzy/rwfc/mjxx/933394/index.html.

[2] 崔宁宁. 我国民族化学工业的先驱——吴蕴初[J]. 化工管理，2012(3):75-78.

[3] 金翔. 味精先师 爱国志士——吴蕴初[J]. 化学工程师，1989(5):1-4.

[4] 董晴川. 吴蕴初：怀揣报国梦的味精大王[J]. 名人传记：下半月，2012(9):60-64.

一生为国做科学

—— 有机化学家　黄鸣龙

黄鸣龙（1898—1979），江苏扬州人，有机化学家，中国科学院数理化学部学部委员。1952年响应新中国号召，经历重重困难绕道欧洲回国，先后在中国人民解放军军事医学科学院化学系和中国科学院上海有机化学研究所任研究员，1955年当选中国科学院学部委员（院士）。一生从事有机化学的研究和教育工作，尤其在甾体化学领域，引领了我国甾体药物的生产发展，是我国甾体化学和甾体药物工业的奠基人。

有机化学家黄鸣龙

一、攻坚克难，成果卓著

20世纪40年代正处于抗日战争艰难时期，在试剂药品非常匮乏、实验环境极其简陋的条件下，黄鸣龙从当时只能购到的植物驱蛔虫药山道年和手头仅有的盐酸、氢氧化钠、酒精等最简单的试剂中，发现了变质山道年 4 个立体异构体的循环转变。这一成果的发现被众多国际学者认为是立体化学发展中一个启发性实例，是有机化学合成的一个重大突破，为阐明山道年的绝对构型和全合成提供了理论依据。

黄鸣龙在做科学研究时，如发现一些反常反应，绝不放弃，一定要把它搞清楚。正是由于这种追求真理、一丝不苟的精神，他在有机化学研究中取得了辉煌的成就。1946年，黄鸣龙以中央研究院化学研究所休假研究员的身份在哈佛大学进行 Kishner-Wolff 还原反应实验时，由于反应时间较长，实验中使用的软木塞不慎被腐蚀，反应瓶中的溶液由于温度升高而已经浓缩，反应混合物漆黑一团，考虑到这是一种在特殊情况下完成的反应，黄鸣龙并没有把反应混合物一倒了事，仍然非常认真地将反应产物分离纯化，结果惊奇地发现不仅获得了期望的还原产物，而且产率还很高。受此启示，他对该实验方法进行了重新设计：首先将羰基化合物酮或醛与比较易得的85%水合肼、氢氧化钠在二甘醇或三甘醇高沸点溶剂中加热回流，将羰基化合物转化成腙，然后继续加热除去水和过量的肼，将反应温度提高至180～200℃，回流2～3小时使腙分解，完成还原反应。这种新的实验设计改变了Wolff-Kishner还原法需要贵重的无水肼和容易爆炸的金属钠，实验不仅可以在常压下进行，还可以放大。1946年，《美国化学会志》报道了这一实验设计，这项改进使Kishner-Wolff还原法发生了彻底的变革。此后，黄鸣龙的方法得到了普遍的应用，成为各实验室以及工业生产实际中采用的方法，这一革新成果也被命名为“黄鸣龙还原法”。

2003年，《美国化学会志》创刊125周年的纪念文中，统计出当时引用次数最多的125篇论文中，黄鸣龙的论文赫然在目，由此可见这一工作在化学领域的深远意义。哈佛大学著名的甾体化学家L. F. Fieser教授，还将黄鸣龙还原反应写入了他经典的有机化学教科书中，并向读者讲述了反应发现的经过。对中国有机化学界来讲，这是首例以我国科学家的名字命名的重要有机反应，具有特殊的深刻意义。黄鸣龙这种孜孜以求、仔细认真的科学精神，是一个榜样，也是一种鼓舞。

二、以己之长，报效祖国

黄鸣龙是一位勤奋、严谨、敏锐和有成就的科学家，也是一位正直坚强、热情豪爽的爱国者。1952年10月，他放弃了在美国的高额薪金、良好的工作条件和优厚舒适的物质生活，携妻女经历许多艰难曲折和风险终于离美绕道欧洲回到祖国，全力以赴地发挥自己的专长，为填补我国在甾体激素药物研究与生产方面的空白做了大量工作，努力使自己的科学研究工作为祖国的社会主义建设事业服务。

黄鸣龙回国后的主要工作目标是发展有疗效的甾体化合物的工业化生产。当时，甾体激素药物工业已在世界上兴起，但在我国这方面却依然是一项空白。黄鸣龙很早就进入了甾体化学研究领域，1938～1940年，黄鸣龙曾在德国先灵药厂研究院研究甾体化学合成，与H. H. Inhoffen等发明了由17-羟基-5α-雄甾-3-酮合成雌二醇的方法；1945年赴美后在哈佛大学和在Merck公司也主要是从事甾体化合物的反应和合成研究。1952年，黄鸣龙归国后即着手在国内开展甾体化学的研究，主要包括甾体化学的基础反应研究以及国外已有甾体药物合成方法的改进和实现工业化。

为创立我国甾体激素药物工业，黄鸣龙带领青年科技人员先从解决甾体药物的原料问题入手，开展了甾体植物的资源调查和甾体激素的合成研究。当时，甾体化学研究和甾体药物生产的主要原料是胆酸和胆甾醇，但用它们合成甾体激素较为困难，而较好用的牛胆酸在国内又相当稀缺。黄教授将目光转向了植物资源，经与植物研究单位以及制药企业等通力协作，终于发现了多种薯蓣皂素含量较高的植物，出色地解决了发展甾体药物的起始原料问题。

20世纪50年代初刚发展起来的新一类甾体激素药物的代表是可的松，在开始研究前黄教授全面地检索了它的合成方法，当时能生产可的松的美国 Merck 药厂以胆酸为原料，需30多步反应获得产品，价格昂贵；Syntex 药厂以薯蓣皂素为原料，14 步反应合成获得可的松；其他一些以剑麻皂素或麦角甾醇等为原料的研究，基本上均处于实验室阶段。基于当时国内薯蓣皂素资源的发现，黄先生确定了以薯蓣皂素为出发点开始新的研究计划。在黄先生的指导下，一批年轻人反复实验，不断改进，最终在1958年8月以国际上最短的七步路线成功地获得了可的松，紧接着在1959年实现了工业化生产，使中国成为当时能生产甾体激素的少数国家之一。

可的松的成功不但填补了我国工业的空白，而且使我国合成可的松的方法跨进了世界先进行列，在此基础上，全国各地也都迅速地生产起了甾体药物，以致后来中国成了全球甾体药物尤其是原料药的生产大国。当可的松成功投产，人们向黄鸣龙祝贺时，他满怀欣喜而又非常谦虚地说：“我看到我们国家做出了可的松，非常高兴，我这颗螺丝钉终于发挥作用了。”

1964 年，我国提出要重视计划生育、防止人口过快增长后，黄鸣龙担任了国家科委计划生育专业组副组长，将甾体避孕药工作和计划生育规划结合起来，指导设计试制女用口服避孕药物的合成路线。黄鸣龙领导研制成的甲地孕酮作为口服避孕药是我国的首创，为我国计划生育发展大计做出了重要贡献。

黄鸣龙先生一生为科学，他认为基础研究与应用研究同样重要。他经常说：“一个人不能为科学而科学，应该为人民、为祖国做出贡献。”黄鸣龙将一生都奉献给我国科研事业，在艰难的年代里带领一大批科研人员不畏艰难地填补了我国甾体激素药物工业的空白，为我国科研事业做出了重要贡献。他的学术思想和治学精神在我国的化学界不断发扬光大，激励着一代代化学人努力攀登科学的高峰。

参考资料

[1] 韩广甸，金善炜，吴毓林. 黄鸣龙——我国有机化学的一位先驱[J]. 化学进展，2012,24(7): 1229-1235.

[2] 梁佳威，李镇铭，方正，等. 黄鸣龙年谱简编[C]//中国药学会药学史专业委员会. 第十九届全国药学史本草学术研讨会暨 2017 年江苏省药学会药学史专业委员会年会. 中国药学会，2017:10.

[3] 纪念著名有机化学家黄鸣龙教授诞辰一百周年[J]. 化学学报，1998,056(10):1040.

[4] 周维善. 为我国甾体激素药物工业奉献一生——纪念黄鸣龙教授逝世十周年[J]. 中国药物化学杂志，1990(1):1-10+20.

[5] 苏晓文. 纪念黄鸣龙先生逝世十周年[J]. 化学教育，1989,10(5):59.

[6] 邹宗柏. 著名的有机化学家黄鸣龙教授[J]. 化工时刊，1987(2):30+18.

[7] 王若望. 黄鸣龙的光辉道路[J]. 自然杂志，1979(10):31-35+66.

[8] 廖清江. 黄鸣龙教授[J]. 中国药学杂志，1981(7):27-31.

国家的需要就是我的任务

—— 工业化学的先驱，催化科学的主要奠基人 张大煜

张大煜（1906—1989），江苏江阴人，中国科学院学部委员（院士），大连大学工学院（现大连理工大学）化工系第一任系主任，是大连理工大学“由党创办、受党领导、为党服务、与党同行”红色基因的重要代表人物。曾任中国科学院大连化学物理研究所、山西煤炭化学研究所、兰州化学物理研究所所长，是我国工业化学的先驱，催化科学的主要奠基人、组织者和领导者。

工业化学的先驱、催化科学的主要奠基人张大煜

张大煜始终坚持用“四个面向”为科技创新指明方向，为我国科研事业、教育事业、我国第一个石油化学和第一个煤炭研究基地的创建与发展倾注了全部心血，做出了卓越贡献。

一、坚守科研报国初心，战火硝烟里人造液体燃料研制的先行者

1929 年，张大煜从清华大学毕业，赴德国德累斯顿工业大学学习胶体与表面化学。听闻“九一八事变”，民族的伤痛加剧撕裂，他暗自树立工业救国的远大志向，把屈辱苦难深扎在科技创新的热土之上，开始从基础研究转向了石油、煤炭等领域的工程技术研究。

1933 年，张大煜获得德国德累斯顿工业大学博士学位，回国后在清华大学任教。抗日战争时期，北京大学、清华大学和南开大学三校迁至昆明联合组建国立西南联合大学。当时，日军轰炸机在昆明上空呼啸盘旋，一枚枚炸弹在学校附近炸响……张大煜毅然坚守在教学科研第一线。因战略物资尤其是燃油匮乏，时任国立西南联合大学理学院院长吴有训心急如焚，他找到张大煜，问他：“能不能想点办法为大后方解决一下问题？”张大煜义无反顾，决定用科研为抗

日救国贡献力量。1941 年，他在昆明组织创办了中国人自己的人造石油厂——利滇化工厂，首次用云南小龙潭的褐煤经干馏生产汽车燃料，成为研制人造液体燃料的先行者。

1949 年 4 月，张大煜来到辽东半岛最南端的美丽滨海城市大连。当时，大连工业专门学校、关东电气工程专门学校、关东医学院并入大连大学成为大连大学工学院（后独立为大连工学院，1988 年更名为大连理工大学），屈伯川出任院长，并邀请张大煜出任化工系主任兼教授。张大煜开始以渊博学识致力于民族振兴、报效国家、服务新中国建设教育事业。屈伯川校长诚恳地对张大煜说："当年，我们从德国归来都是为抗日救国，如今为了建设新中国又走到一起来了，我想邀请您和我再一起担起一份重担，不知您可愿意？""只要是为新中国建设，我在所不辞，既然组织信任，工作需要，我愿意多担些任务。"张大煜坚定地说。1952 年，大连大学科学研究所划归中国科学院领导，并先后更名为工业化学研究所、石油研究所、大连化学物理研究所，张大煜一直担任所长。

新中国成立之初，张大煜敏锐做出研究定位——国家最急需、我们最合适、赶超瞄得准，坚定"国家的需要就是我的任务"，做出了以液体（固体）燃料为重点的战略规划。抗美援朝战争爆发后，国家急需炸药原料甲苯。张大煜再次扛下重担，从实验室研究汽油馏分环化制甲苯到中试放大再到工业化生产，很快就在锦州石油六厂建成了国内第一个年产千吨级的甲苯生产车间。随着国家经济建设和科学事业的发展，煤炭和石油研究任务愈来愈重。1958 年，原中国科学院石油研究所催化化学、分析化学、润滑材料三个研究室迁至兰州成立中国科学院兰州化学物理研究所，张大煜兼任首任所长，为促进燃料科学事业发展奠定了坚实基础。

20 世纪 60 年代，张大煜审时度势，判断世界科学正在向边缘性和综合性学科方向发展。"中国也要做！"张大煜当机立断，请示更改石油研究所所名为"大连化学物理研究所"，并确定了六个学科领域和三项重点任务，推动了我国催化科学、反应动力学、化学工程等科研领域的开拓性进展，既服务了国民经济建设，更对"两弹一星"等国防事业做出了巨大贡献。张大煜始终厚植"急国之所需"的家国情怀，被誉为战火硝烟中的"战略科学家"。

二、牢记立德树人使命，以良好学风为科研注入旺盛生命力的实干家

在大连工学院工作期间，"你叫什么名字？""你从哪里来？""有空到

图书馆里去查查书！”张大煜总是带着不变的乡音，要求学生多看业务书、多读文献、多了解国际科技动态。在大连化学物理研究所工作时，他时常强调，一个研究所必须具有良好的学风才有生命力。他注重培养学生献身科学和严谨、求实、创新的良好学风，只要不出差，无论多忙，他都要到实验室了解和指导学生科研情况。张大煜非常重视开展经常性的学术活动，积极主办各种层面和类型的学术研讨会，不断活跃思想、开拓创新，促进学科间的交流渗透。他率先垂范，积极倡导不同的学术思想，在严格掌握数据的基础上进行自由讨论，营造了基础科学研究和应用基础研究紧密结合求证真理的科研文化。

1977 年，张大煜担任中国科学院感光化学研究所顾问兼第一届学术委员会主任，同时兼任大连化学物理研究所顾问。他培植的严谨优良学风接续传承和发扬，为界面与光催化研究、采油界面现象研究等新学科领域做出了重大贡献。张大煜始终坚持立德树人，培养了一大批卓有成就的科研骨干，很多已成为学科带头人和领军人物，其中涌现的两院院士就达几十位，被尊称为“敬爱的导师”“一代宗师”。

三、破解“卡脖子”难题，向科学技术广度和深度进军的领路人

20 世纪 50 年代末期，张大煜组织骨干力量，发挥学科优势，在解决国家“卡脖子”难题和推进工业现代化进程中发挥生力军和突击队作用，取得了一系列重大突破。

1960 年，在中国科学院学部委员会第三次会议上，张大煜在《催化研究中的若干理论问题》报告中首次提出了“表面键理论”，这促进了催化基础理论有了重大提升。从事催化基础研究的辛勤教授回忆说，他送张大煜先生去火车站时，先生对他说：“我这一生中最念念不忘的有三件事：一是分子筛工作，二是催化剂库，三是表面键研究。”1962 年，张大煜承担的“高性能炸药”攻关任务——为氢弹引爆提供性能可靠的炸药，最终获得了国家发明二等奖。同时承担的“固体润滑”任务，为我国第一颗人造卫星解决了短波天线和太阳能帆板的滑动运控问题。

1964 年，国外开始采用催化净化新流程生产合成氨原料气，被誉为合成氨工业的一次革命。新流程的关键是采用了低温变换、脱硫及甲烷化三种高效催化剂。应当时化工部的委托，张大煜同时承接了三种催化剂的攻关任务，随后由大连化学物理研究所和化工部有关研究院、设计院等成立攻关组，由张大煜担任领导小组组长。仅用半年时间，三种催化剂就奇迹般地研制成功，以关键

核心技术打破国际垄断，并在工业上迅速推广应用，使我国的合成氨工业从 40 年代水平提高到 60 年代水平，并被国家经济贸易委员会、科学技术委员会誉为协作攻关的成功典范。

科学无国界，科学家有祖国。张大煜讲：“我们要以春蚕吐丝的精神，有一分热发一分光，在有生之年为党为人民多做一点力所能及的事情，为祖国的现代化贡献力量。”他心怀“国之大者”，树立敢于创造的雄心壮志，不断向科学技术广度和深度进军，始终把科研成果做在中国大地上，为国分忧、为国解难、为国尽责，倾尽一生把自己的科学追求融入国家建设的伟大事业中，为中国化学工业与国防工业做出了巨大贡献。

参考资料

[1] 徐光荣．一代宗师——化学家张大煜传[M]．北京：科学出版社，2006.
[2] 李杨，全燮．百卉含英—化工与环境生命学部[M]．大连：大连理工大学出版社，2018.
[3] 赵姝婧，唐琳．致敬，一代宗师张大煜[J]．科学新闻，2021,23(01):36-38.
[4] 张大煜：谋篇布局“化”神奇[EB/OL]．https://www.cas.cn/cm/201909/t20190920_4715687.shtml?from=groupmessage.

一心为国，淡泊名利

—— 物理化学家，配位催化理论的开拓者 蔡启瑞

蔡启瑞（1914—2016），福建同安人，物理化学家，中国催化科学研究与配位催化理论的奠基人和开拓者，中国科学院院士。

物理化学家蔡启瑞

一、一心为国，开拓催化学科

1956年6月，《人民日报》刊登了松辽平原发现石油储藏的报道。炼油和石油化工的绝大部分生产要靠催化过程，但当时我国的催化科学领域很薄弱，急需开展催化化学的研究，这激发了蔡启瑞尝试组建催化学科的念头。他的想法得到厦门大学校长王亚南和卢嘉锡教授的支持。1957年，蔡启瑞发表了《近代接触催化理论的介绍》一文，让国内同仁了解到多相催化理论的国际进展。同年，他首次招收了一名催化研究方向的研究生，从事催化剂方面的研究。1958年秋，蔡启瑞在厦门大学创建了中国高校的第一个催化教研室。该研究室的成立为我国催化科学的教学、研究和骨干人才培养发挥了重要的作用。

20世纪60年代，我国制定了以乙炔为基础的基本有机合成和“三大合成材料”发展策略。当时油田开发尚待时日、石油资源短缺，实验室研究普遍使用的催化剂为负载型氧化铬，但该催化剂寿命太短，难以实现工业化。蔡启瑞认为5价铬氧化物的氧化能力可能还是太强，是否可以选择元素周期表上与铬邻近的铌氧化物作催化剂。实验结果表明，氧化铌催化剂活性比较稳定，选择性和产品纯度都很高，至此，世界第一号的乙炔三聚成超纯苯的负载型氧化铌催化剂自主创新研发成功。

1967年，蔡启瑞赴衢州化工厂参加催化剂的试验后认为，乙炔水合制乙醛拟用的磷酸镉钙和磷酸锌钙这两种催化剂只能用作固定床催化剂，这些催化剂

的催化作用主要是过渡金属阳离子对炔键的配位络合活化作用，可以试用氧化锌代替锌盐，乙炔水合制乙醛的负载型氧化锌催化剂随之诞生。蔡启瑞应用催化工作最初的这 10 年，是“任务带动需求”的阶段，以国家任务带动学科建设。他成功研制出的负载型氧化铌催化剂和负载型氧化锌催化剂，解决了乙炔路线合成橡胶单体的关键性技术问题。

1964 年，蔡启瑞对络合活化催化作用及催化理论的发展动向进行了归纳介绍，在国际上较早地提出“络合活化催化作用”这一理论概念。他指出，“在不饱和有机物所参与的许多化学类型的催化反应中，过渡金属化合物催化剂的作用可认为是通过与反应分子中不饱和基团构成 σ-π 配键，从而使其活化的”。蔡启瑞研究讨论了络合活化催化作用与金属催化剂、氧化物半导体催化剂和酸催化剂的催化性能的关系，以及催化理论的发展方向。络合催化理论的研究获得了 1982 年国家自然科学奖三等奖。

1980 年，蔡启瑞开始了酶催化和非酶催化固氮合成氨的关联研究，通过激光拉曼光谱和红外光谱的联合运用，得到了氨合成反应以缔合式机理为主要反应途径的新论据，为采用激光拉曼光谱研究化学吸附与催化机理提供了第一个成功的案例。这项研究获 1987 年国家自然科学奖三等奖。

1994 年，蔡启瑞以只争朝夕的精神投入到“合成气制乙醇催化机理”的研究中，该研究以第一完成人的身份获得了国家教委科技进步一等奖、1995 年国家自然科学奖三等奖、中国福建省国际文化经济交流基金会集友科技成就奖、福建省王丹萍科学技术奖三等奖。

二、淡泊名利，一生只爱实验室

在我国化学史上，“卢嘉锡-蔡启瑞模型”可以说是催化学研究达到的一个高峰。20 世纪 70 年代初，在参加化学模拟生物固氮的研究中，蔡启瑞与卢嘉锡为了探索出酶活性中心固氮模型，分别在厦门和福州，从略微不同的角度在国际上最早提出了原子簇结构的固氮酶活性中心模型，最初并称为“厦门模型”与“福州模型”，后被化学界称为“卢嘉锡-蔡启瑞模型”。但名师们都淡泊名利，胸怀博大，精神境界崇高。每当人们谈起这一成果时，蔡启瑞总是先讲卢先生，对自己却轻描淡写；而卢嘉锡也都是说“蔡先生做得比我好”。他们淡泊名利、互相尊重的高尚品格，在化学界传为美谈。

蔡启瑞的助手曾说，先生 90 多岁时还在牵头组织一些科研课题。几乎每周，学院的师生都能看到蔡启瑞拄着拐杖到实验室的身影。因为热爱，所以投入。

"敬贤的灯光"是厦门大学化学化工学院流传已久的典故。蔡启瑞生前长期居住在厦大敬贤宿舍区，而直到深夜他书房里的灯光依旧亮着。蔡启瑞的学生吴新涛院士回忆道，蔡先生曾向他嘱咐道，选拔学生要选对化学热爱的人。在他眼中，老师用一生诠释了对化学的爱。

蔡启瑞的为人处世，始终以陈嘉庚先生和萨本栋先生为楷模，为人低调、平和朴实、不谋私利、一心为公。他主动自降职级、自降奖级、拒领加薪、捐出奖金、多次捐助灾区、赞助贫困学生等大爱无私之义举，深刻体现了一个老科学家大海一般的豁达心怀。

蔡启瑞提倡"锐意创新、细心求是"、跨学科大协作团队精神，教导学生要"大胆假设、小心求证"，让学生自由发挥创造性。他曾对学生和同事说："我恨不得把全部知识都传授给你们。"蔡启瑞的百岁传奇完美演绎了"自强不息，止于至善"的厦门大学精神。他曾说："其实，我这一生最爱的只是一间实验室。"

参考资料

[1] 白蓝．树催化伟业，育天下英才——记中科院院士厦门大学蔡启瑞教授[J]．厦门科技，1996(6):5-6.

[2] 郭科．用美军战俘换回来的化学泰斗[N]．科技日报，2016-11-07(005).

[3] 中国科学院．蔡启瑞：探赜索隐止于至善[EB/OL]．[2014-09-05]. https://www.cas.cn/xw/cmsm/201409/t20140905_4198159.shtml.

[4] 曹小慧．蔡启瑞院士执中国催化科学界牛耳[J]．今日科苑，2016(3):31-41.

以国家科教发展为自己的使命

—— 中国现代理论化学的开拓者和奠基人，“中国量子化学之父” 唐敖庆

唐敖庆（1915—2008），江苏宜兴人，理论化学家和教育家，中国现代理论化学的开拓者和奠基人，被誉为“中国量子化学之父”。曾任吉林大学理论化学研究所所长、吉林大学校长、国家自然科学基金委员会首届主任。1955 年选聘为中国科学院学部委员（院士），1981 年当选为国际量子分子科学研究院院士。五次获国家自然科学奖，并荣获 1993 年度陈嘉庚化学奖、1995 年何梁何利基金科学与技术成就奖等。

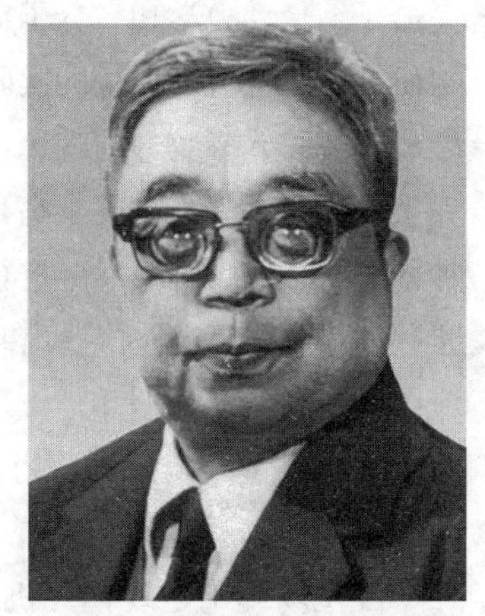

现代理论化学的开拓者唐敖庆

唐敖庆先生潜心科研，勇攀科学高峰，为中国科研事业发展和国际影响力提升做出了突出贡献。作为著名的教育家，他爱国敬业、治校有方、尊师爱生，为吉林大学的发展与建设鞠躬尽瘁，并为中国的教育科技事业奉献终生，创造了光辉的业绩。

一、以学术报国的爱国精神，求真探源，开创中国理论化学事业

唐敖庆 1940 年毕业于西南联合大学，后留校任教。1946 年赴美国哥伦比亚大学攻读博士学位。1950 年初回国，任北京大学副教授、教授。1952 年调至东北人民大学（吉林大学前身）。唐敖庆始终以国家发展为己任，紧密结合国家战略需求，求真探源，抢占科学制高点，努力实现突破。在 20 世纪 50 年代到 90 年代末期间，他先后开展了化学键函数和分子内旋转理论、配位场理论、分子轨道图形理论、高分子反应统计理论、高分子固化理论与标度、原子簇化合物的结构规则等研究工作，开创了中国理论化学事业的先河。

20 世纪 50 年代初，美国著名量子化学家皮泽提出了“分子内旋转”公式，

但其只能解释某些比较简单的分子内旋转，适用范围有限。唐敖庆在此基础上，重新进行深入分析，重点研究了化学键函数和分子内旋转能量变化规律，提出了“势能函数公式”，可以计算许多复杂分子内旋转的能量变化规律，利用这个公式可以推算出一系列有机化合物的性质。美国著名化学家、诺贝尔奖获得者霍夫曼（Roald Hoffmann）称唐敖庆是“研究分子内旋转理论的先驱”。从此，唐敖庆的名字开始被国际理论化学界所知晓。

1956 年，为解决国家建设急需的高分子材料合成和改性问题，唐敖庆教授以高分子缩聚动力学和高分子交联理论为课题，开始从事高分子结构和性能的研究，与研究团队进行了大量的实验研究工作，发展了高分子动力学，将凝胶化理论发展成为溶胶、凝胶分配理论，使研究范围从凝胶点以前扩展到全过程，形成了较完整的固化理论；发展了高分子交联理论，对高分子反应的缩聚、交联与固化、加聚、共聚及裂解等反应进行了深入探索和研究；提出了一种用概率论解动力学方程的新方法，由此推导出共聚物链段分布与分子量分布函数，形成了高分子反应统计理论，为设计和合成预定结构的高分子材料，确定反应条件与生产工艺及配方提供了理论依据。历经 30 多年所取得的主要研究成果——“缩聚、加聚与交联反应统计理论”获得了 1989 年国家自然科学奖二等奖。

配位场理论是现代无机化学和元素有机化学的重要理论基础。20 世纪 60 年代，唐敖庆带领团队开展了配位场理论及其方法的研究，成功地定义了三维旋转群到分子点群间的耦合系数；建立了一套完整的从连续群到分子点群的不可约张量方法，并构建出了三维旋转群到分子点群间的耦合系数的数值表，创造性地发展和完善了配位场理论。该项研究成果获 1982 年国家自然科学奖一等奖。

20 世纪 70 年代，唐敖庆和研究团队开始从事分子轨道图形理论的系统研究，建立和发展了一系列新的数学技巧和模型方法，提出了“本征多项式的计算”“分子轨道系数计算”和“对称性约化”三条定理，概括性高，简便易行，应用于具有重复单元的共轭体系，清晰地解释了同系线性规律。该项成果一经公开发表，就得到国内外学术界的高度重视和广泛应用。其中，三条定理被国际同行誉称为“唐-江定理”，分子轨道图形理论的研究集体被誉为“中国学派”（the Chinese School of Chemical Graph Theory）。此项成果获得了 1987 年国家自然科学奖一等奖。

20 世纪 80 年代，以唐敖庆、卢嘉锡、徐光宪为首的团队研究了原子簇化合物电子结构和拓扑规则，开启了中国理论化学发展史上又一重要篇章。从原子簇化合物的化学键性质和结构之间的关系入手，从理论上建立了多种原子簇化合物的统一拓扑结构规则，该规则比著名的 Wade 规则的适用范围更加广泛。此外，唐敖庆和他的研究团队对碳原子簇与硼原子簇对称性与几何结构的对应性方面提出的一系列新概念，揭示了原子簇化合物的结构和成键方面的规律，在国际上产生了广泛影响。

二、教书育人，毕生奉献，桃李满天下

唐敖庆先生在理论化学研究领域取得了国际领先水平的研究成果，为推动我国化学研究向世界前沿迈进做出了重要的贡献，同时，他也为我国科技人才的培养付出了毕生心血。他是新中国最早开展研究生教育的先行者之一，回国后一直坚守在科研和教学的第一线。

1952 年，为了支持东北的高等教育事业，唐敖庆响应国家的号召，放弃了在北京大学任教的优厚条件，举家迁往长春，在东北人民大学（吉林大学前身之一）担任教授，与蔡镏生一起参与开创和建设东北人民大学化学系。建系之初，学校师资力量极度匮乏，为了完成教学任务和培养青年教师，唐敖庆满怀热情投身到教学第一线，先后主讲了无机化学、物理化学等十多门课程。他基础理论扎实，教风严谨，并能将课程内容和最新的科研成果融会贯通，形成了独特的教学风格。

20 世纪五六十年代，由于尚未建立统一的研究生选拔考试制度以及培养高层次学术研究人才的学位制度，一些有科研实践经验、年龄偏大的研究人员没有条件继续攻读研究生，也没有全国性的学术交流会议可参加。鉴于此，唐敖庆决定以举办全国性讲习班、学术讨论班的形式加快培养高层次理论化学研究人才。1953 年，唐敖庆与卢嘉锡一道在青岛举办了暑期物质结构讲习班，此后的数十年间，唐敖庆多次举办了各层次的讲习班和讨论班，通过这种形式为国家培养了大批高层次理论化学人才。他的学生几乎遍及全国理科高等院校和化学专业科学研究机构，其中大多数已经成为物理化学、量子化学教学和科研的骨干，以及国内外享有盛名的专家和学者。

1986 年，唐敖庆出任国家自然科学基金委员会主任，工作中，他始终强调科学基金应支持基础研究，着力营造创新环境，坚持科学家的主体地位，倡导和践行科学管理理念。在基金委第一届第一次全委会上，他提出的“依靠专家、发扬民主、择优支持、公正合理”的十六字评审原则沿用至今。他领导建设了一个在科技界享有盛誉的专家评审系统，成为科学基金工作的重要依托。

作为中国现代理论化学研究的奠基人，唐敖庆先生为中国科教事业做出了突出的贡献。我们要学习唐先生学术报国的爱国精神，始终以国家发展为己任；要学习唐先生攻坚克难的拼搏精神，求真探源，努力实现更多的科学突破；要学习唐先生勇于开拓的创新精神，不断开创事业发展的新局面；要学习唐先生的思想和品格，继承他的精神，为中国科学研究事业的发展和繁荣做出更大的贡献。

参考资料

[1] 姚建年. 科教酬勋业，风范昭后人——纪念唐敖庆先生百年诞辰[J]. 中国科学基金，2016, 30(01):2-3.

[2] 乌力吉. 唐敖庆：中国理论化学学派的缔造者[J]. 自然辩证法通讯，2011,33(02):107-114+120.

[3] 江福康，赵静宜，刘永新. 著名理论化学家唐敖庆教授[J]，化学通报，1990(10):56-60.

[4] 吉林大学化学学院. 吉大化学人物—唐敖庆 吉林大学 70 周年院庆[EB/OL]. [2022-04-27]. https://chem.jlu.edu.cn/info/1320/12287.html.

使祖国强大就是我的人生观

—— 材料科学家，国家最高科学技术奖获得者　师昌绪

师昌绪（1920—2014），河北徐水人，中国著名材料科学家，战略科学家，中国科学院学部委员（院士），中国工程院院士，第三世界科学院院士，国家最高科学技术奖获得者。一生致力于材料科学研究与工程应用工作，是中国高温合金研究的奠基人、材料腐蚀领域的开拓者，被誉为“中国材料科学之父”。

材料科学家师昌绪

一、研材料，鼎工程，一片丹心熔铸强国梦

师昌绪先生 1955 年回国，就职于中国科学院金属研究所，主要从事高温合金方面的研究，做出了许多开创性的成果，是一位开创性的材料科学领域科学家。

1957 年，师昌绪负责金属研究所“合金钢与高温合金研究与开发”工作。高温合金是航空工业发展中必不可少的材料。然而，在当时中国镍铬短缺与关键技术被封锁的形势下，师昌绪不得不转换研究思路。他提出了铁基高温合金的战略方针，用廉价的铁代替了稀缺的镍。为解决铁基高温合金耐热性能差的问题，在师昌绪的领导下，研究团队发展了钢中杂质的鉴定方法，促进了我国钢质量的提升。为了高温合金的推广与生产，他又走遍全国特殊钢厂和航空发动机厂，去解决生产中出现的问题，被人们称为“材料医生”。

1964 年，为了提高我国新型航空发动机的推力，航空研究院请师昌绪主持空心涡轮叶片的研发任务。根据一张空心叶片的草图，师昌绪带领 100 余人的攻关队伍日夜奋战在金属所简陋的实验室里，于第二年就成功研发出我国第一代铸造多孔空心叶片，使我国的飞机发动机性能达到了世界先进水平。1967 年，我国采用空心叶片研制出的战斗机在高空飞行时，时速超过苏联样机 10%以上。

至今这种叶片在我国一些先进机种的发动机上仍有所用。

20 世纪 70 年代末，师昌绪所在的研究组用简单的热处理和金相法做了一些研究工作，发现了一个新现象：高温合金的初熔温度并不是当时大家公认的 1250℃左右，而是 1100℃左右。合金的初熔温度不仅严重影响高温合金的耐温能力，而且限制了变形高温合金热加工的上限温度，因此必须查清这个现象的原因。通过对当时能收集到的几十种高温合金进行测定后发现：所有高合金化的镍基和铁镍基高温合金的初熔温度，都是 1100℃左右。通过对合金微量初融区的成分测定，进一步研究发现，微量元素富集后，降低了熔点；某些微量元素剧烈降低熔点问题的本质是合金的凝固偏析问题。师昌绪和研究人员进一步总结验证后整理出一套减少合金凝固偏析的办法，使合金性能得到大幅提高，该方法称为“低偏析合金技术”。

师昌绪在铸造空心涡轮叶片和低偏析合金技术两项开创性的研究成果中发挥了重要的作用，做出了突出的贡献，推动了高温合金的发展，加之师先生在其他领域的重大成就，2010 年被授予“国家最高科学技术奖”。

二、拓基金，谋宏略，大师风范激扬民族魂

1986 年国家自然科学基金委员会（简称基金委）成立，师昌绪服从组织安排来到基金委工作，他深感科学基金对发展我国基础研究具有重要的历史责任，因此，对基金委的工作注入了极大的热情与心血，为国家重大科技决策及科学发展做出了重大贡献，是一位战略科学家。

师昌绪在基金委工作期间，亲自制定并主编了基金委第一本《项目指南》（1987），为国家自然科学的发展起到了重要的导向作用。他非常重视制定学科发展战略研究，带领学科主任，编辑出版了 54 个学科领域的发展战略单行本。师昌绪从人才、装备、业绩、学风等方面，认真地了解了国内基础研究的实力，要求各学科主任掌握本学科的国内外发展动态，努力提高自身业务水平和管理能力；同时要求各学部与学科负责人在认真执行基金委的十六字评审原则的同时，敢于提出自己的见解，保障科学基金得到有效的使用。

师昌绪在推动我国科学基金事业的发展中做出了不可磨灭的贡献，为我国基础研究的蓬勃发展做出了巨大贡献。在他积极倡导下，基金委成立了材料科学与工程科学部并设立了金属学科、无机非金属学科和高分子材料学科，为材料科学基础研究搭建了一个专门的资助平台。这一战略决策是推动我国材料科学基础研究的重大举措。

师昌绪以高瞻远瞩的眼光、渊博的学识和高度的责任心，准确把握和引领了中国材料科技和整个科技事业的发展。以爱国精神为鲜明底色，师昌绪的一生充分展现了战略科学家的特质。谈及个人的成功，师昌绪说："做学问要实事求是，勇于探索，贵在发现与创新。"师昌绪还总结了自己的人生观，他说："人活在世上，就要为人类做贡献……作为一个中国人，首先要为中华民族做贡献，这是我在青年时期就立下的'强国之志'誓言。为中华民族的振兴做贡献，使祖国强大就是我的人生观。"语言朴实无华，却凝聚着一位饱经沧桑的长者以自己毕生的精力投身科学事业、矢志报国的赤子情怀。

参考资料

[1] 李白薇．善者无为——记著名材料学家师昌绪[J]．中国科技奖励，2020(8):46-48.

[2] 高瑞平．师昌绪先生是我国科学基金事业的开拓者——纪念师老百年华诞[J]．金属学报，2018,54(11):1474-1475.

[3] 徐坚．"从无到有"到"从有到优"的"卡脖子"军民两用关键材料突破——回顾师昌绪先生在碳纤维国产化战略决策中的作用[J]．科技导报，2018,36(19): 26-31.

满腔热血，为中国人赢得尊重

—— 高分子材料学家，中国高分子材料学科的开拓者和奠基人 徐僖

徐僖（1921—2013），江苏南京人，高分子材料学家、高分子材料学科的开拓者和奠基人之一，中国科学院院士、四川大学高分子研究所所长。

高分子材料学家徐僖

徐僖是我国高分子领域杰出的科学家和教育家，是我国高分子材料事业的奠基人和开拓者，被誉为“中国塑料之父”和“学科领路人”，为我国高分子材料工业从无到有并发展成为国民经济和国防建设的重要支柱做出了卓越贡献。

一、学以致用，立志做中国自己的塑料

塑料作为高分子材料的一种，如今已经司空见惯，成为我们生活中不可或缺的一部分。但在新中国成立之初，石油缺乏，石油化工一片空白，国内工业基础薄弱，塑料制品奇缺，甚至连我们平时用的纽扣、插头、插座都无法完全自主生产。在战乱不断、辗转迁徙的求学岁月里，徐僖在学习中考虑最多的是如何学以致用，报效祖国。在那时，徐僖开始了从五棓子中提取塑料原材料的研究，决心以五棓子为原料，研制塑料，闯出一条有中国特色的塑料工业道路来。

五棓子是黔东南地区的特产，属于漆树科，千百年来，我国劳动人民世代相传，用它制作染料。当时，正在浙江大学任教的我国著名的染料专家侯毓汾教授分析了五棓子的化学成分，弄清了五棓子的分子结构。在随侯毓汾教授研究五棓子染料的过程中，徐僖从五棓子中获得的3,4,5-三羟基苯甲酸，制得了可用以合成塑料的1,2,3-苯三酚。该研究成果使徐僖大受启发，他希望开发川黔地区丰富的土特产五棓子，创建中国的塑料工业。

1951 年春，在重庆市人民政府的支持下，徐僖在重庆大学化工系建立了棓酸塑料研究小组，开始了五棓子塑料的中试研究。1953 年，徐僖组织建成了西南地区第一个塑料工厂——重庆棓酸塑料厂。经过多年的艰苦努力，徐僖用国产设备和原料，生产出了中国自己的塑料制品，实现了他的夙愿，在被封锁禁运的时代，为中华民族争了气。

二、创办学科，为国培养万名专业人才

1953 年，按照教育部的要求，徐僖创办了我国高等学校的高分子学科。自高分子材料学科诞生以来，学界一直沿用“用化学方法解决化学问题”的老思路。而徐僖在教学和学科建设中独辟蹊径，创新性地提出了“用物理方法解决化学问题”的新理论，并撰写了我国第一本高分子专业教科书《高分子化学原理》。

1959 年，徐僖开始招收研究生。多年来，徐僖为研究生开设“聚合物结构和性能”“高分子加工流变学”等课程，他不断地用国内外本学科的新成就和自己的研究成果充实、更新教学内容。徐僖院士胸怀宽阔，几十年来毫无保留地对学生和中青年教师传授他的科学思想和学术见解，不知疲倦地指导和帮助他们选择课题、争取项目、解决难点，引导他们不断攀登学术的高峰。

徐僖带领的研究团队在高分子化学、通用高分子材料高性能化新技术研究、国防军工领域和石油领域等方面为我国做出了巨大贡献。从创办塑料专业到主办我国首个塑料工程高级进修班开始，徐僖和他建立的培养基地累计为国家培养了近 3 万名高分子方面的专业人才。为表彰徐僖的突出贡献，1989 年，国家教委授予他“高分子材料学科建设和高层次人才培养国家级优秀奖”，中国化学会授予他“高分子化学育才奖”。

三、无私奉献，满腔热血献身科研事业

徐僖先生一生光明磊落，正直无私，淡泊名利，无私奉献。他的人生格言是“人生的乐趣在于无私奉献”。他夜以继日地工作，乐此不疲地教学，帮助中青年学者迅速成长，担负起科教兴国的重任。1993 年，徐僖还拿出自己的奖金，在高分子材料工程国家重点实验室设立“攀登”奖学金及助学金，用于奖励资助学生，以此激励学科人才。2003 年，他将自己获得的“四川省科技杰出贡献奖”50 万元奖金全部捐出，用于资助或奖励大、中、小学生。“流自己的汗，吃自己的饭”，这是徐僖院士的家训。他一生追求简朴的生活，几十年来

从来不领取任何兼职薪酬，连学校按规定分配给他的住房也退还了，实在推不掉的便交到单位，适当时候捐给了灾区。

徐僖先生不仅仅是一位伟大的科学家、学者，更是一位真正的人生导师。在同事们眼中，“工作就是他最大的爱好”。年逾九旬，他仍活跃在教学科研第一线，坚持每天到办公室工作。人生的乐趣在于无私奉献，为了祖国的教育、科研和人才培养事业，他将自己高尚的品德和浩瀚的学识奉献至生命的最后一刻。而这一切，都是为了他那个最大的心愿：祖国富裕强盛，中国人能在世界上普遍受到尊重。

参考资料

[1] 高凡婷．徐僖：高分子材料奠基人[J]．创新世界周刊，2020(10):66-67.

[2] 佚名．深情怀念中国科学院院士徐僖先生[J]．高分子通报，2014(2):4-5.

[3] 黄寰，罗子欣．满腔热血 献身事业——记“中国高分子材料学科奠基人之一”徐僖院士[J]．新材料产业，2007(4):21-23.

[4] 柴玉田．我国高分子材料事业的奠基人和开拓者——记中国科学院院士徐僖[J]．化工管理．2014(5):62-67.

中国石油科学的催化剂

—— 石油化工催化剂专家 闵恩泽

闵恩泽（1924—2016），四川成都人，石油化工催化剂专家、中国科学院院士、第三世界科学院院士、中国工程院院士、英国皇家化学会会士，中国石油化工股份有限公司石油化工科学研究院学术委员会主任、高级工程师，2007 年度国家最高科学技术奖获得者，感动中国 2007 年度人物之一，被誉为“中国催化剂之父”。

石油化工催化剂专家闵恩泽

对闵恩泽来说，爱国，从来不是一个空洞的名词，而是盼望祖国富强的深切愿望，是他为祖国忘我工作的不竭动力。1955 年，他放弃国外优越的条件辗转回国。而后的 60 年间，始终秉持“国家需要什么，就做什么，就学什么，就组织研发什么”的信念，多次转换研究方向，被公认为我国炼油催化应用科学的奠基人、石油化工技术自主创新的先行者和绿色化学的开拓者。回顾几十年的工作，闵恩泽说：“我干了三类工作：第一类是满足国防急需和炼厂建设急需；第二类是帮助石化企业摆脱困境、扭亏为盈；第三类是基础性、战略性、长远性的科技研发。能把自己一生的科研工作与人民的需求结合起来，为国家的建设做出贡献，是我最大的幸福。”

一、开发石油炼制催化剂——炼油催化应用科学的奠基人

1955 年，闵恩泽放弃国外优厚生活待遇，回到新中国，以知识报效国家。当时我国石油炼制工业基础非常薄弱，只有热裂化气体叠合生产汽油的叠合装置。面对国外的技术封锁，闵恩泽勇挑重担，开始研究制备磷酸硅藻土催化剂，起初采用“混捏法”制备，发现混捏好的磷酸硅藻土迅速吸水，挤条十分困难；后改用“浸渍法”制备，但该法制备流程长。在反复实践的过程中，他发现将

与 SiO_2 反应的那部分磷酸先与硅藻土混捏，这样容易挤条成型，利于高温焙烧制成高强度载体；再将其余磷酸浸渍在载体上，低温干燥使其以自由酸形式存在产生催化活性，由此发明了制备磷酸硅藻土叠合催化剂的新方法——“混捏-浸渍法”。实验证明，该法制备流程简单，制造成本低，所得催化剂具有良好的活性和较高的强度，于 1960 年在锦州石油六厂实现工业化生产。

1960 年，为弥补进口催化剂即将断供的缺口，保证军用和民用航空汽油的生产，闵恩泽承担了研发国防急需的小球硅铝裂化催化剂的任务，并将其推向了工业化生产。研发期间，闵恩泽先后攻克了油柱成型柱反混、干燥带湿胶球干燥不透、焙烧炉进气口堵塞等一系列问题。1964 年 5 月，兰州小球硅铝裂化催化剂厂开始试运行并最终正式投产，催化剂性能完全达到了进口催化剂水平，价格仅为进口催化剂的一半。

20 世纪 60 年代，由于国防和国家建设需要，急需利用铂重整生产制备甲苯和建设炼油厂。铂重整是炼油过程中生产苯、甲苯和高辛烷值汽油的重要工艺。铂重整催化剂是整个铂重整工艺的核心，因此研究铂重整催化剂具有非常重要的国防战略意义。在研制铂重整催化剂实验中，需要一种高纯度的氧化铝载体。闵恩泽借鉴北京化学试剂厂活性炭吸附脱铁的方法来精制化学纯级三氯化铝，解决了制备高纯度氧化铝需要大批量化学纯级三氯化铝的问题，成功地摸索出了一种低成本生产高纯度氧化铝的方法，并于 1965 年在抚顺石油三厂建成投产，为国家建设所需提供了铂重整所需的催化剂。

他还相继组织成功开发了 Y-7 型低成本半合成分子筛催化剂、渣油催化裂化催化剂及其重要活性组分超稳 Y 型分子筛、稀土 Y 型分子筛、钼镍磷加氢精制催化剂，使中国炼油催化剂迎头赶上世界先进水平，实现了中国炼油催化剂跨越式发展，并在多套工业装置推广应用。由于在石油炼制催化剂研究与开发等方面的成就和贡献，闵恩泽被誉为我国炼油催化应用科学的奠基人。

二、开发新催化材料和新反应工程——石油化工技术自主创新的先行者

闵恩泽说，“一个人做的事，能够和国家强盛、民族兴旺联系在一起，这是一件值得高兴的事情。”20 世纪 80 年代初，已赶上世界先进水平的我国石油炼制催化剂面临与国外催化剂的市场竞争，迫切需要走上自主创新之路。59 岁的闵恩泽高瞻远瞩，不辞劳苦，筹建石油化工科学研究院基础研究部，负责研究开发性能更优异且具有自己特色的石油炼制和石油化工催化剂和工艺，我国的石油炼制与石油化工催化剂和工艺从此迈入自主创新之路。

在主持调研“催化科学技术促进国民经济发展”专题中，闵恩泽提出了“新催化材料是创造发明新催化剂和新工艺的源泉，新反应工程是发明新工艺的必由之路，新催化材料与新反应工程的集成往往会带来集成创新”的见解。在此思想的指引下，研究团队在新催化材料和新反应工程领域开展了诸多研究，取得了 ZRP 分子筛、铝-交联累托石层分子筛、纳米 β-分子筛介孔基质复合材料、非晶态骨架镍合金等一批新催化材料重大研究成果。其中，由于 ZRP-1 分子筛的原始创新性和广泛用途，被评为“1995 年全国十大科技成就”之一。在新反应工程领域，自主创新完成磁稳定床反应器、悬浮催化蒸馏、超临界反应工程等一批成果，并实现工业化，达到国际领先水平。其中，“非晶态合金催化剂和磁稳定床反应工艺的创新与集成”获 2005 年国家技术发明一等奖。

三、开发绿色石化技术——绿色化学的开拓者

20 世纪，化学工业为人类带来巨大发展的同时也带来了严重的环境污染，从源头根治环境污染的绿色化学技术是 21 世纪重要的发展方向。年近八旬的闵恩泽高瞻远瞩，倡导发展绿色化学与化工。他主持的“环境友好石油化工催化化学和反应工程”项目推动了我国绿色化学研究的广泛开展，被认为“在新催化材料、新催化反应和新催化反应工程三方面，积累了规律性科学知识，形成了一些独特的、先进的、环境友好的石化技术新构思；在开拓性探索方面形成了多个新技术生长点；在形成环境友好石化工艺的层次上取得了明显进展”。

闵恩泽策划和指导开发了多项从源头根治环境污染的绿色新工艺，如：环己酮氨肟化制环己酮肟“原子经济”新工艺、“喷气燃料加氢脱硫醇”新工艺、非晶态合金/磁稳定床己内酰胺加氢精制替代氧化精制新工艺。在筹划、参与、指导开发生物柴油炼油化工技术方面，他提出了发展生物柴油炼油化工厂的设想，引领我国生物柴油产业发展方向；开展了生物柴油的油料植物资源调研，指导开发了环境友好的生物柴油生产新工艺。

人生如炬，泽被苍生。闵恩泽先生在专业领域内造诣精深，成就非凡，但从不自傲，而是将成绩归于集体智慧。带领团队使我国炼油催化、石油化工等技术从无到有、从以仿制模仿为主的“跟跑”到自主创新的引领，形成了较完整的技术体系，为我国社会发展、民族自强做出了卓越贡献。

2008 年，闵恩泽当选“感动中国 2007 年度人物”。颁奖辞是“在国家需要的时候，他站出来！燃烧自己，照亮能源产业。把创新当成快乐，让混沌变得清

澈，他为中国制造了催化剂。点石成金，引领变化，永不失活，他就是中国科学的催化剂！”

2010 年，第 30991 号小行星被永久命名为“闵恩泽星”。

参考资料

[1] 辛勤，徐杰．中国催化名家（上）[M]．北京：科学出版社，2017-11.

[2] 宋春悦．国之所需，吾之所向——记中国炼油催化应用科学的奠基者、绿色化学的开拓者闵恩泽[J]．中国科技奖励，2020(7):35-37.

[3] 谢文华．闵恩泽的爱国之路[N]．中国科学报，2014-04-25(010).

[4] 2007 年度国家科学技术奖励大会．人民网：国家最高科技获得者闵恩泽院士的创新之道[EB/OL]. https://www.most.gov.cn/ztzl/gjkxjsjldh/jldh2007/jldh07ztxw/20080/t20080108_58278.html.

[5] 何鸣元．以催化技术创新贡献国民经济 50 年——记闵恩泽先生的主要科学技术成就和贡献[J]．化学进展，2008,20(2):12.

第二章

理想信念

理想信念是一个人的世界观、人生观和价值观的集中体现。坚定理想信念，必先知之而后信之，信之而后行之。本章以“理想信念”为主题，分享了10位化学、化工领域科学家的故事。他们拥有坚定的理想信念，潜心科研，勇攀高峰，自觉把个人事业融入国家建设大局中；他们治学严谨，淡泊名利，鞠躬尽瘁，具有崇高的敬业精神和科学道德，为化学化工事业发展做出了卓越贡献。青年一代应坚定理想信念，以实实在在的业绩担负历史重任、不负人民重托，奋进新征程、建功新时代。

教育救国的伟大实践者

—— 化学家　杨石先

杨石先（1897—1985），安徽怀宁人。中国科学院院士、化学家、教育家。

杨石先是农药化学、元素有机化学的开拓者、奠基人，是我国教育界的一代宗师。他多年来矢志不渝，把全部心血倾注于祖国的科教事业，他教泽广布、桃李满天下，是我国教育救国的伟大实践者、爱国爱民的科学工作者，是当之无愧的“共和国的脊梁”！

化学家杨石先

一、三度留洋深造，不忘“科学救国”理想

杨石先在青少年时代即形成了深信不疑的“教育和科学救国”的理想。11岁时考入天津民立第二小学，在这里他第一次接触到化学。13 岁考入刚刚成立的清华留美预备学堂，为了振兴祖国，长中国人志气，他发奋读书，各门功课都是班里的前三名。

1918 年，杨石先远渡重洋去了美国康奈尔大学攻读农科，后来他发现化学在生活中的地位非常重要，学好化学回国后可以搞化学工业，振兴民族经济，为国家做贡献。因此，一年后他转入化学科学习。1923 年，杨石先获得了康奈尔大学有机化学硕士学位，回国后应邀到天津南开大学化学系任教，这里成为他实现“教育和科学救国”理想的起点。

1929 年，学校资助他再次赴美，在耶鲁大学任研究员。在美国，他进行的是杂环化合物的合成研究，因成绩出色被推选成为美国科学研究学会荣誉会员。1931 年，杨石先获化学博士学位后毅然回国，后任西南联大教务主任，继续其“教育和科学救国”理想。

1945 年抗战胜利前夕，杨石先赴美考察，在印第安纳大学做访问教授兼研究员，从事抗疟药物的化学性能的研究工作。1947 年，他毅然放弃了美国优越的研究条件和生活待遇坚决回到祖国怀抱，仍然决心为自己祖国的教育事业贡献力量，担任南开大学教务长。1948 年 4 月，任南开大学代理校长。1957 年任南开大学校长，至 1985 年达 28 年之久。他跨越了我国各个重大历史时期，不论时局怎样艰辛困难，都一直坚持初心理想，爱国敬业，为国家教育事业鞠躬尽瘁。

二、发展学术，躬身力行，追求卓越

解放初期，我国农药工业一片空白，连最简单的化工原料也无法制造。为满足我国农业发展的迫切需求，杨石先毅然放弃了自己研究多年的药物化学方向，开始了农药化学和元素有机化学等新领域的研究工作，并取得了一系列重要成果。他认为化学研究工作只有与社会主义国民经济的需要紧密结合起来，才能发挥其巨大的威力。

20 世纪 40 年代，杨石先在国内率先开启了有机农药的化学研究，合成了一系列植物生长调节剂（植物激素）。他对植物激素进行了大量的文献普查，并写出了《植物生长激素》的书稿，为 50 年代开展植物生长调节剂的研究奠定了基础，在农药研究领域起了带头作用。

1956 年，杨石先担负起农药研制的任务，从“磷酸酯类结构的改变会带来生理作用的变化”这个特点出发，研究当时在国内尚属空白的有机磷化学。1958 年，他在南开大学领导了“敌百虫”“马拉硫磷”两个农药杀虫剂车间的建设，满足了当时国内农业发展的迫切要求。

杨石先始终主张科研工作的指导思想是“繁荣经济”，和科研同仁们一起进行了数以百计的科学实验，先后研制出了杀虫剂、除草剂、杀菌剂、植物生长调节剂等多种新农药，填补了国内空白，开辟了中国自主研发农药的新道路。新技术均无偿转给有关企业，产生了近亿元的经济效益，大大提高了我国农药学科的理论和技术水平。

杨石先在农药化学领域发表了多篇研究论文，对我国农药科技进步起了引领和指导作用。他的 3 项研究成果荣获 1978 年全国科学大会奖，1988 年由他主持的有机磷化学基础研究成果荣获国家自然科学二等奖。

三、勤于育才，桃李满天下

杨石先在科学研究方面躬身力行，追求卓越，在人才培养方面，同样追求高质量教育。1923 年，杨石先开始执教于南开大学化学系，他不仅讲授无机化学、有机化学、药物化学等课程，还亲自指导学生实验。他认为良好的实验技能是所有科研人员必备的基本素质，任何理论和假设都需要通过实验来进行验证，因此实验教学非常重要。

杨石先认为“办好一所大学，主要体现在学生的质量上，而提高教育质量，必须首先提高教师水平”。为提高师资力量，缩短中国国内科技水平与世界先进科技水平差距，他对现有的教师队伍采取在职学习、脱产进修和出国培养等多种方式进行培训，促进教师水平的提高。

此外，他亲自邀请具有真才实学的国内外知名专家学者来校兼职培养研究生或讲学，并与国外的大学建立校际合作关系，促进国内教育的高质量发展。截至1985年2月，杨石先培养选送出国的就有200多人，其中有物理学家、诺贝尔奖获得者杨振宁和李政道等人，中国科学院的学部委员中就有13人曾得益于他的教诲。他认为，教育要发扬人梯精神，这样才能使我国的科技事业兴旺发达，不断向世界最先进的水平前进。他培养的几代优秀毕业生遍及国内外，桃李满天下，如著名学者唐敖庆、蒋明谦、胡秉方、申泮文、何炳林、陈如玉等。

为祖国教育科研事业奋斗终生的杨石先，其高洁风骨、家国情怀将被永远铭记。他那以国家的需要为己任的坚定信念，他那躬身力行、追求卓越的科学精神，他那春风育人的品德永远值得我们学习，他的精神也必将激励更多青年学子为实现中华民族伟大复兴的中国梦而接力奋斗。

参考资料

[1] 杨颖．学者楷模、人之师表——杨石先[J]．求知，2021(1):60-62+65.

[2] 刘琴．共和国的脊梁、南开的化身——致敬农药化学界的泰斗杨石先先生[J]．农药市场信息，2019(9):22-25.

[3] 王文俊．我国著名化学家和教育家——杨石先[J]．化工管理，2013(19):60-65.

[4] 南开大学校史研究室．著名化学家——杨石先[J]．南开学报，2006(5):1.

[5] 何炳林．敬重的师长 人生的楷模——回忆杨石先教授[J]．离子交换与吸附，1986(1):3-5.

[6] 老科学家焕发了革命青春——记南开大学杨石先教授[J]．化学通报，1977(6):1-3.

光化学研究的先驱

—— 物理化学家，催化动力学研究的奠基人，教育家　蔡镏生

蔡镏生（1902—1983），福建泉州人。中国科学院学部委员（院士），物理化学家，教育家；曾任吉林大学化学系主任，开展了与能源开发有关的光化学与反应动力学基础研究，是中国催化动力学研究的奠基人之一，光化学研究的先驱。

物理化学家蔡镏生

一、坚守理想，孜孜奋斗，开辟多项开创性工作

蔡镏生在青年时代就立下“科学救国”“实业兴国”的宏伟志向，并一生为之奋斗。他毕生从事物理化学的科学研究工作，致力于光化学与反应动力学基础研究，注重在化学研究中运用不断出现的近代物理技术，开辟了多项开创性研究工作。

1924 年，蔡镏生在燕京大学化学系毕业后，因成绩优秀被留校任教。在任助教期间，他系统地开展了鞣皮方法的研究，研究皮粉的物化性质和操作工艺。在努力完成教学任务的同时，他与吕兆清为振兴民族工业，克服重重阻力在北京创建了中国第一家“洋法”制革厂。

1932 年，回国后的蔡镏生与燕京大学物理系葛庭燧教授合作，研究了“鱼藤酮的光化学分解和紫外吸收光谱”，在国内外学术期刊上发表了 10 余篇有关“溶液吸附”等物理化学方面的研究论文。

1948 年，在美国华盛顿大学做访问学者期间，蔡镏生与卡门教授（M. D. Kamen）合作，共同开发示踪原子技术在化学研究中的应用，用 ^{14}C 研究了若干氰化物的反应动力学，发表了“氰化物和腈类（N≡）化合物的交换”“氰化钠对 β-烷基丙酸的作用”等研究论文。他们开创性的研究证明，示踪原子技术是

研究化学反应动力学最有效的手段之一。

1949 年 4 月，学术访问即将结束时，美国圣路易医科大学研究生院正式提出聘请蔡镏生担任教授，并给予优厚的报酬，提供优越的工作条件。而蔡镏生毅然决定“回国去培养中国自己的大学生”，献身于新中国的建设事业。

1952 年全国高校院系调整时，蔡镏生响应党和国家的号召，与唐敖庆教授、关实之教授、陶慰荪教授通力合作到东北人民大学（吉林大学前身之一）创建化学系，支援东北的教育事业。建系初期，可谓一穷二白，条件十分艰苦。没有实验室，没有做实验所必须的基本仪器、设备及实验所需的最常用药品，也没有基本的图书资料。为能及时给首届新生开出无机化学实验课，蔡镏生带领年轻教师们积极想办法，没有实验室，他们就清理出堆杂物的地下室做实验室；没有实验台，他们就动手制作，因陋就简，用木板条搭建实验台；没有酒精灯，就以墨水瓶代替；没有上下水，就用两个水桶做上下水。在此期间，为了满足科研需要，他带领青年教师和技术人员共同研发实验设备，成功研制“氢光谱灯”“毛细管高压汞灯”“盖革计数管”等设备。

1963 年，蔡镏生领导建立了催化动力学研究室国家重点研究机构，承担了国家重点基础研究项目——“甲烷氧化制甲醛”。为了验证“甲烷氧化成甲醛的过程中，可能有中间产物甲基过氧化氢产生”这一设想，蔡镏生教授查阅了大量文献资料，亲自做实验。在他的领导下，该研究室成功地掌握了中间产物——甲基过氧化氢的合成、保存和分解的规律。为了搞清微观反应过程和反应机理，他又组织研究人员建立质谱分析技术、色谱分析技术和闪光光解技术等现代物理实验方法。1964 年，他们实现了用闪光光解装置研究微秒级的化学反应过程，填补了当时的国内空白。由于出色的科研成就，蔡镏生于 1957 年当选为中国科学院学部委员。他的研究集体拥有了先进的仪器设备和特色的研究方法，成为我国重要的催化动力学研究中心之一。

蔡镏生是中国光化学研究的先驱。从 70 年代开始，蔡镏生承担了国家重点科研项目“光与激光催化的研究”。1974 年，他指导开展激光化学的研究，在极其困难的条件下，建立了一套输出功率为 100W 的二氧化碳激光器，开展了对乙烯氧化的研究。1975 年，他同吉林化工研究院合作，采用光化学方法合成甲基苯基二氯硅烷，利用这种硅烷可以进一步合成硅橡胶，它具有良好的耐高、低温和密封特性，是当时我国航天工业中一种急需的材料。

二、毕生奉献，无名英雄

蔡镏生院士一生秉承“科技报国”之志，坚守“培养中国自己的大学生”这一理想信念，把毕生精力都献给祖国的教育和科研事业，为中国科教发展呕心沥血，鞠躬尽瘁，是中国知识分子的楷模。

蔡镏生十分重视教师的培养与队伍建设，提倡教研相长。在吉林大学化学系建系之初，他从抓教学计划和基础课教学梯队入手，切实制定和落实青年教师的培养规划，组织学术水平高和有丰富教学经验的教师，对主要基础课进行开拓性和示范性的教学工作，在实践中培养了一批基础课主讲教师。在教学工作逐步纳入正轨的同时，他又不失时机地与几位中、老年教授分别组成科研学术梯队，迅速地开展科学研究工作。解放后的 30 多年里，吉林大学化学系在他的直接领导下，从无到有，从小到大，为国家培养本科生 4100 多人，培养研究生 200 多人，推荐出国的学生 30 多名，还取得一批批获奖科研成果。蔡镏生和唐敖庆、关实之、陶慰孙等人团结和带领化学系广大教职工怀着对教育和科学事业的执著追求，披荆斩棘，筚路蓝缕，栉风沐雨，滋兰树慧，为国家培养了大批化学专业人才，科研成果卓著，做出了杰出的贡献。

直到晚年，蔡镏生仍指导中青年教师、研究生以及科技人员，为能源开发特别是太阳能的光化学利用等进行研究，许多人成了科学技术界的骨干，有的还成为中国科学院的学部委员。中青年教师、研究生根据他的学术思想、科研设想不断获得成果，写出了许多学术论文。他在进行审阅时，总是认真推敲，反复核实数据，屡次修改，而在发表论文时，却坚持不署自己名字。自 20 世纪 60 年代以来，在他参与研究发表的近百篇科学论文中都没有他的名字，成为人们崇敬的无名英雄。他说：“我的责任就是把你们青年人推出去，通过科研工作把你们介绍到科学界。”

这就是蔡镏生教授，他坚守理想，孜孜奋斗，将全部的热爱奉献给了伟大的科研事业；他重奉献，轻索取，公而忘私，鞠躬尽瘁，用毕生精力努力为新中国的教育振兴贡献他作为一名知识分子的力量。他以自己坚守的理想信念在化学这片热土上谱写了壮丽的诗篇。

参考资料

[1] 裴素云．精神风范长留于世——深切怀念蔡镏生老人[J]．民主，2003(2):44-45.

[2] 蔡镏生教授（1902—1983）[J]．物理化学学报，1986(4):293-294.

[3] 李铁津，白玉白，于长运，江福康．著名物理化学家蔡镏生教授[J]．化学通报，1985(9):55-58.

[4] 吉林大学新闻中心网站．蔡镏生教授：毕生奉献，无名英雄[EB/OL]．[2016-09-10].https://news.jlu.edu.cn/info/1042/43299.htm.

合成洗涤剂工业的奠基人

—— 化工专家　沈济川

沈济川（1905—1966），浙江嘉兴人，著名化工专家，合成洗涤剂工业的奠基人。因其研制并改良了中国第一代洗衣粉，使洗衣粉进入寻常百姓家，被誉为我国化工界的先驱、中国合成洗涤剂工业的奠基人。

国家需要什么，沈济川就研究什么，这是他的初心和理想。他将自己一生全都奉献给了国家，在医药制剂、油脂化工、合成洗涤工业等领域取得多项成果，填补了我国该类领域的空白，为我国工业发展奠定了坚实的基础。

化工专家沈济川

一、开发国产医药制剂，为维护国产药品权益而斗争

20 世纪 20 年代，由于帝国主义列强对我国医药行业经济的侵略，使得我国的医药行业举步维艰。沈济川深深地认识到这一点，立志要在我国的医药领域做出一番成就。沈济川大学毕业后在上海九福药厂工作，在他的刻苦钻研下，成功开发出百龄机、咳嗽糖浆及麦乳精等众多新产品，并升任九福药厂扩大后的九福制药股份有限公司的厂长。

1932 年，美商以中国的产品“补力多”仿冒该公司产品“帕勒托”为借口，派德商向法院提起诉讼，沈济川代表九福药厂出庭辩护最终取得胜利，成功维护了国产药品的权益。1936 年，德商的律师又想用德产消毒剂“来沙而”来迫使国产消毒剂停产，沈济川为维护国产厂商的权益，一面让国内药厂迅速进行产品注册，一面组织国内相关厂商拒绝销售“来沙而”。通过各方努力，最终再一次瓦解了帝国主义企图威胁中国药企的想法。

二、开展油脂化工研究，多项成果用于生产

油脂化工就是从动植物中含油脂的物料中，如植物的种子、果实、根茎和

动物的组织、骨骼等，经过化学、物理的工艺处理方法，获得各种油脂产品的工业。沈济川为了发展中国油脂化工，积极开展研究工作，在扩大硬脂酸原料来源、米糠油综合利用、特种甘油试制三方面取得了成功。

硬脂酸是一种重要的化工原料，可用它制表面活性剂、化妆品、擦亮剂、橡胶助剂、防水剂等。新中国成立初期，生产硬脂酸的原料主要是牛羊油。而新中国成立之初，国内牛羊油供应不足，致使硬脂酸生产受阻。沈济川积极开展硬脂酸原料的选择研究，最终采用柏油和氢化植物油制备硬脂酸获得成功，为硬脂酸的生产扩大了原料来源。1958 年，他主持了我国首座合成脂肪酸生产装置的研究和设计，在工艺、设备方面解决了不少重要技术问题，成功试制合成脂肪酸，为解决肥皂生产油脂原料紧缺和脂肪醇、低碳酸等军工产品原料生产做出贡献。1964 年荣获国家科委颁发的“合成洗涤剂一等奖”和“合成脂肪酸二等奖”。

此外，沈济川还进行了米糠油综合利用的研究，主要成果为将米糠油脱蜡氢化做制备肥皂的原料，米糠蜡经溶剂萃取精制后制皮鞋油原料。上述两项成果均为国内首创，并应用于实际生产。

在特种甘油试制研究中，沈济川对制备工艺和设备进行了改进：用三级蒸汽喷射泵代替机械真空泵，提高了设备的真空度，降低了蒸馏时的液温；增加了雾沫分离器；并对投入蒸馏甘油的质量进行严格控制。试产的特种甘油达到了当时苏联炸药用甘油标准，此项成果在 1956 年获国防科委颁发的特种甘油奖。

三、研发国产洗衣粉，奠基合成洗涤工业

在研发硬脂酸原料来源取得成功以后，沈济川没有就此止步。他想到中国没有自己的洗衣粉品牌就非常痛心，于是暗下决心一定要研发属于咱中国人自己的洗衣粉品牌。在当时的环境下，与国外进行学术上的交流异常困难，沈济川本着靠别人不如靠自己的理念，与相关技术人员一起进行技术攻关，研制成功了合成洗涤剂烷基磺酸钠和烷基苯磺酸钠；紧接着，沈济川又进一步研究用它们制成洗衣粉，并上市试销。

在洗衣粉研发的生产初期，所制备的洗衣粉均为极细的粉末，容易产生粉尘飞扬，损害生产人员的呼吸系统；此外，粉末产品易随尾气一同排出，造成经济损失。为解决上述问题，沈济川将洗衣粉改制成大颗粒状，有效地避免了上述问题。为提高洗衣粉的溶解速率，沈济川又通过改造装置（将干燥装置改

用高塔式喷液）和改变工艺（采用热空气逆流进行热交换）过程，将洗衣粉制成中空球状颗粒，且表面有缺口，以便与水有较大的接触面。至此，一种中空、球状、表面有缺口的大颗粒洗衣粉研制成功，一个崭新的民族品牌诞生，它就是“白猫”牌洗衣粉。

沈济川是位有真才实学的专家，曾先后担任国家科委轻工组组员、可燃矿物组组员、技术科学组化学工程分组组员、中国化工学会常务理事、化学学会上海分会理事、中华化学工业会编审委员、《化工学报》编委副主任、《化学工程手册》编委会委员、第三届全国政协委员、第三届全国人民代表大会代表。

沈济川多年来任教于交通大学、东吴大学和华东化工学院（今华东理工大学）等高等院校，曾开设化工机械、化工设计、高等化学工程等专业课程。他用自己深厚的理论基础、丰富的实践经验和渊博的科技知识，总结出一套深入浅出的教学方法。许多较深奥的理论和抽象的问题，他都能联系实际，用精辟的分析和切题的实例来逐层剖明，使学生们理解并领悟。有关化学、化工方面的原理、方程、公式、数据和图表，他都能脱口而出，所有听他授课的学生，以及许多在工作中曾向他请教的人很受教益，在思维方法和工作能力方面得到提高。很多他的学生成为才华出众的技术人才，分布在化学工业、轻工业和医药工业等领域的科研、设计、生产和教育岗位上，不少人取得了杰出成就，成为在国内外颇负盛名的专家学者。学生们都尊崇他是一位循循善诱、诲人不倦的老师。

“靠别人不如靠自己；国家需要什么，就研究什么；一定要有自己的民族品牌”，正是沈济川对自己理想信念的执著追求。他将自己的一生全部都奉献给了国家，为中国的医药、油脂、化工机械等工业的发展做出了巨大贡献。

参考资料

沈祖钧．父亲沈济川和“白猫”洗衣粉[J]．档案春秋，2010(11):29-32.

用信念书写人生

—— 化学工程学家，燃料化工专家　侯祥麟

化学工程学家侯祥麟

侯祥麟（1912—2008），广东汕头人，中国化学工程学家，燃料化工专家，中国科学院院士、中国工程院院士。我国石油化工技术的开拓者之一，我国炼油技术的重要奠基人。1996年获何梁何利基金科学与技术成就奖。

“我和祖国一起走过了20世纪几乎全部的历程，我深感国家的命运就是我们个人的命运。作为一个中国人，我为今天的祖国感到骄傲；作为一个有60多年党龄的中国共产党党员，我对自己的政治信仰终生不悔；作为一个新中国的科学家，我对科学的力量从不怀疑，我为自己一生所从事的科学工作感到欣慰。”这是一个把毕生的精力和心血奉献给祖国的科学家的人生感悟，作为一个有着多年党龄的共产党员，几十年来，坚定信念，一心为国，攻坚破难，擎缨前行，淡泊名利，无私奉献，为我国石油、石化事业的发展奉献了自己所有的力量。

一、攻坚破难，擎缨前行

1950年10月1日，新中国成立一周年。放弃续签美国麻省理工学院副研究员职务回国的侯祥麟，加入天安门广场庆祝游行的队伍中。“红色”正是侯祥麟一生的标记。20世纪50年代，由于依靠苏联进口的航空煤油逐渐减少，中国军用、民用飞机面临飞不起来的危急局面。而当时，我国石油部自行组织试产的油料，在地面试验和空中试飞时，均出现了喷气发动机火焰筒被严重烧蚀的问题。在这种急迫的形势下，侯祥麟迅速组织研究力量，亲自带领科研人员们日夜苦干，通过反复研究试验，并大胆地把硫加入油样，终于研制出了一种添加剂配方，可以从根本上解决国产喷气燃料对镍铬合金火焰筒烧蚀的问题，并在1961年生产出了合格的航空煤油，在1962年正式供应给中国民航和空军部

队。1964年，这项被命名为“33号添加剂”的发明被列为国家级成果。1965年，国产航空煤油获国家新产品成果一等奖。

1959年，为了配合中国原子弹、导弹和新型喷气飞机的研制，国防科委向石油部提出研制多种特殊润滑油的紧迫任务。这些特殊用途的材料，需要具有较好的高温稳定性、低温流动性，同时还需要满足耐高负荷、高真空、高转速，耐强氧化和强化学腐蚀介质等各种条件。接到任务以后，侯祥麟带领科研人员，不惧仪器设备短缺、资料匮乏的困难，平地起家，建设实验室和厂房，深度剖析样品，积极探索研究技术路线，反复进行研究试验，攻克了一个又一个技术难关。在1962至1965年间，研究团队先后研制出了氟油、硅油、酯类油等一系列高精尖特种润滑油，圆满地完成战略武器及运载火箭所需的专用油脂的任务，满足了中国发展原子弹、导弹、卫星和新型喷气飞机的需要，石油科学研究院因此在1987年6月获得了国家科学技术进步特等奖。

此外，侯祥麟在“五朵金花”炼油新技术的成功开发中也发挥了举足轻重的作用。大到科研方向、试验方案的制订，小到试验的每一个环节，他都亲自抓，亲自过问。“五朵金花”炼油新技术中的催化重整工艺需要金属铂，当时国内铂金属全靠进口，有人认为搞这项技术不符合中国国情，但侯祥麟力排众议，从实际工艺的要求出发，支持用铂作为催化剂配方材料，从而使我国催化重整技术获得突破性发展。

二、淡泊名利，无私奉献

侯院士一生艰苦奋斗、淡泊名利，从不追求奢华享乐，从不计较个人得失。他始终操守廉洁、克己奉公、无私奉献，多次捐出自己科研所得奖金和家产财物，支持国家教育事业和培养石油石化高技术人才。

1981年春，侯祥麟将广东老家祖上价值百万元的40多间房屋全部捐给国家。他说国家办教育事业困难很大，家乡学校的条件也较差，把这些捐了的房产用于办学校，也可以为国家教育事业出一把力。

1986年7月8日，侯祥麟荣获“马太依国际奖”，以表彰侯祥麟为中国炼油和石化科技事业做出的重要贡献。回国以后，侯祥麟把所获2.5万美元奖金全部捐给了国家，作为购买国外科技图书的专用资金。

1996年10月17日，侯祥麟荣获“何梁何利科学与技术成就奖”。他捐出50万元人民币，设立了隶属于中国科学技术发展基金会的侯祥麟基金会，用以培养高层次人才，鼓励更多的青年学子投身石油化工行业，激励炼油与石化专业的高层次人才积极进取，攀登科学高峰。

经历了国家经济困难时期和科研设备落后的时代，侯祥麟越来越感到，中国科学院技术科学部已经难以适应时代发展的需要。于是，他与师昌绪、张光斗、王大珩、张维、罗沛霖等六位科学家共同向中央提出“在我国建立一个以工程技术为主的国家级学术机构”的建议。1994 年 6 月 3 日，中国工程院成立。

侯祥麟是中国炼油技术的奠基人和石油化工技术的开拓者之一，组织领导和指导支持了大量科技攻关，为国家填补了石油石化领域的许多重大科技空白，解决了石油石化产业发展中的许多重大问题，提出了许多事关国家科技进步和长远发展的重要建议。他一生对科学研究不断求索、严谨务实、攻坚克难；对祖国的建设励精图治、甘于奉献；作为党员科学家，他为我国的石油、石化事业的发展做出了不可磨灭的卓越贡献。他以不变的信念，一笔笔写下人生的每个篇章，用百炼成钢的忠诚铸就了中国石油科技的丰碑！

正如侯祥麟所言，“我的人生无处不留下深刻的时代烙印”。

2023 年编号为 236845 的小行星被正式命名为“侯祥麟星”。

参考资料

[1] 杨守娟. 与祖国风雨同行——记我国炼油技术的奠基人侯祥麟[J]. 中国石化，2005,(9):12-17.

[2] 余勇. 民族脊梁 科技人生——记我国著名石油化工科学家侯祥麟[J]. 传承，2009(15),30-31.

[3] 陈贵信. 中国炼油与石化科技事业的奠基人——侯祥麟[J]. 中国科技史料，1999,20(1):35-37.

[4] 谈谈. 侯祥麟：一篇读不完的“大论文”. 石油知识，2022(1):1.

[5] 中国科学院. 中国广播网：信念书写人生，忠诚铸就历史——记中国炼油技术奠基人侯祥麟[EB/OL]. [2005-09-06].https://www.cas.cn/zt/jzt/fkzt/hxlhskxjzlkxj/mtjj/200509/t20050906_2671858.shtml.

硕果累累的劳模

—— 强化传热专家，化学工程教育家　邓颂九

邓颂九（1918—2002），湖南长沙人，强化传热专家，化学工程教育家。历任华南工学院化工机械系主任，华南理工大学化学工程研究所所长，国务院学位委员会第一届学科评议组成员，国家科委化学工程学科成员，全国化学工程学会理事，广东省化工学会副理事长，《化工学报》、《中国大百科全书》化工篇、《化学工程手册》编委。

强化传热专家邓颂九

一、少年勤学，立志报国

邓颂九的青少年时期，正是中华民族遭受深重灾难的时代。面对满目疮痍的旧中国，强烈的民族奋发感激励着青年邓颂九发奋努力读书，立志以科技振兴中华，以实际行动来报效祖国。

1942 年，邓颂九以优异的成绩毕业于浙江大学化工系。1944 年赴美留学，在密歇根大学化工系学习。1946 年硕士毕业时，美国一家公司拟聘请他去做磨砂轮的研究工作，但他放弃了这个机会，谢绝了导师和同学的挽留，毅然决定回国报效祖国。1949 年，中华人民共和国成立，五星红旗高高飘扬，面对一派勃勃生机，邓教授看到了广阔的报国之路，并沿着它坚定地走了四十多个春秋，以“实业救国”和“教育强国”为奋斗理念，在强化传热与节能领域结下累累硕果。

二、勇攀高峰，传热领域结硕果

邓颂九教授长期从事化工传递过程的研究，对传热理论尤为擅长，在传热领域取得了一系列丰硕的科研成果。

20 世纪 50 年代，应国家急需，他开展了化工原理和热能合理利用的研究，研制出了核燃料工业所需的絮凝剂，1964 年，该成果获得国家科委科研成果二等奖。

60～70 年代，邓颂九教授开展了三元系统热扩散分离理论及板式换热器等方面的研究，运用边界层理论为翅片换热器的加工提供理论依据，开展了高效换热器的研制。

80～90 年代，邓颂九教授研制了“螺旋槽管及锯齿形翅片管”和“机械加工表面多孔管”等多项强化传热元件，并提出了强化元件中二相流动模型及传热机理。进行了螺旋槽管内流态显示、流体阻力和传热性能研究，解决了当时国际上尚未弄清楚的螺旋槽管内流体流动形态及螺旋槽管结构尺寸优化理论依据及计算公式等问题。其科研成果“强化传热的螺旋槽管及锯齿形翅电管”“强化凝华传热传质过程及新型热熔冷凝箱的工业应用”分别获得 1985 年国家科技进步三等奖、1990 年国家科技进步二等奖。

邓颂九教授重视理论联系实际，将科研成果运用于生产实际，为企业取得了很大的经济效益。如上海溶剂厂甲醛车间，原来耗能严重，而采用邓教授研制的螺旋槽管余热锅炉之后，能耗指标显著下降，达到了国际标准，并被评为化工部节能标兵单位。

三、坚定信念，发展教学

邓颂九教授始终坚定对党的信念，坚信我国的教育和科研事业一定会振兴、发展，积极发展教育教学。

为了本学科的成长壮大、不断前进，他殚精竭虑，不懈奋斗。他把“培养中青年教师和研究生，建立科研梯队”作为自己义不容辞的责任。在教学中，他总是时刻关注国内外学术新动态，非常认真地备课，查阅资料，融入国内外的学术动态。他讲的课非常生动，他坚持基础研究与应用研究相结合的方针，讲授理论的同时，又密切结合生产应用，学生们都很喜欢听，甚至有不少同行和科技人员也来听课。他还亲自编教材、写讲义、答疑，他以二十多年积累的教学讲义为基础，梳理总结了国际上数篇高水平的化学工程文献资料，编写出版了颇具特色的研究生教材《传递过程原理Ⅱ》。该书引导研究生更好地应用基础理论知识去分析和解决科研与生产中的实际问题。

由于邓颂九教授在教学、科研工作上突出的成绩，1981 年被评为广东省高教战线优秀共产党员，1985 年被评为“广东省劳动模范”和“高教系统先进工作者”，1986 年、1987 年被评为华南工学院和广东省高教系统教书育人积极分子。1986 年他领导的化工研究所被评为全国教育系统先进集体，1988 年他领导的化学工程学科被评为全国重点学科。1990 年邓教授被国家教委与国家科委评为高等学校先进科技工作者。

邓颂九以“实业报国”和“教育强国”为理想信念，开拓了化学工程学科，在强化传热与节能领域结下累累硕果。他以才学育人、以品德育心，将初心与使命，内化为科研攻坚的严谨坚定，外化为教书育人的“春风化雨，其乐未央”。他用一生燃起一把永不熄灭的火炬，照亮了化工学子的奋斗前路，点燃了科研学者的理想火焰，融入了一代代化工人铸就的精神丰碑。

参考资料

[1] 邓先敏. 我国著名强化传热专家化学工程教育家——邓颂九[J]. 化学工程师，1992(6):1-2+20.
[2] 李启聪. 硕果累累的劳模 慧眼识才的伯乐——记广东省劳动模范、华南工学院邓颂九教授[J]. 高教探索，1985(4):64-67+71.
[3] 佚名. 邓颂九教授[J]. 华南理工大学学报（自然科学版），1994(3):133.

化学世界的美丽霞光

—— 分析化学家　高小霞

高小霞（1919—1998），浙江萧山人，分析化学家，中国科学院院士。她曾任中国化学会第20届至第22届理事、常务理事兼科普委员会主任和分析化学委员会副主任等学术职务，第三届全国人民代表大会代表，第五、六、七届全国政协委员。

分析化学家高小霞

高小霞院士一生致力于分析化学的教学和研究，为祖国的科教事业做出了重要的贡献。她对化学事业的选择，既来自于女性追求知识和事业独立的理想信念，也来自于科学报国的民族身份认同。

一、以化学为志业，极谱领域结硕果

回国工作以后，在当时条件艰难的情况下，高小霞院士密切结合国家建设需求，不畏困难，积极开展极谱分析的研究，并取得了一系列丰硕成果。

20世纪50年代开始，掀起大规模开发矿业和发展半导体材料生产热潮，其中高纯金属材料和半导体材料生产中微量杂质分析的要求比较高，高小霞带领研究团队开始了极谱催化波的研究。1957年至1966年，开发了约几十种微量元素的高灵敏分析技术，为矿业和半导体材料生产资源的开发和利用提供了灵敏、快速、简便的检测手段，从而开创了一种简捷、灵敏的电化学分析方法，并引发了国内对极谱催化波研究的极大兴趣和重视，使这种独具特色的分析方法在矿产资源探测、环境监测、金属冶炼、稀土农用等方面得到了广泛应用。

1978年后，高小霞带领研究生开始了稀土元素的极谱和伏安分析法的研究工作。当时学界普遍认为极谱方法不适用于稀土元素的分析，因此这是一项具有挑战性的前沿课题。但高小霞认为：中国是稀土大国，应用前景非常广阔，如果能将极谱这一简单易行的分析手段应用于稀土元素分析，将给国家建设带来非常大的便利，因此迎难而上义无反顾地选择了这个方向。经过几年努力，研究团队最

终用极谱络合吸附波方法对农田施用稀土微肥进行了高灵敏的准确测定，该方法对农业增产具有非常重要的应用价值，并获1988年国家教委科技进步二等奖。

高小霞院士在分析化学极谱分析领域不懈追求，造诣深厚，近半个世纪的科研生涯中，在国内外期刊发表了200余篇学术论文，并著有多本颇有影响力的专著。她与中国地质科学院姚修仁合著《铂族元素的极谱催化波》一书，获1982年国家自然科学三等奖；《电化学分析法在环境监测中的应用》一书，获1985年北京市科技进步三等奖；此外，还著有《极谱催化波》《稀土农用与电分析化学》等。

二、严谨治学，不懈探索

高小霞从事分析化学科研工作的同时，也在人才培养方面做出了很大成就。1951年进入北京大学化学系任教以来，先后开设和讲授了“分析化学”“电化学分析”“仪器分析”“高等电化学分析”等本科和研究生课程，多年的教学经历逐渐形成了自己的教学方法和教学风格。她的课不完全按课本和讲义讲，在讲清楚基本概念和基本理论的同时介绍该领域的研究前沿，以及自己的科研工作和心得体会。

她在北大分析化学专业开设的“仪器分析”课程，使该专业成为国内高校最早开设该门课程的专业之一。开课之初，使用的是捷克生产的照相式极谱仪，这种设备测定极谱半波电位的灵敏度太低，只有0.01V。为了提高设备灵敏度，高小霞向物理化学实验室借来了K式电位计和微安培电流计极谱分析仪，根据自己在纽约大学做过的极谱分析实验的经验，自行试制设备。组装的仪器在测定极谱半波电位时灵敏度获得了较大的提高，达到了0.02mV。仪器分析课程中有光谱分析内容，没有系统学习过光谱分析的高小霞，专程前往长春应用化学研究所请教柳大纲、黄本立等专家，并逐步建立了北大的光谱分析实验室。此后，她还使用K式电位计加氢电极自行组装了高灵敏度的pH计等多台设备，逐渐开展起电分析化学的教学与研究。并编写了《仪器分析》教材，出版了《电化学分析导论》等著作。

多年来，高小霞奋斗在分析化学领域的教学和科研一线，勤奋学习，努力工作，严谨治学，为我国分析化学的教学和科研做出了重大的贡献，成就卓著。她认为：“一个人在前进的道路上，要不怕艰辛，不断学习，不懈探索。”这是她信奉的理念，也是她多年勤奋学习努力工作的体会和治学精神的结晶。

参考资料

[1] 姚守拙．纪念高小霞先生诞辰 100 周年专刊 序言[J]．分析科学学报，2019(6).

[2] 李茂山．著名分析化学专家——高小霞[J]．兵器材料科学与工程，1992(5):75.

[3] 王丽媛．作为科学家和教育家的新女性——高小霞的化学人生[J]．今日科苑，2019(3),17-24.

创造“中国冲击”的稀土之父

—— 无机化学家，物理化学家，教育家　徐光宪

徐光宪（1920—2015），浙江上虞人，无机化学家、物理化学家、教育家，中国科学院院士。2008 年度“国家最高科学技术奖”获得者，被誉为“中国稀土之父”“稀土界的袁隆平”。

物理化学家徐光宪

一、坚定科研信念，创造“中国冲击”

徐光宪有一句名言：“我们做科研得有一个信念，就是立足于基础研究，着眼于国家目标，不跟外国人跑，走自己的创新之路。”

20 世纪 50 年代，徐光宪快速把握国际学术发展的新动向，在国内开展溶液中络合过程的研究工作。通过改进仪器设备和实验数据的处理方法，他在溶液中络合物平衡常数的测定中得到了更多和更精确的实验结果，同时，研究过程中还对弱络合体系给出了较准确的分级络合常数。根据络合平衡与吸附平衡的相似性，他提出了络合物平衡的吸附理论，该理论可对溶液中弱络合物的平衡过程进行简便描述。

1955 年，中共中央书记处召开扩大会议，提出了中国建立和发展原子能事业的战略决策，要求北京大学、清华大学等高校建立原子能系，并动员相近领域的学者研究原子能。为响应国家的号召，徐光宪根据国家需要，将核燃料萃取化学作为了自己新的研究方向，为打造北京大学技术物理系这一“核科学家的摇篮”做出了杰出贡献。由于相关学科的资料非常稀缺，徐光宪就从整理资料入手，从上千张卡片中寻找线索，总结出关于萃取的普遍规律，并使这些研究成果迅速地运用到我国的原子能工业中。

1964 年，徐光宪和清华大学的几名教授提出用我国自主研究的萃取法筹建核燃料处理厂，制造原子弹原料——钚。徐光宪等人的这一提议，摈弃了由苏联专家提供的落后的沉淀法，在决策上起了非常重要的作用，使我国在苏联专

家撤走后没有图纸的情况下，用较低的成本就快速改建了还没有竣工的厂房，让我国的核工业在国家最困难的时候走上了发展的轨道。

1972 年，徐光宪所在的北京大学化学系接到了新任务——高纯度分离稀土元素中性质最为相近的镨和钕。镨钕，在希腊语中是双生子的意思，是稀土元素中最难分出彼此的一对。当时，国际上稀土分离的主要方法是离子交换法和分级结晶法，但这两种方法存在成本高、稀土元素纯度较低、过程不连续等问题，难以适应大规模的工业化生产。徐光宪接到任务后，思虑再三，决定仍然采用自己曾经研究过多年的萃取法来完成这项艰巨的任务。“萃取法”是在煤油中加入萃取剂，通过摇晃振荡的方法将其一次次分离。一般萃取体系的镨钕分离系数只能达到 1.4～1.5，徐光宪通过改进稀土萃取分离工艺，使镨钕分离系数达到了 4，并获得了纯度大于 99.9%的镨和钕分离产品，打破了当时的世界纪录。此后，徐光宪试图在理论上确定萃取剂、料液和洗涤剂的流量比例及萃取段和洗涤段的级数等工艺参数。经过反复多次的试验，他发现了“恒定混合萃取比规律”：即在几百级萃取槽中，萃取段和洗涤段两相的金属离子总浓度比是一个常数。在此规律基础上，徐光宪又建立了“串级萃取理论”，带领团队共同创建了“一步放大法”，并在上海跃龙化工厂试验成功。

徐光宪提出的串级萃取理论，为我国开发利用稀土元素做出了非常重要的贡献，被国内外专家誉为“理论上的突破，实践上的创新”。该理论用于工业化实际生产，大大提高了我国在稀土工业的竞争力。在稀土分离技术上，我国从此走到了世界的最前列，短短十几年从一个稀土匮乏的大国一跃成为世界上最大的稀土出口国，造就了一个关于稀土的中国传奇，被国外称为 China Impact（中国冲击），影响深远。

1978 年，基础科学受到重视，徐光宪又重新开始最初选定的量子化学方向的科学研究。徐光宪一生改变了四次研究方向，从量子化学到络合物化学，再转入核燃料萃取方向，接着是稀土分离，最后又回到量子化学方向。而每一次研究方向的改变，都是出于当时国家发展的需求。中国科学院院士黎乐民曾撰文《执著追求，勤奋耕耘》评价恩师：徐先生多次改变研究方向，在此过程中自然会遇到许多的困难，但是徐先生不畏艰难，迎难而上，把研究方向多变的困难转化为在多个领域取得巨大成绩的契机。他对科研独特的研究视角、对前沿问题的总体把握，以及坚定的科研信念使得这种转换得以实现。

二、“事业比天大”，桃李满天下

在徐光宪看来，教书和科研是他一生的挚爱，是所有一切的“重中之重”。他曾说，“著名爱国艺术家常香玉说过一句话，‘戏比天大’，说得非常好。对我们教师来讲，就是‘上课比天大，科研比天大’。这是一种基本的敬业精神。”

徐光宪对教学工作非常重视。1951 年，他在北京大学化学系讲授物理化学课，同时也在燕京大学化学系开设了研究生的量子化学课程。院系调整后他还在北京大学开设了“物质结构”的新课程。1957 年，国家要求北京大学迅速培养原子能科学技术方面的人才，徐光宪日夜备课，充分准备，于两个月后讲授放射化学、原子核物理导论等课程。在授课过程中，他非常注重对青年教师和研究生的培养，重点关注他们对学科最新成就的掌握。50 年代末期，他在技术物理系开设了配位场理论和萃取机理等方面的课程。后来，量子化学迅速发展，他也抓住时机开设了量子化学、分子光谱、高等无机化学等课程，直到 1986 年他还亲临教学第一线。

徐光宪认为一本好的教材对学生的学习帮助很大，因此非常重视教材建设工作。他精心整理并编写的《物质结构》一书，概念表述准确、深刻，内容丰富，条理清楚，深受教师和学生的欢迎，在物质结构课程的教学中发挥了重要作用，成为在全国使用多年的教材，曾先后五次再版，发行十余万册。

徐光宪教授在我国化学界辛勤耕耘了 50 多年，他教书育人，为人师表，培养了一批又一批稀土事业的优秀人才，为我国化学教育事业的发展和科学研究水平的提高做出了突出贡献。

参考资料

[1] 王庆环．“稀土之父”徐光宪：走自己的创新之路[N]．光明日报，2015-4-29(6).

[2] 吴志菲．徐光宪：上书惊动总理的“稀土之父”[J]．发明与创新：大科技，2012 (7):33-36.

[3] 肖丹．国之所幸——记“中国稀土之父”徐光宪[J]．中国科技奖励，2020(7):44-46.

[4] 李艳鸣．稀土人生　鞠躬尽“萃”——追记中国“稀土之父”、中科院院士徐光宪[J]．华人时刊，2018,(5):4.

[5] 徐光宪院士简介[J]，分子科学学报：中英文版，2005.

[6] 聂尊誉，周洪英．著名物理化学家，无机化学家，教育家　北京大学化学院教授、博士生导师　中国科学院院士——徐光宪[J]．功能材料信息，2013,10(1):8.

[7] 刘思德．徐光宪：中国稀土永远的地平线[J]．稀土信息，2015(5):10-12.

[8] 王治浩．著名化学家和教育家——院士伉俪徐光宪和高小霞[J]．化学通报，2012(7):669-672.

石化王国的巾帼英雄

—— 分析化学家和石油化学家，中国石油分析领域的开拓者和奠基人　陆婉珍

陆婉珍（1924—2015），出生于天津市，原籍上海，分析化学与石油化学家，中国科学院院士，中国石油化工股份有限公司石油化工科学研究院总工程师。1983年、1990年两次获得全国“三八红旗手”称号；1988年被评为国家千名有卓越贡献的专家。

分析化学家陆婉珍

一、“解决实际问题”，推动中国石油分析攻坚克难

建国初期，随着中国石油化学工业迅速发展，发展石油化工分析科学显得非常重要。1956年，陆婉珍回国报效祖国，在石油工业部炼制研究所（即现在的石油化工研究院）工作。回国后，陆婉珍即把所有精力投入到石油化学和分析化学研究中。陆婉珍表示，“解决具体问题是她工作中最大的快乐。作为一名科技工作者，她的使命就是‘要解决实际问题’，并以此为指导思想”。

当时我国仪器分析尚在起步阶段，面对国内分析仪器短缺、西方国家实施禁运封锁的艰难条件，一些实验所需的仪器设备无法购置，陆婉珍院士就指导科研人员自行设计、加工组装，在她的努力下，短短几年时间内建成了包括光谱、色谱、X衍射、质谱、元素分析等门类齐全的石油化工分析研究室以及人员配套的分析测试中心，为炼油工艺和催化剂的科学研究提供了大量的分析数据，解决了我国油品研制和炼油工业装置生产过程中遇到的许多技术问题，对保证科研课题的顺利进行发挥着重要作用，成为各石化研究单位的表率。

20世纪60年代，陆婉珍领导建立的分析平台，解决了我国油品研制和炼油工业装置生产过程中遇到的许多技术问题。1962年，陆婉珍带领研究团队对当

时喷气燃料生产烧蚀问题的机理进行了研究，从理论上阐明了我国低硫喷气燃料对发动机镍铬合金火焰筒的高温烧蚀机理；在配合我国“五朵金花”炼油新技术开发中，利用气相色谱发现了我国首套催化重整工业装置二甲苯产品不合格的原因。在我国较早地开始利用核磁共振分析研究石油及其他助剂，第一代钝化剂的研制及水处理剂的研制，都是在陆婉珍领导下根据核磁共振分析结果逐渐开展并完成的。

陆婉珍长期从事分析工作，始终以解决实际问题为指导思想，因此她所采用的分析仪器十分广泛，并能把握各种新型分析仪器的发展、原理及应用，是分析领域难得的通才。20 世纪 80 年代，在她的指导下开发出了填充毛细管色谱法和多孔层毛细管色谱法，能够快速测定复杂炼厂气和汽油中不同烃类的组成。1986 年，陆婉珍主持出版了《中国原油的评价》，建立了一整套从天然气、汽油、重油到渣油石油组成的分析方法，填补了我国空白，为合理利用我国原油资源发挥了重要的作用。

20 世纪 90 年代，国际上出现近红外光谱分析仪，可以在两分钟内实现对数十种成分的分析，十分适合石油化工领域。陆婉珍院士在 71 岁高龄时勇敢承担起研制中国近红外光谱仪的重任。“我一定要在有生之年集中精力做好这件事，我很有信心。”短短四年时间内，陆婉珍成功研发出我国第一台现代近红外光谱仪，建立了全套近红外分析技术，出版了《现代近红外光谱分析技术》专著，为我国近红外技术的应用发展做出了重大贡献。

陆婉珍所领导的分析中心，每年为各方面提供大量分析数据，为化工生产解决了无数难题，被大家称为“石油化工的眼睛”。但作为行业辅助机构，很少得到高级别的奖励。“不获奖不代表没有价值，”她说：“科学成绩是常年的累加，不是一朝一夕的辉煌，”这大概就是对她为中国石油化工事业不懈努力、奋斗一生而取得无数成就的最好总结。

二、重视人才，悉心育人

陆婉珍院士情系教育，悉心育人，先后为国家培养了一大批石油分析人才，带出了一支有特色、能战斗、敢攀科学高峰的研究团队。陆婉珍曾说：“设备可以买进来，人才是买不来的；仪器是我们的眼睛，人才是我们的中枢，哪一个都不能少。”

她对学生呵护有加，既严格要求，又爱心照顾。一位研究生回忆，“自己被送去日本深造后，在那里完成了博士学位。学习期间，陆老师常有信去，鼓励我学有所成。”为了学生们有好的待遇和前途，陆老积极找有关负责人进行交涉。她把研究成果的专利冠名权让给学生们，把机会给年轻人，让他们出成果，让他们感觉到自己在一天天成长。

值得一提的是，陆婉珍院士的丈夫闵恩泽院士是被誉为“中国催化剂之父”的著名石油化工催化剂化学家，他们一生相知相伴，淡泊名利，是我国科技界学习的楷模。2003 年，他们捐出自己的毕生积蓄和“国家最高科学技术奖”获得的奖金，其中设立了“陆婉珍近红外光谱奖”，鼓励中国科技人员投身于近红外光谱理论研究、技术研发和推广应用工作，促进和推动近红外光谱技术在中国的发展和应用。她将全部心血奉献给了中国分析化学和石油化工事业，为中国科教事业发展做出了巨大贡献。

参考资料

[1] 褚小立．巾帼光彩显朴淳 创新特色谱华章——庆贺我国著名分析化学家陆婉珍院士九十华诞[J]．分析化学，2014,42(9):1227-1228.

[2] 柴玉田．毕生奉献于祖国石油化学工业的巾帼英豪——记中国科学院院士陆婉珍[J]．化工管理，2014(22):64-69.

[3] 许帆婷，陈帜．近红外光谱技术慧眼“识”油——专访中国科学院院士陆婉珍[J]．中国石化，2012(10):40-42.

[4] 卢祁．近红外技术敲响精细管理的大门——访中国科学院院士、著名分析化学、石油化学专家陆婉珍教授[J]．中国仪器仪表，2010(1):26-27+29.

[5] 侯玉婷．女院士成长经历及启示——以 20 位女性中国科学院院士为例[J]．高等教育研究学报，2019,42(2):13-21.

[6] 陈帜．清扬婉兮 善自珍重[N]．中国石化报，2015-11-27(4).

潜心科研，为建设染料强国矢志奋斗

—— 精细化工专家　杨锦宗

杨锦宗（1932—2008），福建省莆田人，精细化工专家，中国工程院院士。长期从事染料、表面活性剂、精细化工方面的教学和研究，获得国家和省部级科技奖 8 项，2001 年当选为中国工程院院士。

精细化工专家杨锦宗

“潜心工作，为我国染料科技创新和生产强国继续奋斗！”这是杨锦宗院士一生不变的信念。50 余年来，他紧密结合我国染料工业需求和发展，在染料研究领域不懈奋斗，探索创新，不断开拓染料的新结构和新品种，为我国成为世界染料生产大国做出了突出的贡献。

一、开拓活性和分散染料，推动我国染料工业高起点快发展

活性染料又称反应性染料，是在染色时与纤维起化学反应的一类染料。这类染料分子中含有能与纤维发生化学反应的基团，染色时染料与纤维反应，二者之间形成共价键，成为整体，使耐洗和耐摩擦牢度提高。1958 年春，杨锦宗科研组在苏联专家 Efros 教授和侯毓汾教授的指导下，成功地设计合成了当时国际市场上的全部 32 种活性染料，并开展了活性染料结构与性能的相关性研究。在活性染料研究领域取得的成功，促进了我国染料工业的崛起和进步，开拓了我国活性染料的研究生产和发展。因其对染料工业的贡献，该项目获得全国科学大会奖和辽宁省科技进步二等奖。

20 世纪 50 年代起，随着石油天然气被开发应用，合成纤维取得较大发展，其中聚酯纤维产量最大，要求用分散染料染色。1959 年，杨锦宗课题组剖析并设计合成了 10 种高性能的分散染料，至今还有数种产品仍在我国大吨位生产。此外，在对分散染料的助剂扩散剂组成及性能的研究中，建立了商品分散染料的润湿性、分散性及耐热稳定性的关系，首次发现了分散剂分子量分布对分散

染料分散性和热稳定性的重要影响。“新型丙纶专用染料”项目得到国家自然科学基金资助，首次在染料母体结构中引入了与聚丙烯相容性较好的基团，用于超细丙纶印染，其效果比用颜料着色更加鲜艳、性能更加稳定。上述这些研究与发现对推动我国染料工业高起点快速发展发挥了重要的作用。

二、创新染料研究，达到国际领先水平

随后的几十年间，杨锦宗课题组继续开展染料的创新研究，率先在国内指导研究生进行了反应性染色研究。在《活性染料和反应性染色》的论文中，指出了活性染料依靠活性基团的反应性与纤维构成共价键结合，活性纤维也通过活性基团与染料反应性基团形成共价键结合，交联剂既能与染料也能与纤维发生共价键结合，阐明了三种染色法都有一个共同特点，即以“染料-纤维”或“染料-交联剂-纤维”共价键结合，因此染色纤维有着较好的湿处理牢度。

高分子染料结构中含有大量可交联或可反应基团可以作为交联染色或活性纤维染色使用。杨锦宗率先研究了可反应性高分子染料，首次把染料在纤维上的固色率提高到99%以上，达到了国际领先水平。“活性染料到反应性染色的理论与实践”荣获2000年中国石油和化学工业局科技进步一等奖及2001年国家科学技术进步二等奖。

在国家科委重大科技攻关项目“丝绸染料的研究”中，研究了活性染料在丝绸上染色行为及染料-纤维间共价键的稳定性，提出了染料分子结构吸附性能（竭染率 E）与活性基团反应性能（反应率 R）对染料利用率（固色率 F）同样重要。由于在染料分子结构设计中，重视了染料分子结构吸附性能的作用，活性染料的固色率大大提高，成本大幅降低，同时还减少了水污染。

杨锦宗院士一生致力于染料研究，几十年来开拓创新，始终坚持“为科技强国而奋斗”的理想信念，激励着一代又一代染料人不懈奋斗，将智慧与力量奉献于实现中华民族伟大复兴的中国梦。

参考资料

[1] 杨锦宗教授对我国染料工业的贡献[J]．染料与染色，2009,46(2):61-62.

[2] 中国工程院院士馆．杨锦宗[EB/OL]．https://ysg.ckcest.cn/html/details/43/index.html.

[3] 杨锦宗．活性染料与反应性染色[J]．大连理工大学学报，1999,39(2):235-242.

[4] 伏宏彬．棉纤维化学改性与染色性能研究[J]．染料与染色，2003(3):134-137+142.

中国“绿色”化学先驱

—— 高分子物理化学家　张俐娜

张俐娜（1940—2020），福建省光泽县人，高分子物理化学家，中国科学院院士。2011 年，获得美国化学会安塞姆·佩恩奖；2014 年，成为英国皇家化学会会士。

高分子物理化学家张俐娜

“科技工作者应该把研究方向同国家的发展目标、人民的生活和健康结合起来。搞科研的人不能仅仅是为了完成几篇论文而搞科研，还应该多考虑为社会、为老百姓做出有形贡献。”这是张俐娜院士对科研工作的坚定信念，她毕生致力于高分子物理与天然高分子材料的基础和应用研究工作，积极投身国家可持续发展战略，屡挑重担，尤其是在天然高分子及高分子物理领域潜心研究，攻坚克难，取得一系列开创性的研究成果。

一、绿色化学的探索者

1986 年，张俐娜考虑到以可持续的生物质为原料生产环境友好材料对国家资源发展非常有利，因此，将研究重点瞄准天然高分子材料与高分子物理的基础和应用研究，开始进行纤维素、甲壳素、多糖等可再生资源的研究与应用探索，开启了在天然高分子科学与材料领域的创新之旅。

纤维素和甲壳素是世界上最常见的可再生资源，是不会枯竭的原材料。然而两种材料很难溶解也无法熔融加工，如何开发利用堪称世界难题。2000 年 1 月，张俐娜教授获得国家自然科学基金重点项目资助，开始了纤维素新溶剂及功能材料的研究。研究团队夜以继日、奋力拼搏多年，终于突破了使用有机溶剂和加热方式溶解高分子的传统方法，创造出了低温下在 NaOH/尿素水溶剂体系中快速溶解纤维素的崭新方法，开创了高分子低温溶解新技术。此外，通过

“绿色”技术构建出一系列性能优良的基于甲壳素和纤维素的新材料，这些材料在生物医学、“绿色”催化、能源储存、污水处理和纺织制造领域有着广阔的应用前景。

基于其全球首创的水溶剂低温溶解高分子技术，张俐娜教授获得了美国化学会 2011 年安塞姆·佩恩奖。该奖是国际上纤维素与可再生资源材料领域的最高奖，张俐娜是半个世纪以来获得该奖项的首位中国人。著名科学家 Glyn O. Phillips 教授指出：“张俐娜教授带领的研究队伍通过开发一种神奇而又简单的水溶剂体系，敲开了纤维素科学基础研究通往纤维素材料工业的大门。”2016 年英国皇家化学会“Chemistry World”报道她为“中国‘绿色’化学先驱”。

张俐娜院士先后主持国家自然科学基金重点项目、国家 973、863、国际合作等重大项目 20 多项；在国内外重要学术刊物发表论文 600 余篇；获准专利 100 余项；主编有《高分子物理近代研究方法》《天然高分子改性材料及应用》《天然高分子科学与材料》《基于生物质的环境友好材料》《天然高分子基新材料》等专著；获得国家自然科学奖二等奖 1 项，湖北省自然科学一等奖 1 项及技术发明一等奖 1 项；2012 年度入选高校十大科技进展。其研究成果的原始创新性及学术价值和应用前景在国内外产生重要影响。

二、为国为民的教育者

除了科研方面的卓越成果，张俐娜院士还是一名优秀的教育工作者。她忠诚党的教育事业，以德执教，潜心教书，精心育人，为人师表。她在教学科研一线辛勤耕耘数十载，年逾七旬仍坚持在讲台上给本科生授课，她的《高分子科学导论》课堂深受学生喜爱。她讲课不仅注意传授知识，而且也对学生进行爱国主义和思想品德教育。她常鼓励学生：“中国人应该做自己的创新工作，而且在做基础研究时还要考虑应用前景，这样才对国家、对人民有用，也才会有科研激情和动力。”

在研究生培养方面，张俐娜院士一直坚持亲自给硕士和博士生修改论文、讨论研究计划，经常工作至深夜。她非常重视学生德智体全面发展，注重对学生进行学术道德、人品和爱心责任等多方面的教育，为国家培养了一大批优秀人才，他们中的很多人已成为相关领域的中坚力量。

由于教书育人成绩显著、爱岗敬业精神突出，她曾荣获 1993 年“全国优秀教师”、1994 年“全国先进女职工”、1996 年中国妇女英文版封面人物、2000 年“全国先进工作者”、2012 年“科学中国人年度人物”、2017 年“武汉大学我心目中的好导师”、2019 年“武汉大学研究生教育杰出贡献校长奖”等称号和荣誉。

作为我国天然高分子科学领域的杰出科学家，张俐娜院士把自己的一生无私奉献给了祖国的科研和教育事业，为中国化学学科特别是高分子物理与天然高分子材料领域的研究和发展做出了卓越贡献。生命不息，奋斗不止，张俐娜院士身上体现的以德执教、求真求新、淡泊名利、勇于开拓、无私奉献的精神，永远值得我们敬仰和学习。

参考资料

[1] 周金虎．小世界 大人物——记全国政协委员、武汉大学化学与分子科学学院教授张俐娜[J]．世纪行，2006(5):18-20.
[2] 张希，刘冬生，许小娟．庆祝张俐娜院士 80 华诞专辑前言[J]．高分子学报，2020,51(8).
[3] 院士张俐娜的一生[N]．甘肃工人报，2020-11-06(03).

第三章
科学精神

科学精神是一种正确认识客观事物、探求客观真理的价值体系和行为规范，是人类文明中宝贵的精神财富，是一个国家繁荣富强、一个民族进步兴盛必不可少的精神。科学精神倡导追求真理，鼓励创新，崇尚理性质疑，恪守严谨缜密，坚持平等自由。本章以“科学精神”为主题，分享了10位化学化工领域科学家的故事。他们追求真理、崇尚实践，将毕生都奉献给了科学事业，用科技为中华民族伟大复兴铸就了辉煌成绩。青年一代要肩负历史责任，面向世界科技前沿、面向经济主战场、面向国家重大需求、面向人民生命健康，把握科学技术的本质特征，坚持求真务实、实事求是，托起国家富强、民族复兴、人民幸福的强国梦。

经世致用、敢为人先

—— 中国近代化学之父 徐寿

徐寿（1818—1884），字生元，号雪村，江苏无锡人，中国杰出的科学家、近代化学的先驱、中国现代科学教育的开创者。他曾与华蘅芳等合制中国第一艘汽船，首创造新汉字以命名化学元素，也是第一个在《自然》发表文章的中国人。他译著的化学书籍和工艺书籍有13部，并与傅兰雅等人在上海创办了格致书院。徐寿以对中国化学工业的探索和实践，被誉为“中国近代化学之父”。

近代化学之父徐寿

一、览群书、擅手工，从古代典籍研究经世之学

1818年2月26日，徐寿出生于江苏省无锡县社岗里。父亲早早把他送进私塾，希望他熟读四书五经，将来参加科举博取功名光耀门庭。不幸的是，徐寿年仅 4 岁时父亲就过早去世了。青少年时，徐寿学过经史，研究过诸子百家，参加旧式童生考试时，却没有成功。为了养家糊口，徐寿只好一边务农，一边经商，难能可贵的是徐寿并没有放弃对知识的追求，生活的磨难和务农经商的实际经验，使他放弃了通过科举做官的打算，转向了天文、历法、算学等方面的学习，开始研究经世致用之学。由于从小爱好工艺制作，他由博览群书逐渐转而致力于科学技术的研究，数学、物理、音律、医学、矿学等都是他喜欢研究的内容。他认为工艺制造是以科学知识为基础的，而科学的原理又借工艺制造体现出来，所以他总是“究察物理，推考格致”。通过自学，徐寿的科学修养和制造工艺器械水平日趋提高。

1853 年，徐寿和华蘅芳同往上海学习，接触并掌握了很多物理知识，感叹东西方技术差距的同时也不断丰富自己的头脑。1856 年，徐寿再次到上海，读到了墨海书馆刚出版的英国医生合信编著的《博物新编》的中文译本，这本书中介绍了许多近代化学知识和化学实验，这些闻所未闻的知识引起了徐寿极大的兴趣。他迫不及待地买来实验器材，对着书本进行实验，每一次的实验都在加深他对化学的理解。聪明的徐寿甚至自行设计了许多实验。他坚持不懈地自学，将理论与实验紧密结合，终于成为一名远近闻名的掌握近代科学知识学者。

1862 年 3 月，徐寿、华蘅芳和徐寿次子徐建寅进入到曾国藩创办的安庆内军械所（又称“安庆军械所”）。当时的中国积贫积弱，鸦片战争的失败，让外国人更加嚣张，看到国外的蒸汽轮船在中国的内河中横冲直撞，徐寿决心要做出中国人自己的蒸汽轮船。可当时中国连蒸汽机都没有，可想而知做蒸汽轮船的难度有多大。可是徐寿却并没有因此而退缩，他来到长江边的一艘外国小轮船上观察了一天，又凭借《博物新编》中的一张蒸汽机简图，经过反复琢磨，三个月后，属于中国自主制造的蒸汽机诞生了。当得知蒸汽机的零件都是徐寿一个人用锉刀一下一下做出来的时候，西洋人无不震惊，曾国藩也更加器重他，让他继续带头制作属于中国人的蒸汽轮船。徐寿也不负众望，与华蘅芳、徐建寅进行相关的技术研究，终于在 1866 年 4 月，中国第一艘蒸汽动力轮船“黄鹄”号顺利下水。古书云：“黄鹄，大鸟也，一举千里者。”它的下水，不仅给当时的海军带来了第一艘蒸汽轮船，更是给当时的人们带去了“富强”的希望。徐寿等人又设计制造了“惠吉”“测海”等舰船。同治皇帝为此亲书“天下第一巧匠”赠予徐寿，他成为中国近代造船工业的先驱。

徐寿还亲自参加军火生产实践，从事黑火药及其改良剂型栗色火药的生产技术的指导工作，试制硝棉无烟火药和作为引爆药的雷汞。1874 年，在江南制造总局火药厂，他成功地采用铅室法研制出生产无烟火药的主要化工原料硫酸和硝酸，后来又经其子徐建寅扩散到天津、汉阳等制造局。

二、敢为人先，译书办学推广科学

1868 年，徐寿在江南机器制造总局开设了翻译馆，招聘了一批西方学者和略懂西学的人才，专门翻译西方化学和机械方面的书籍。那时候的中国没有英汉字典，就连阿拉伯数字都没有普及，如果想把相关的专业术语用汉语表达出来，做起来难度很大。但是徐寿并没有因此放弃。他先是理解了英文术语的意思，然后再将其用适当的汉语表达出来。徐寿在江南制造局从事翻译工作 17 年，将自己的晚年时光留在了书桌上。

徐寿的翻译工作涉及范围极广，其中最重要的贡献就是和英国人傅兰雅共同翻译了《化学原鉴》一书，系统地介绍了十九世纪七八十年代化学知识的主要内容。在翻译的过程中，徐寿遇到的最大的困难就是英文里的化学元素在汉语里并没有现成的名称。西方的拼音文字和我国的方块汉字在造字的原则上有很多的不同，徐寿凭着自己聪明的头脑，想到用其性质来命名人们已经比较熟悉的元素，如养气（今译氧气）、轻气（今译氢气）、绿气（今译氯气）、淡气（今译氮气），对固体金属元素的命名则采用“金”字旁，再配一个与该元素第一音节近似的汉字，创造了“锌”“锰”“镁”等元素的中文名称。徐寿的这种元素命名法被中国的化学界所接受，并一直沿用至今，这对中国近代化学发展起着重要的先驱作用。

晚年的徐寿因为学识渊博，已经名扬四海。然而徐寿并不满足于个人成就，他看到了中国与西方的差距。1874 年，徐寿和傅兰雅在上海创办了中国第一所科学技术学校——上海格致书院。书院以“格物致知，求实求是”为校训，开设矿物、电务、测绘、工程、汽机、制造等多门课程；学制设预科 1 年、初级 3 年、高级 6 年，共 10 年。书院的开设旨在为国家培养更多科技人才。“格致书院”成为中国第一所教授科技知识的学校。以此为契机，傅兰雅创办了第一份中文科技期刊——《格致汇编》。徐寿父子在《格致汇编》上发表科技专论和回答读者提出的问题。由于徐寿学术造诣颇深，《格致汇编》第七卷发表的《考证律吕说》一文，后来登上《Nature》（自然）刊物，徐寿也由此成为中国发表《Nature》文章的第一人。

在晚清那个蒙昧的时代，一无良师，二无教材，徐寿和他的挚友们就是这样靠着自己的努力，一点一滴地学习西方的知识，制造机械、船只，翻译书籍、创办学校，他们不求功名，只想为中国的近代科学发展之路尽自己的一份力。

徐寿是中国近代最早开眼看世界的人，也是近代科技的开路人。在当时那样保守封闭的环境中，他克服了时代的局限，这是非常了不起的突破。他是一位忧国忧民的科学家，为我国引进和传播国外的科学技术做出了巨大的贡献，是真正的民族脊梁。

参考资料

[1] 刘志坚．“白丁”自强，终成巨匠[J]．思维与智慧，2018(11):22-23.

[2] 徐振亚．徐寿父子对中国近代化学的贡献[J]．大学化学，2000(1):59-63.

[3] 徐丹慧．晚清译著《化学鉴原》的翻译与传播[D]．南京信息工程大学，2015.

[4] 徐振亚．傅兰雅与中国近代化学[J]．北京化工大学学报（社会科学版），2001(2):55-64+26.

[5] 胡一峰．徐寿：传统中国最后的“大工匠”[N]．科技日报，2017-07-14(8).

[6] 张蓝水．中国工业化的先声——1862 年徐寿制成中国第一台蒸汽机[J]．农业技术与装备，2017(12):4-6.

高山仰止，景行行止

—— 大连理工大学精细化工学科奠基人，染料化学家侯毓汾

侯毓汾（1913—1999），江苏无锡人，中国共产党党员，大连理工大学精细化工学科奠基人之一，著名染料化学家，先后担任中国化工学会理事、中国染料学会理事长、国家教委化工组染料分组副组长、教育部学位授予单位化工评选组成员等职务。曾当选第三届全国人大代表，1958 年和 1979 年两次荣获“全国三八红旗手”称号，1960 年荣获“全国劳动模范”“全国文教战线先进工作者”称号，并光荣出席全国群英会。侯毓汾将毕生的精力，倾注于祖国的精细化工事业，在教学和科研实践过程中，她忘我劳动，用辛勤耕耘为祖国培养了一批批年轻有为的染料化工人才。她是中国染料化学专业的创始人，杰出的科学家和教育家，也是社会活动的积极参与者，是我国女性知识分子中的杰出代表，为我国染料学科及染料工业的建设及发展发挥了重大作用。2018 年 4 月 10 日，作为 100 年来为我国染料行业发展做出突出贡献的人物，被中国染料工业协会评选为 15 位中国染料百年功勋人物之一。

染料化学家侯毓汾

一、科研结合国情实际，创建科学研究新领域

侯毓汾出身于教育世家，其父亲侯鸿鉴是中国现代教育家，毕生从事教育事业。他秉承“真、实、劳、苦”的办学宗旨，学校以“勤、肃、朴、洁”为校训，侯毓汾从小接受的启蒙教育便是如此。1935 年，侯毓汾从上海大同大学化学系毕业，并于同年考入南京金陵大学化工研究所攻读研究生，师从戴安邦教授。当时的中国民不聊生、国无宁日，科学技术极度落后，所以侯毓汾 1937 年于南京金陵大学化工研究所毕业后便下定决心远渡重洋求知报

国，赴美国密歇根大学研究院深造。在校期间，她广泛研读各类化工文献，密切关注国外的新技术，决意攻读染料化学，并于1939年在美国密歇根大学获得化学硕士学位。

1940年4月，侯毓汾怀着一颗赤子之心回到中国，先后在上海进德女中、上海中法药学专科学院任教员；1942年在昆明中央电工器材厂技术室任副工程师。她以云南的天然云母为原料，天然紫胶为黏合剂，制成云母纸、云母片和云母板等"云母制品电器绝缘材料"，在大力开发国家资源的同时大大减少了国外进口。1943年2月侯毓汾到内迁至贵州遵义的浙江大学化工系任教，基于"科研结合实际，立足国情，创建科学研究新领域"的工作风格，她建议并开设了"染料化学"新课程，开始招收、指导染料专业研究生。1945年，被内迁到重庆璧山的唐山交通大学矿冶系聘为教授，兼重庆中央工业专科学校教授。1947年，任上海水产专科学校制造科教授。

新中国成立后，怀着为新中国教育事业献身热情的侯毓汾，于1950年来到了东北工学院（现东北大学），与她的同事们一起创建了中国第一个染料专业，并任教研室主任。1952年全国高校院系调整，她来到大连工学院（现大连理工大学）化工系任教授、副系主任兼染料教研室主任、系主任等职。

二、立足国家实际需求，开创活性分散染料

侯毓汾对染料科研工作十分重视，在抗战期间的恶劣环境中，实验室紧张，她便设法租用私人的空旧房屋（实际是祠堂），并用自己的工资筹建实验室。我国煤焦油和石油等原料缺乏，她就利用川黔特产的五棓子为原料探索工艺路线，经过实验，将五棓子发酵、水解，所制成的产品命名为"棓酸"，再用棓酸合成蒽醌型染料，终于制成了当时唯一利用天然材料合成的染料。这一新工艺路线的实现以及她所发表的《棓酸染料研究》（浙江大学校刊，1944）和《棓子工业概论》（化学工业，1948)两篇论文均具有很高的价值。

1952年来到大连工学院后，侯毓汾以当时我国急需羊毛用染料的实际需求为抓手，提出进行含长碳链烷基的酸性染料研究，开展了两种类型含高碳烷基酸性染料的研究工作，实现了含长碳链酰基的H酸酸性染料在羊毛织物上耐光及耐摩擦牢度的提升。20世纪50年代末期，我国活性染料的科研及生产均处于起步阶段，有大量基础研究及品种开发问题亟待解决。侯毓汾带领大连理工大学有机染料及中间体教研室全体人员投入活性染料的研究及开发。1958年，侯毓汾主持活性基团方面的研究，完成了二氯均三嗪、一氯均三嗪及β-羟乙基砜硫

酸酯三类国外已有商品染料的品种开发及结构设计工作；同时开发了带有氟磺酰基及氯乙酰氨基新型活性基团的活性染料，奠定了我国发展 KN 型活性染料的基础，多项活性染料科研成果在上海、天津、大连等地实现产业转化。

活性分散染料是侯毓汾领导设计和开发的又一类具有开创性的新型染料，将活性基团引入分散染料母体，使染料既具有活性染料与基质反应的能力又有分散染料能够使合成纤维着色的性能。1978 年，侯毓汾在中国化工学会染料学术报告会上作了活性分散染料的研究报告，得到与会学者的高度评价。1981 年，侯毓汾接到国家科委的任务，率领全系师生开展丝绸染料的研究，确定了丝绸与活性染料反应的官能团是丝绸肽链上链端氨基和支链上赖氨酸的氨基和组氨酸上的亚氨基，反应后形成的共价键键能很高，具有很高的湿处理牢度。筛选出 29 个色泽鲜艳、匀染性好、上色率高、牢度优异的品种，并实现转化。该项目 1986 年获得国家教委科技进步二等奖。

1982 年，侯毓汾代表我国参加第八届国际染料会议，这也是我国首次派代表参会，并在大会上做了题为“天然纤维、合成纤维及其混纺物用活性分散染料的研究”的报告。这是国外尚未有成果报道的研究领域，受到了同行高度评价。

三、潜心育人，桃李满天下

侯毓汾不仅为我国染料化学研究领域做出了巨大贡献，也为我国培养了大批优秀人才。半个世纪以来，她一直从事染料化学及工艺学的教学和研究工作，先后编写了《染料化学》《中间体化学及工艺学》《染料应用》《染料工厂设备及设计》等教材。她留下了《染料化学》《活性染料》两部专著，至今仍为全国广泛应用的教材及参考用书。在侯毓汾的辛勤工作和积极推动下，大连理工大学的有机染料及中间体教研室发展成了现如今的精细化工系，并成为全国首批建立的博士点之一。

侯毓汾从 1944 年开始指导研究生，1981 年起指导博士研究生。她指导的第一个研究生徐僖院士一生都记得侯先生对学生的无私帮助。在抗战后期唐山交通大学迁至四川璧山期间，侯先生总是拿出工资的大半接济徐僖及班上贫苦学生。抗战胜利后的 1946 年 7 月，侯毓汾离开璧山回无锡，上了汽车，回头望了一眼送行的徐僖和一群贫苦的学生，突然想起这群孩子今后怎么办？伸手从随身带的行李里拿出一包东西，打开车窗扔给了徐僖。侯先生离开以后，徐僖打开包裹，里面是侯先生从未戴过的金银首饰。通过变卖这些金银首饰，徐僖和那些贫苦的学生们度过了艰苦岁月。侯毓汾为国家培养了大批染料、科研、生产的技术骨干和人才。侯先生培养的学生杨锦宗院士、周春隆教授获得中国染料百年功勋人物奖。

1992 年，侯毓汾八十岁高龄时，将自己一生积蓄的 3 万元设立了奖学金，旨在勉励年轻人为中国的染料化工事业做出新贡献，并将珍藏的三百多册图书资料全部捐献给学校图书馆。

回顾侯毓汾毕生对染料科研事业所做的贡献，虽条件艰苦却始终追求真理、勇攀高峰，无不展现着侯先生的拳拳爱国之情、孜孜钻研之志。回顾先生甘为人梯、奖掖后学的半生教育工作，循循善诱、言传身教、著书立说、培养后继，将自己的全部献给教育事业，展现着侯先生的烨烨树人之光、厚厚传承之力。回顾先生严谨治学、潜心研究的一生，所获荣誉无数却淡泊名利，不忘初心，将有限的生命投入到无限的为人民服务中去。高山仰止，景行行止。虽不能至，然心向往之，先生精神永不能忘怀。

参考资料

程侣柏，吴祖望. 中国染料科学的一代宗师——缅怀侯毓汾教授[J]. 染料工业，1999,36(6):1-4.

立足基础，锐意创新

—— 结构化学学科的奠基人　卢嘉锡

结构化学学科奠基人卢嘉锡

卢嘉锡（1915—2001），台湾省台南市人，祖籍福建省永定县，物理化学家、教育家、社会活动家、科技组织领导者。1955年，被选为中国科学院化学学部委员（院士）。1984年，被选为欧洲文理学院外域院士。1985年，当选为第三世界科学院院士。1987年，获比利时皇家科学文学与美术院外籍院士称号；同年接受英国伦敦市立大学授予的理学名誉博士学位。1979年，被授予“全国劳动模范”称号。曾先后任中国科学院院长、中国化学会第二十一届理事会理事长、第三世界科学院副院长、全国政治协商会议第七和第九届全国委员会副主席，兼任华侨委员会主任委员、第八届全国人民代表大会常务委员会副委员长、中国农工民主党第十届中央主席、中国科学技术协会副主席、中国和平统一促进会会长、中国科学院主席团执行主席、中国科学院福建物质结构研究所名誉所长等职务。曾获得中国科学院自然科学一等奖、国家自然科学二等奖、何梁何利基金科学与技术成就奖等奖项。

一、学成文武艺，报效中华家

1915年，卢嘉锡出生于福建厦门，家境清寒，父亲卢东启设立私塾教书以维持全家人的生计。卢嘉锡幼时随父读书，他禀赋甚高、聪颖过人，诗词颇有根底且擅长对联，13岁时进入厦门大学预科班，19岁从厦门大学化学系毕业并留校当助教。1937年，卢嘉锡考取第五届中英庚款博士学位，公费赴英留学，仅两年便取得伦敦大学物理化学专业哲学博士学位。1939年秋，卢嘉锡赴美国加州理工学院，加入著名结构化学家鲍林教授的实验室，任客座研究员，开始探索物质微观结构的奥秘，其间发表了一系列有影响的论文，在国际科学界崭露头角。

1945 年，抗日战争刚落下帷幕，30 岁的卢嘉锡便辞去国外的一切聘任，回到了阔别 8 年的祖国。他的长子卢嵩岳回忆说，当时在美国，卢嘉锡是一个高级研究室的主任，因卢嘉锡在英国留学时从事过放射化学的研究，美国政府希望他能参与原子弹的研究，条件是切断与祖国的一切联系，但被卢嘉锡拒绝了。

卢嘉锡舍弃国外的优越待遇和科研条件，满怀科学救国的热情回到祖国，在母校厦门大学任化学系教授兼主任。每次他讲课，教室里都会挤满本系生、外系生和有关研究方向的讲师、助教，大家被他明晰的概念、严密的推导、清楚的条理所吸引，更为他精辟的见解、独到的方法所折服。

对于人民政权的诞生，卢嘉锡由衷地感到高兴。他把新中国的成立当作自己获得了新生，立即全身心地投入到为新中国培养人才的工作中去。但是当时的祖国积贫积弱百废待兴，不具备科学研究的条件。学校连火柴、肥皂都没有，卢嘉锡就组织厦大教师、学生，用最简单的办法一起做肥皂，做出来了，他很高兴地说，“这是国产货啊！”

1959 年 9 月，卢嘉锡被任命为中国科学院福建分院副院长。1960 年，他又被任命为福州大学副校长，参与福州大学的创办工作。从零开始筹建福州大学，住无宿舍，食无膳厅，教室不足，师资缺乏，人才欠缺，设备落后，经费紧张。如今的我们很难想象出建校初始面临的艰难困苦，那是一个从无到有的过程。尽管条件艰苦，但在专业设置和学科建设上，卢嘉锡秉持认真严谨的态度，以自己对不同学科之间的联系和教学规律的深刻理解和把握，在福州大学创校之初倡导坚持理工合校，并从各种渠道扩充师资力量。此外，福州大学科研工作的发轫是卢嘉锡先生完成的，他常亲自出面做工作，争取科研项目和经费，创办《福州大学学报》，把福大的科研成果推向社会。

和很多教育家一样，卢嘉锡一生桃李满天下。卢嵩岳说，“父亲培养的大学校长可能有一二十名，院士也有七八名。”

二、留心揣摩事物本质，进行毛估性判断

大学期间，卢嘉锡的功课门门优秀，但老师仍然严格要求。有一次化学考试，最后一道分析题非常难，全系只有卢嘉锡找到解题思路，但他在计算结果时小数点算错了一位。区嘉炜教授只给了他四分之一的分数，卢嘉锡感到很不平，区嘉炜教授却严肃地告诉他：假如设计一座桥梁，小数点错一位就要出大问题、犯大错误。今天我扣你四分之三的分数，就是扣你把小数点放错了地方，

给你敲一敲警钟。听了区老师的话，卢嘉锡仔细考虑了这个问题，觉得老师的话很有道理。

可是，如何才能彻底避免把小数点放错地方呢？卢嘉锡苦苦思索，后来终于找到一个好办法，那就是在得出结果之前先要大致估计一下。从此，不论是考试还是平时做练习，卢嘉锡总要先提出简单合理的物理模型，“毛估”一个答案的大致范围，如果自己计算的结果超出了这个范围，就赶紧对计算的全部过程进行仔细检查。

卢嘉锡后来进入科学领域后也发现，从事科学研究同样需要进行“毛估”性预判，或者说进行科学的猜想。他在科学上“毛估”思想的形成，得益于他的导师——两度荣获诺贝尔奖的鲍林教授。卢嘉锡在鲍林教授的实验室任客座研究员期间，结构化学的研究手段还较为原始，通常情况下，弄清楚某一物质的分子结构需要科学家们付出很多时间和精力。但细心的卢嘉锡注意到，鲍林教授具有一种独特的判断能力：只要给出某种物质的化学式，他就能通过“毛估”初步确定这种物质的分子结构模型。善于总结学习方法的卢嘉锡开始思索老师的这种毛估方法。他反复思考，逐步悟到：科学上的“毛估”不仅需要非凡的想象力，更需要坚实的基础知识、丰富的科研经验和善于把握事物内在规律的头脑。打那以后，他更加勤奋、认真，毛估时不敢有半点含糊。

卢嘉锡不仅凭着这种独特的本领在科学研究的道路上披荆斩棘，顺利前进，还为中国科学院福建物质结构研究所确定了正确的研究方向和重点，使中国在结构化学领域的研究始终处于国际领先水平。1973 年，国际学术界对固氮酶“活性中心”结构问题的研究尚处于朦胧期，当时的科学积累并不能解开固氮酶晶体结构之谜。然而就在这时，卢嘉锡在组织开展一系列实验研究的基础上，通过毛估的方法提出了固氮酶活性中心的“原子簇”模型，也就是“福州模型”，由于看起来像网兜，因而又被称为“网兜模型”（后来又发展出“孪合双网兜”模型）。过了四年，国外才陆续提出“原子簇”的模型。直到 1992 年，固氮酶基本结构被美国人测定出来，先前各国学者所提出的种种设想都与这种实际测定结构不太相符。只有 19 年前卢嘉锡提出的基本模型——“网兜”状结构基本上近似地反映了固氮酶活性中心的本质，因此大家对他的“毛估”本领由衷叹服。

在科研实践中，卢嘉锡特别重视“毛估”方法的运用，他希望有幸献身科学的人在立题研究之初就能定性地提出比较合理的基本“结构模型”（通常表现为某种科学设想或假说），这对于正确把握研究方向、避免走弯路很有帮助。但他也提醒大家：良好的预知能力是建立在知识、经验和智慧的基础上的。运用“毛估”需要有个科学的前提，那就是全面把握事物的本质，否则“毛估”就可能变成“瞎估”。

三、从“科学救国”到“科技兴国”

解放初期，百废待兴。卢嘉锡意识到，国家要发展经济，意味着科学技术的大发展也将到来。1953 年初，卢嘉锡加入了以中高级知识分子为主的中国农工民主党，也就是这一年，中国开始了第一个五年计划。作为国内少有的结构化学家，卢嘉锡受命筹建中国科学院福建物质结构研究所，他带领一批年轻人，经历从无到有、从小到大的过程，最终建成中国第一个以结构化学为主的综合研究机构。李汉秋说，“解放后，他（卢嘉锡）特别高兴，在中国共产党领导的中华人民共和国，他才真正地能够把所学本领贡献给祖国的建设事业、科教事业。加入农工党以后，一步步从教育、科技走到多党合作的政治舞台。”

1975 年，卢嘉锡率团访美，受到高规格接待。回国后，他对前来祝贺的钱学森说，在中国共产党的领导下，中国人终于在西方人面前挺直了腰杆。卢嘉锡认为我们国家要真正完全改变面貌，必须靠科学技术，所以他说：“我们要尽力在世界的科技的竞技场上面多插上几面五星红旗。”

1988 年，卢嘉锡当选农工党中央主席，并在此后的全国政协七届四次会议上，提出“科技兴国”。从“科学救国”到“科技兴国”，科学和教育既是卢嘉锡生命中的两大支柱，也印证了他为祖国现代化建设添砖加瓦的拳拳初心。

卢嘉锡说过：吾日三省吾身——为四化大局谋而不忠乎？与国内外同行交流学术而乏创新乎？奖掖后进不落实乎？卢嘉锡一生治学认真细致、一丝不苟、百事躬亲、竭尽全力、不尚空谈、行必求实，这种严谨求实的治学精神感染了当时很多教师和学生，带动了科研的发展。卢嘉锡一生爱国奉献、追求卓越，为发展祖国的教育和科学事业献出了全部心血。他忠诚于国家和人民的事业，为科学研究追求不懈、奋斗不息。他身上光明磊落、豁达大度、实事求是、学风严谨、平易近人的可贵品质永远铭记在科技工作者和人民心间。

参考资料

[1] 霞飞．“科坛巨擘”卢嘉锡[J]．党史博览，2008(1):48-51.

[2] 卢嘉锡生平[J]．光谱实验室，2009,26(1):44-45.

[3] 卢咸池，卢葛覃．恩师引路，求学从教——卢嘉锡在厦门大学的青少年岁月[J]．大学化学，2021,36(4):6.

勇于创新，追求卓越

—— 化学工程学家，液态化科学技术的奠基人之一　郭慕孙

化学工程学家郭慕孙

郭慕孙（1920—2012），出生于湖北汉阳，祖籍广东潮州，化学工程学家。1956 年创建了我国第一个流态化研究室，1979 年当选全国劳模，1980 年当选中国科学院学部委员（院士），1989 年获“国际流态化成就奖”，2008 年入选美国化学工程师学会“化学工程百年开创时代”50 位杰出化工科学家，是唯一获此殊荣的亚洲学者。郭慕孙是中国流态化学科研究开拓者，创立了多相化学反应工程、颗粒学及生物化工等领域，他发现了液-固和气-固两种不同的流态化现象，分别命名为“散式”和“聚式”流态化，并成为化学工程术语沿用至今。他将散式流态化理想化，提出了描述流体和颗粒两相流最简易的“广义流态化”理论，适用于颗粒物料的受阻沉降、浸取和洗涤、移动床输送等工艺；而对气体和颗粒的聚式流态化，郭慕孙于 20 世纪 50 年代即指出其接触差、能耗高的缺点，随即研究了稀相、快速、浅床等其他流态化方法，逐步形成“无气泡气固接触”理论。上述理论已被广泛应用于金属提取等资源开发的实践中。

一、从“流态化”到“过程工程”的原始创新

1945 年，郭慕孙赴美国普林斯顿大学化工系留学，师从威尔汉姆教授。导师告诉他，跟颗粒相关的流动问题分两类工作，一是研究颗粒在液体中的沉降，二是研究松散颗粒介质的流体流动。如何把二者结合并寻找规律就是需要研究的问题。为了解决这一科学问题，他废寝忘食地开展实验研究，当时没有测流量的现成装置，他就用一些管子自己搭建装置，反复推演计算，与导师一起在液固体系上开展了细致的实验研究。1946 年 10 月，他完成了硕士学位论文《固体颗粒的流态化》，并将相关研究成果发表在美国《化工进展》杂志上。这篇

论文定义并区分了流态化"散式"和"聚式"的不同类型，建立了颗粒与流体相互作用的流动参数统一关系式，丰富了流态化基础理论，得到了国际学术界的一致认可，至今仍被广泛引用。

在1946年美国化学工程师学会年会上，郭慕孙导师威尔汉姆教授做了流态化研究报告，引起了学术界和产业界的注意，由此，郭慕孙被推荐到美国碳氢研究公司工作，任职实习工程师，并于次年加入了美国化学工程师学会。在那里他一方面开展了很多流态化的实验和计算等开拓性的工作，另一方面，他仍然心系祖国，一边从事他热爱的科学研究，一边静待回国机会。

1956年，郭慕孙回国，协助著名化工冶金学家叶渚沛先生筹建了中国科学院化工冶金研究所（简称化冶所），即现在的中国科学院过程工程研究所。他在化冶所创建了我国第一个流态化研究室，并于2006年获批成立了"多相复杂系统国家重点实验室"。20世纪60年代初，在郭慕孙的带领下，流态化学科逐步发展完善，"广义流态化""无气泡气固接触"等新理论被提出来，研究成果4次获评中国科学院自然科学奖一等奖、2次获评国家自然科学奖二等奖。

1959年，郭慕孙与时任化冶所研究员的杨纪珂一起编写了《过程工程研究》。在这本内部资料中，首次提出了以"过程工程"为概念的研究方向，并详细阐释了相关研究的内涵。2020年，在中国科学院过程工程研究所举办的纪念郭慕孙先生诞辰一百周年座谈会暨学术论坛上，与会专家一致认为郭慕孙提出的"过程工程"概念，彰显出他对学科前沿趋势和国家过程工业发展科技需求的高瞻远瞩，并为从"化工冶金"向"过程工程"的跨越式发展提供了科学依据。

二、始终强调"原创"，做科学道路上的领跑者

二十世纪七八十年代，当国际上很多从事流态化研究的科研工作者热衷建立气泡模型时，郭慕孙针对气固流化床中气泡对两相接触和传递过程的不良影响，独辟蹊径开创了"稀相流态化""快速流态化"等"无气泡气固接触"新领域。经过十余年的攻关，郭慕孙所创立的"广义流态化"理论和"无气泡气固接触"理论，已成为流态化研究领域一个独立完整的理论与技术体系。

1973年，郭慕孙首次提出了"快速流化床"的一维模型，预测了快速流化床中颗粒聚团的存在并进行了实验验证。然而当时化工界对是否存在聚团仍存在争议，甚至相关研究的投稿也被拒之门外。然而郭慕孙意识到研究颗粒聚团

对流态化基础研究和应用的必要性，始终坚持以聚团为核心建立模型研究。经过近 40 年的研究，结果表明，颗粒聚团是一种介尺度现象，而介尺度问题又是很多复杂现象的共同瓶颈。由此可以看出郭慕孙选题的前瞻性和重要性。开展科学研究并不是一帆风顺，要有甘坐科研冷板凳的决心和信心。不忘初心，方得始终，这句话在郭先生身上体现得淋漓尽致。

然而，散式流态化与聚式流态化之间存在的巨大差别，一直未能从理论上给出合理的解释。在郭慕孙及科研团队的不懈努力下，1984 年又提出了快速流态化的流域划分，针对无气泡气固接触的特殊流型特点，从多尺度概念入手，开展了能量最小多尺度（EMMS）方法的研究。

1992—1997 年是 EMMS 模型发展最为艰难的阶段，一方面模型受到质疑，另一方面 EMMS 的应用研究尚未开展，缺乏实验验证。在这个关键时期，郭慕孙带领大家积极开展工作，经过不懈努力，终于交出了满意的答卷。首次建立了流态化系统中非均匀结构的稳定性条件，突破了对两相流系统进行量化模拟计算的瓶颈，多尺度方法在国际上逐步得到了认可。通过发展离散模拟，又扩展到其他系统建立普适方法，并与离散方法结合，形成以问题、模型、软硬件结构相似为特征的高性能并行计算模式。以此发展的极值多尺度方法，推动了化工过程实时模拟的实现，并获得了国际同行的高度赞扬，被广泛推广使用，这其中凝聚了郭慕孙大量的心血。

郭慕孙还非常重视交叉学科建设，1984 年他在研究所筹备建立了颗粒学实验室，在国内率先开展了颗粒形态表征的工作，以此带动我国这一交叉学科迅速发展，培养了大量从事相关科研工作的人才。

2000 年，80 岁高龄的郭慕孙开始筹划主编《流态化手册》，他亲自编写了详细的写作提纲，在他的号召下，成功组织起国内外 64 位知名学者参与撰写，这部 316 万字的《流态化手册》于 2008 年由化学工业出版社出版，在化学工程领域具有里程碑式的意义。

三、从实验室到工厂的报国情怀

20 世纪 60 年代，为了让实验室成果尽快应用于工业生产，郭慕孙奔波于全国各地企业，一边进行实验，一边研究设计，一边推广工业应用。为了给企业解决实际问题，他对我国低品位与复杂矿的资源综合利用做了大量调查工作，真正把论文写在了祖国大地上。郭慕孙能够同时精于基础研究和成果转化，正是源于他坚定的科技报国梦想。正如他曾说：“一个发展中国家在走向发达的途中，只有用自己的科学技术，针对自己的资源和国情，才能达到技术上独立的目标。”

郭慕孙先生将自己的一生毫无保留地献给了祖国的科技事业，对流态化学科和颗粒学的发展做出了卓越贡献，提供了大量宝贵的知识财富。他的科学精神和学术风骨激励着后人勇攀科学高峰。

参考资料

[1] 闫长禄. 小颗粒成就大事业——记全国劳模、中科院院士郭慕孙[J]. 工会博览，2019(6):43-46.
[2] 顾金亮. 郭慕孙的 1966[N]. 中国科学报，2020-12-10(5).
[3] 柴玉田. 中国流态化学科研究的开拓者——记化学工程学家、工程院院士郭慕孙[J]. 化工管理，2014(19):66-71.
[4] 刘伟. 于细微处感受郭慕孙先生[N]. 中国科学报，2014-03-21(10).
[5] 刘伟，艾菁. 化学工程学家郭慕孙的“工程”情结[J]. 化工学报，2013,64(12):4277-4282.

向着目标奋进，攀登科学高峰

—— 我国环境化学事业的铺路人 徐晓白

环境化学家徐晓白

徐晓白（1927—2014），江苏苏州人，中国共产党党员，环境化学家、无机化学家，中国科学院院士，中国科学院生态环境研究中心研究员、博士生导师、学位评定委员会主任。先后担任中国化学会理事、中国环境诱变剂学会理事、全国环境监测技术委员会委员、SCOPE（环境问题科学委员会）所属 SGOMSEC（化学品安全性评价方法科研组）成员、持久性有机污染物（POP）国家技术协调组成员等职务。曾获得中国科学院重大科技成果奖、国家自然科学奖二等奖和三等奖、中国科学院自然科学奖一等奖等奖项。1959 年荣获全国三八红旗手称号。徐晓白是中国环境化学学科的主要开创者，她从事科研半个世纪，学术造诣精深，治学态度严谨，为国家环境科学研究和环境保护事业发展做出重要贡献。

一、急国之所急，多次转变研究方向，兢兢业业攻克难关

1944 年，徐晓白从上海南洋模范中学毕业后考入了上海交通大学化学系。1948 年走上工作岗位，在上海中央研究院化学所担任助理员。中华人民共和国成立以后，上海中国科学院物理化学所成立，徐晓白担任助理研究员，并于 1950 年投入柳大纲先生门下，开始从事物理化学和无机化学方面的研究。在柳大纲先生的引领下，徐晓白进入了无机发光材料的研究领域，并于 1952 年，跟随柳大纲的步伐，从上海的物理化学所，调入长春应用化学所。1955 年，徐晓白又回到北京中国科学院化学所，其间一直从事无机化学研究。建国初期，国家百废待兴，很多科研及技术问题亟待解决，徐晓白急国之所急，服从组织安排，不论研究方向转变多少次，她都义无反顾，兢兢业业，全力以赴，攻克一道道难关，取得一项项辉煌成果。

1953 年，基于国家急需迅速自主研发发光材料的需求，柳大纲带领徐晓白等青年学者，试制了以硫化锌、镉为基底的 X 射线荧光材料。在系统考察了荧光材料的发光性质与其组成和制备条件的依赖关系以及荧光光谱分布与掺杂锑、锰元素之间的相关规律后，课题组研制出卤磷酸钙新型日光灯荧光材料，并向南京灯泡厂成功推广，后来又在北京推广。他们将全套技术资料移交给南京灯泡厂，自此结束了我国生产有毒且价格昂贵的硅酸铍系日光灯荧光材料的历史，为我国日光灯照明工业的迅猛发展做出了突出贡献。这个项目的成功使徐晓白在她的科研生涯中第一次收获到了巨大的喜悦，也让她投入科研的决心和劲头更足了。

1958 年，为了开发和利用稀土资源，徐晓白开创了稀土元素二元高温化合物的系统研究，完成了一系列稀土硼化物、稀土硫化物的制备、反应机理、元件成品加工及理化性能的研究。徐晓白等人制备出的六硼化镧电子发射性能好，曾作为阴极材料分别用于研究所和工厂的大功率电子管和真空电子束焊接机试生产中，并获得满意结果。

20 世纪 60 年代，徐晓白又因配合国家原子能任务的需要，开始研究核燃料前处理和后处理中的化学问题，完成了四氟化铀到六氟化铀之间的氟化物合成，为氟化动力学研究提供了 X 射线相分析的标准样品，并提出氟化工艺的优选条件。1965 年，根据核工业需求，徐晓白又带领青年同志开展了核燃料干法后处理及氟化挥发法处理铀铝合金元件的工艺研究，取得了干法后处理小试的首次成功。

徐晓白的工作得到了国家和科技界的认同，1959 年她荣获了“全国三八红旗手”的光荣称号，1978 年她又成为中国科学院重大技术成果奖的获得者之一。

二、服从组织安排，从无机转向有机，开创环境化学新领域

1975 年，中国科学院环境化学研究所成立，准备继续从事无机化学研究事业的徐晓白接到了来自中国科学院环境化学研究所的调令，她又开始从事环境有机污染物的分析研究，面对新学科新问题，她带领一批中青年科学工作者在环境污染物的分析、环境行为和生态毒理方面开展大量工作，发展了中国环境痕量有机分析方法，开拓了环境化学新领域。

1980～1982 年间，徐晓白在加州大学伯克利分校做访问学者，在此期间，徐晓白致力于柴油机排放颗粒物的有机溶剂提取物的分析，经过两年多夜以继日的艰苦努力，于 1981 年首次报道了柴油机颗粒物中能检出 2-硝基芴致癌物，

继而又详细报道了 50 多种硝基多环芳烃（NO_2-PAHs）及含氧 NO_2-PAHs 等直接致突变物的存在，这是关于柴油机排放颗粒物环境风险研究的重要突破，并成为当时美国有关部门决策是否实施柴油机化的重要依据之一，对其他国家的大气污染研究也具有重要的参考价值。

1984 年回国后，徐晓白继续开展有关有毒有机化合物的环境化学行为、生态毒理与分布调查等交叉学科的研究。在北京大气飘尘中检测出硝基荧蒽、硝基芘等致癌物，提供了北京若干采样点冬夏两季飘尘中 NO_2-PAHs 的含量，又在中国工业碳黑中检测出 NO_2-PAHs，其中包括强致癌物二硝基芘，并基于此提出了碳黑工艺条件的改进建议。徐晓白还对北京不同地区大气飘尘中多环芳烃（PAHs）分布与变化规律进行了研究，判定家用小煤炉是 PAHs 的主要污染来源，并提出型煤是当前较好的一种节能减污措施。此外，她还对柴油掺水、氧化沥青尾气治理等措施的 PAHs 排污做了相关评价。1991 年，徐晓白作为第一主持人开展国家“八五”重大基金——《典型化学污染物在环境中的变化及生态效应》项目，与其他单位合作，进一步拓宽了不同学科的交叉联合。研究了一系列典型化学污染物在环境中的存在、迁移转化及降解过程，生态毒理效应，定量结构与活性关系（QSAR）以及其对生态系统结构与功能的影响，发现了国内二噁英等的重大污染源及其生成机理以及其他一些新现象和新规律，并建立了一整套综合研究污染物化学行为和生态效应的先进方法。在此基础上，徐晓白还建议了生物危害的阈值，提出了生态调控对策，为阻断及防治相应污染等提供科学依据，这些对国家环保决策部门、环境监理部门等均具有重要的实用价值。1995 年，徐晓白受国家环保局的委托，开展中国持久性有机污染物的调查，为中国代表团参加有关持久性有机污染物的国际公约谈判提供了重要资料。

徐晓白课题组用生物毒性试验指导的分离分析方法成功地从煤加压气化产生的煤焦油中检测出 600 余种有机物，发现了具有致突变性的多环芳烃约占三分之二，氮杂环多环芳烃的致突变性又高于多环芳烃。这些研究结果对决策部门制定大气质量标准和能源政策具有重要意义。徐晓白课题组还应用高灵敏度 ^{32}P 后标记法研究了 DNA 加合物，这方面工作有助于从分子水平上研究和预测环境毒物的潜在致癌性，有利于深入了解化学致癌机理及其防治。这些研究不仅填补了中国空白，而且有些在国际上也尚未涉及，为环境毒物的管理控制提供了科学依据。

三、生活上关心爱护，学术上严格把关，为国家培育优秀接班人

晚年的徐晓白，除了坚持参与学术活动，还在培养学生上投入了很多精力。她尽心竭力培养人才，对身边的研究生言传身教，要求严格，善于引导他们开拓前沿性研究，在学术上严格把关，在生活上关心爱护，她的很多学生现在已成为我国环境保护研究领域的中坚力量。

曾有人称赞徐晓白是成就卓著的巾帼豪杰，她的美好品德让每一位认识她的人都难以忘怀。人生起落，徐晓白都淡然处之。她性格乐观，不论处于何种困境，亲友和学生都几乎没有听过她抱怨。每一个朋友谈起她，想到的都是她的宽容。每一个晚辈提到她，说起的也都是她的慈爱。徐晓白坚毅的性格、严肃细致的工作作风和勤奋刻苦的科学精神使她在曾是陌生的领域中取得一个又一个突破。“一个向着目标奋进的人，世界也会给他让步！”徐晓白就是这样想的，她也是这样做的。徐晓白数十年如一日，辛勤劳动，团结同行，呕心沥血，培养青年，为我国环境化学的发展奠定了坚实的基础，为“科教兴国”做出了杰出的贡献。从无机到有机，从稀土到环保，她的人生是跨越的一生，也是执着坚定、勇攀高峰的一生。

参考资料

[1] 成就卓著 巾帼豪杰——热烈祝贺我国著名化学家徐晓白院士八十华诞[J]. 分析化学，2007(5):615-616+621-622.

[2] 环境春晓 分析始白 恭祝徐晓白院士八十华诞[J]. 环境化学，2007(3):271-274.

[3] 彭丽竹，李丽，曾鸿耀，等. 绽放的化学她力量[J]. 广东化工，2016,43(24):181-182+188.

[4] 胡晓菁，黄艳红. 追忆徐晓白院士和她的化学人生[N]. 中国科学报，2014-7-18.

在科学道路上开拓进取、自强不息

—— 电化学专家　田昭武

物理化学家田昭武

田昭武（1927—2024），福建福州人，物理化学家，中国电化学学科带头人之一，中国科学院学部委员（院士）、发展中国家科学院院士，厦门大学教授、博士生导师、原校长。曾先后担任国际太阳能光化学转化储存会议执委会委员，中国化学会理事长，福建省科学技术协会主席，中国科学技术协会全国委员会委员，中国人民政治协商会议第六、七、八届全国委员会委员，中国化学会电化学专业委员会首届主任，国家教委化学教学指导委员会首届主任，国际电化学学会副主席，《Journal of the Chemical Society, Faraday Transactions》国际顾问编委，国务院学位委员会第一届和第二届化学评议组成员，国家环保局环境监测专家委员会顾问，中国化学会首届电化学专业委员会主任等职务。曾获全国五一劳动奖章、全国先进教育工作者、福建省劳动模范、全国高等学校先进科技工作者、第一届中国电化学成就奖（中国化学会电化学专业委员会授予）等荣誉。

一、博览群书、砥志研思

田昭武出生于一个诗书世家，父亲喜爱诗文，是一名教师。田昭武求学时，正值日本发动全面侵华战争，厦门沦陷，福州告急。为躲避战火，田昭武随家人内迁永安，并于1939年9月入读省立永安中学。该中学是战时创办，学校十分简陋，采取军事化管理。面对敌机的骚扰，学生们只能到永安县文昌阁附近的蝙蝠洞里上课学习。在战火的洗礼和磨砺下，田昭武激起了发愤图强的信念，把物质匮乏、饥饿和军事化训练当成人生的宝贵财富。在动荡的年代，他养成了超前自学的习惯，中学时以三年理科总分全校第一名的优异成绩被保送到厦门大学化学系。田昭武的学习方法与众不同，他不愿意亦步亦趋、墨守成规，而是喜欢独立思考、深入钻研。他常在笔记本上写下对某一问题的深入思考和独到见解，也常在书本上画上大大小小的问号，表达对某一科学结论的不解和质疑。1949 年，田昭武大学毕业并留校任教，成为卢嘉锡先生的助教。卢先生的科学精神、爱国情怀，都深深影响着田昭武。四年后，晋升为讲师的田昭武担任了“物理化学”和“物质结构”两门基础课的主讲教师。

1955 年，国际上兴起的“电极过程动力学”引起了田昭武的浓厚兴趣，因为在主讲物理化学课程中的电化学（限于热力学）部分内容时，他预感到电化学已经发展到了一个新的时期，而“电极过程动力学”将是突破的方向，他以前瞻性的战略眼光意识到这将是未来电化学发展的核心。在恩师卢嘉锡先生的支持下，田昭武下定决心做中国电化学领域的拓荒者，立志为开拓电化学科学、填补国内空白而奋斗。1956 年，田昭武前往南京聆听民主德国电化学专家的讲学，在等待专家的日子里，他闭门苦读《数理方程》和《热传导理论》，并在《厦门大学学报》上发表了题为《自催化电极过程的理论分析》的文章，形成了自己对电化学研究的独特见解。

正是通过博览群书、砥志研思，20 世纪 60 年代，田昭武首创国际领先的选相调辉测定法和选相检波测定法，以及电位控制脉冲电流技术和扫描微电极技术，并在国内率先建立和发展了电化学的计算机模拟等技术。20 世纪 70 年代，他自行设计的我国第一台“DHZ-1 型”电化学综合测试仪成功量产，彻底改变了我国电化学仪器主要依靠进口的历史。

二、百川汇聚，探索未知

田昭武采取多学科综合研究，将有机化学、催化与电化学相结合，高分子科学与电化学相结合，固态化学、固体物理与电化学相结合，结构化学、光谱学和表面物理测试技术与电化学相结合，计算机科学与电化学相结合等等，使电化学学科充满生机和活力，突破了传统的电化学材料、系统、理论和实验方法，在边缘学科的发展中取得了可喜进展。在基础理论方面，他创造性地提出多孔电极极化的“特征电流”概念和“不平整液膜”模型；提出相关的半导体光电转换数学模型和“掺杂物可移动”的聚合物半导体光电转换理论；对电极交流阻抗绝对等效电路提出微分析解法；对自催化电极暂态过程求得理论解等，共发表学术论文 190 余篇，他的专著《电化学研究方法》获科学出版社“优秀图书奖”，这些丰硕的理论研究奠定了我国电化学研究的理论基础。把理论、应用和方法紧密结合起来，是田昭武开展科学研究的特点之一。我国从一机部到八机部，都应用过由他指导完成的科研成果。

田昭武对于治学有着独特的见解，他认为学科交叉是一个人对科学的综合认识。他说："科学本身就是一个统一体，别看现在化学、物理、生物分得很细，实际上彼此都是相通的。学科交叉既有趣又有些困难，当在一个领域内做得越来越深，所认识的朋友和掌握的知识就会越来越多，这时候去进行另一学科的探寻便是一个新的过程，虽然有一定的基础，但还是要从头开始。这种交叉对于科学研究是具有一定积极意义的，某领域内一个看似并不具有重大意义的知识点可能正是另一领域内某一关键问题的突破口。这样看问题的角度就不会只局限在某个固定领域里，所谓创新就来源于此。"

三、贡献社会，躬身育人

1953 年，刚升为讲师的田昭武，便被卢嘉锡委以重任，讲授"物理化学"课程。"物理化学"内容繁多，概念复杂，是当年师生公认最难讲授的课程之一，但田昭武却讲授得十分精彩。一目了然的图解，逻辑严密的思考辨析题，辅之严谨的实验，这三者组合的教学法，能将晦涩的概念具体化，将复杂的内容清晰化，在学生中赢得一片好评。之所以能把课上得如此生动出彩，不仅仅源于田昭武扎实的理论基础，更重要的是他对教学的潜心付出。田昭武上课并不是简单地照本宣科，也绝不存在雷同不变的课堂内容。他先将教学内容充分融会吸收，然后结合学生的认知情况和科研成果进行组织、修改、完善，在不断探索中逐渐形成自己的教学体系，并在这个体系里游刃有余，这也奠定了他此后科研中坚实的理论基础。

1954 年的暑期，田昭武代表厦门大学参加了教育部在北京大学举办的为在全国高校化学系增设"物质结构"课程的师资培训班。培训班邀请了当时国内高校化学学科的带头人卢嘉锡、唐敖庆、徐光宪、吴征铠等执教。深感责任重大的田昭武，在培训中全情投入。他每天按时梳理课堂笔记，记录学习心得，边学习，边备课，培训班一结束，他就整理出了"物质结构"课程的教案。8 月底培训班结束，9 月初开学，田昭武在厦大化学系顺利开设了"物质结构"这门新课。课下，田昭武潜心钻研，不断探索如何完善教材内容、编写讲义；课上，田昭武全情投入，将这门新课讲得有声有色。田昭武经常对自己课题组的同事和研究生说，在备课和讲课中所积累的知识和感悟，对日后所从事的科研是有很大作用的，这也正是他始终坚持一名教师要争取讲授一两门基础课的原因。

他认为，人们常把老师比喻成蜡烛，燃烧自己照亮别人，奉献到尽头，其实不尽然，蜡烛在照亮别人的同时，也照亮了自己，在烛光里往往能获得新思新悟乃至科研的灵感。

作为国际知名电化学科学家、国内电化学界的领头人之一，田昭武并没有“一枝独秀”，而是通过申办国际会议、举办各种电化学相关培训班、编写教材等方式，积极促使国内电化学研究出现人才辈出、与国际电化学学科发展前沿齐头并进的局面。1977 年，受国家四机部委托，厦大举办全国首次“电化学研究方法短训班”，田昭武负责讲授“电化学研究方法”。每天上午是理论课，下午则是实验课。当时没有投影仪和 PPT，田昭武全部手写板书。而后，他勇挑重任，多次承担国家部委委托厦大举办的全国性电化学培训班、研讨班的主讲重任，为我国培养了一大批电化学学科带头人和科研、教学骨干。

年岁已高的田昭武虽然离开了三尺讲台，但他始终关心厦大学子的成长成才。“即便年过 90 了，我还要继续努力，一方面做些实际的工作，一方面积极建言献策，尽我最大的努力回报社会。”田昭武说。这句质朴的话是他内心真实的想法，亦是他作为师者的人生信念。

“每个人的生命离不开社会的哺育和支持，尽量为社会贡献一己的力量是天经地义的。人生价值是一个分数值，取之于社会为分母，反馈于社会为分子。人人分数值高，社会就进步快，反之亦然。”这就是田昭武一生所坚守的信念，亦是他一生的真实写照！

参考资料

[1] 万立骏.《田昭武先生学术集萃》序——转自《田昭武先生学术集萃》[J]. 电化学，2017, 23(4):491-492.

[2] 吴清玉，吴奕纯. 科学无止境 魅力在创新——记中国科学院院士田昭武[J]. 电化学，2011, 17(1):1-6.

[3] 林昌健，孙世刚，万立骏. 前言：庆祝田昭武院士 90 华诞专刊[J]. 中国科学：化学，2017, 47(5):503-506.

[4] 林鸿禧. 在科学道路上开拓进取自强不息——记电化学家田昭武[J]. 中国科学院院刊, 1993(1):68-71.

与时偕行，教有公心

—— 中国化学激光之父　张存浩

中国化学激光之父张存浩

张存浩（1928—2024），山东无棣人，物理化学家、化学激光学家、国家最高科学技术奖获得者，中国共产党党员。1947 年获国立中央大学化学工程学士学位，1950 年获美国密歇根大学化学工程硕士学位，1998 年获香港中文大学荣誉理学博士。1951 年起，在中国科学院大连化学物理研究所工作，1980 年当选中国科学院学部委员（院士），1992 年当选发展中国家科学院（TWAS）院士，2007 年当选英国皇家化学会会士。曾担任中国科学院大连化学物理研究所所长，第二、三届国家自然科学基金委员会主任、党组书记，中国科协副主席，中国科学院化学部主任等职务。曾任中国科学院大连化学物理研究所研究员、中国科协荣誉委员、北京分子科学国家实验室（筹）理事长、科技部科研诚信建设专家咨询委员会委员。

一、毕生梦想，只为强国

1928 年 2 月，张存浩出生于天津的一个书香世家。他幼年时期，正值日本侵略者的铁蹄席卷华北，为了不在沦陷区接受日本帝国主义的教育，当时只有 9 岁的张存浩随亲人辗转于重庆和福建等地，度过了数年的抗战流亡生活。“从那个时代过来的人，亲历了颠沛流离，目睹了山河破碎，总有一种强国富民的情怀，太想为国家出一份力。”

张存浩于 1947 年获得国立中央大学化学工程学士学位，1948 年赴美，按照原计划他将在获得博士学位后归国。但是 1950 年朝鲜战争打响了，面对紧张的中美关系，张存浩担心如果局面持续恶化，美国会封锁中国的科技和人才，8 月，张存浩获得密歇根大学化学工程硕士学位，为了早日实现报效祖国的理想，他毅然放弃了留美深造和工作的机会，于当年 10 月启程回到刚刚建立一年、条件还十分艰苦的祖国。

二、凡益之道，与时偕行

张存浩在 60 多年的科研历程中，曾多次转变研究方向，转变方向的原因只有一个：满足国家需求。

1951 年，23 岁的张存浩刚刚回到祖国，就跟随东北科研所大连分所（中国科学院大连化学物理研究所前身）的奠基人张大煜先生来到大连，满怀期待地展开他的报国计划。张存浩的第一个课题是水煤气合成燃料研究，即从水煤气中获得燃油。用煤经过水煤气合成液体燃料早先一直使用昂贵稀少且催化效率很低的钴催化剂，张存浩在文献中获知当时英美等国正着手研究铁催化剂，也跟着进行了一段时间的铁催化剂研究。但随着研究的深入，他逐渐发现，铁催化剂具有积碳严重、催化剂寿命短等严重缺点。于是，张存浩迅速转换了方向，在短时间内研制出了高效氮化熔铁催化剂，解决了积碳重、寿命短的难题，产品以轻质油及含氧化合物为主，极少生蜡，并取得了“小试”和“中试”的成功。他们当时的研究水平已达到每立方米水煤气生产的乙烯及三碳以上产品超过 200 克，显著超过了当时国际上 160 克/立方米的最高水平。在产品分布、催化剂寿命等方面，这项研究都已经站在国际领先的位置上，并于 1956 年获得我国首届国家自然科学奖三等奖。1959 年，正在水煤气合成燃料研究前景大好的时候，大庆油田的发现改变了中国的发展轨迹，也改变了这项耗费张存浩 8 年心血的研究的命运。中国一跃从“贫油”国变为“富油”国，水煤气合成液体燃料的项目也随即被中止，因为相较于石油低廉的开采成本，水煤气合成液体燃料的成本显然太高了。力量薄弱的新中国没有足够的科研经费支持这项研究继续开展下去，原油紧缺的问题既然已经得到了缓解，这项研究也只好被搁置了。但直至今日，当年的研究成果和学术思想仍然具有很好的参考价值。

20 世纪 50 年代末，作为原子弹发射、卫星上天等重要燃料的火箭推进剂的研制，被提升到发展国防尖端技术与维护国家安全的高度。上级将任务下达到研究所后，鉴于张存浩在合成油研究中的不俗表现，领导指派他迅速转向火箭推进剂研究，同时任命他为项目负责人，这一次张存浩又义无反顾地接受了任务。很快，从没有见过火箭的他带领全组人员进驻设在大连近郊小山沟中的试验站，开始了紧张的研究工作。研制初期，由于实验环境简陋，每次实验时都会产生巨大的噪声，置身其中会出现头晕、恶心等症状。对于张存浩来说，这些困难还相对容易克服，最难的是在研制过程中要接触大量的有毒材料，并随时存在爆炸的危险。经过几年不懈努力，张存浩和同事们首次提出了固体推进剂燃速的多层火焰理论，完成了国家指派的任务。1964 年，他们的研究成果荣获了国家自然科学奖三等奖，这也奠定了张存浩在我国物理化学领域中的地位。

1973 年，根据国家任务需要，张存浩第三次转行。这一次转行与前面两次一样，仍然是跨专业、跨学科的跳跃，他发起组建了我国首个化学激光实验室，领导我国高能化学激光研究。组建研究室后，张存浩又像当年研究火箭推进剂一样，带着团队一头扎进了市郊山沟里的试验站。后来张存浩回忆起当年的情况时说："这次搞激光比搞火箭还困难，主要是一无所有。缺资料、仪器、设备，甚至连基本的光谱仪、示波器也没有。"当年跟随张存浩在研究室工作的现中国科学院院士沙国河说："那时他对工作抓得非常紧，一心想尽快把化学激光搞上去。他布置完任务后通常不再说什么，但每天都来检查工作，问你的研究有什么进展。他这样做，要是你总没什么进展，连自己都觉得不好意思，于是每个人都憋足了劲儿，努力推进自己的研究。"因为这个，大家给他起了个"张着急"的绰号。正是在"张着急"的这种推进下，经过半年的努力，研究室就将激光的功率从 0.3 瓦提升至 100 瓦，并研制出我国第一台超音速燃烧型氟化氢、氟化氘激光器，整体性能指标达到当时世界先进水平。

此后，张存浩始终引领着中国化学激光器领域的发展，在研发上不断攻关，傲立世界潮头。1979 年他提出研究波长更短的氧碘化学激光，并带领团队投入研究，经过数年奋战，克服重重困难，于 1985 年首次研制出放电引发脉冲氧碘化学激光器。1986 年张存浩担任了中国科学院大连化学物理研究所所长，仍没有停止化学激光研究的脚步，1992 年又牵头研制出我国第一台连续波氧碘化学激光器。多年来他的研究成果先后获得了中国科学院科技进步奖、国家自然科学奖一等奖、国家科技进步二等奖等一系列国内科学界大奖，他也因此赢得了"中国化学激光之父"的美誉。

三、教有公心，重视人才

除了致力于科学研究，张存浩还对人才培养和科学管理有颇多建树。他曾说："对人才的重视是无论如何也不为过的。"几十年来，他积极创造并提供有利条件，促进团队中一批又一批中青年骨干成长为具有国际影响力的科学家。在 1991～1999 年担任国家自然科学基金委员会主任期间，张存浩倡议设立了"国家杰出青年科学基金"，为优秀青年科学家的快速成长提供了良好的发展空间。该基金在 20 年间资助了 3000 逾名青年科学家，其中近 200 位当选两院院士。他还倡议在我国科技管理部门中设立专门从事学风管理的机构——国家自然科学基金委员会监督委员会，保障了国家自然科学基金事业的健康发展，自监督委员会成立以来，基金申请的投诉率下降了三分之二，学术诚信的风气不断好转。在身边人的眼中，张存浩是一个常常给年轻后辈机会的长者。尽管他身为领导，又是项目负责人，在整体研究中发挥着领头雁的作用，但在发表学术文章甚至上报科技奖励时，他从来都是把站在研究第一线的同事的名字放在自己之前，有时甚至拒绝署上自己的名字，他说："我的贡献不如年轻人大。"对学生们来说，这位耄耋老人像是一束光，照亮他们的科研之路，引领着他们在科学的海洋中不断探索新的航线。

张存浩在我国科技领域辛勤耕耘了 60 余载。60 多年来，他承载着党和国家的重托，以"扎根科学、心忧天下"的科学情怀，"勇于创新、不断攀登"的科学精神，"奖掖后学、甘为人梯"的崇高风范和"淡泊名利、团结民主"的工作作风，为我国科技事业的发展做出了巨大贡献。面对科技界的弄虚作假和不正之风，他推动成立了国家自然科学基金委员会监督委员会，倡导实事求是的科学作风和严谨的科学态度，并推动制定资助青年科学家成长的政策和制度，为优秀青年科学家的快速成长提供了空间。为了弘扬张存浩院士的科学成就和崇高品格，2016 年经国际天文学联合会小天体命名委员会批准，第 19282 号小行星被永久命名为"张存浩星"。

参考资料

[1] 李白薇．逐光者——记中国化学激光奠基人、著名物理化学家张存浩[J]．中国科技奖励，2020(10):30-33.

[2] 追寻真理之光——张存浩[J]．群言，2016(7):2.

[3] 刘瑞营．数度转行 追寻梦想之光 记 2013 年度国家最高科学技术奖获得者、物理化学家张存浩[J]．中国科技产业，2014(2):16-17.

[4] 李白薇．为师者张存浩[J]．中国科技奖励，2014(1):16-18.

[5] 邵赛兵，吴善超，郑永和．荷社稷之重 拓探索之渊——记国家最高科技奖获得者张存浩院士[J]．中国科学基金，2014,28(1):3-7.

[6] 张存浩院士谈技术创新与科学道德[J]．群言，2014(1):26-28.

做科学研究最要紧的是要有科学态度，必须实事求是

—— 合成橡胶专家 沈之荃

沈之荃（1931—），上海人，高分子化学家。主要从事高分子化学领域的基础研究和应用基础研究，其研发的三元镍系顺丁橡胶，奠定了我国5个万吨级顺丁橡胶生产厂聚合工艺的基础。同时，她首创采用稀土化合物作催化剂，成功研制出了稀土顺丁橡胶和稀土异戊橡胶等新品种。1995年10月当选为中国科学院院士，曾先后获全国科学大会先进工作者、浙江省首届先进女科技工作者、全国先进女职工、浙江省“十大杰出女性”、浙江省劳动模范、全国教育系统劳动模范、第二届中国“十大女杰”等荣誉。

高分子化学家沈之荃

一、在祖国最需要的地方，找到自己的坐标

沈之荃出生于一个教育世家，其父是老教育家沈鸿模先生，他为沈之荃取此名，希冀她能像荃草那样植根中华大地，不存闻达依附，但求淡泊人生，荃意芬芳。沈之荃没有辜负父望，她立志存高，思维敏锐，精诚事业，终成一名优秀的科学家和教师。

1949年，沈之荃从上海晏摩氏女中（现上海财经大学附属北郊高级中学）毕业，以高三班第二名的成绩保送到沪江大学（现上海理工大学）化学系。1952年，从沪江大学化学系毕业填写分配志愿时，她毫不犹豫地选择了东北、西北和华北。为什么要去“三北”？她说：“因为那里最需要开发建设，我到最艰苦的地方去报效祖国。”然而事与愿违，沈之荃被分配至苏州大学任教，主讲“工业化学”。沈之荃想得很通透，祖国需要什么，她就做什么。为了教好这门课，沈之荃来到大连工学院进行了长达一年的学习。在大连工学院学习期间，

沈之荃经常到大连石油厂和鞍山钢铁厂的生产车间进行学习考察，积累实践经验，她说“只有书本知识是不够的，要和实际接轨，向工人学习”。在苏州大学任教10年，她勤奋治学、潜心教书，觉得当时的英美教材不够系统，沈之荃便开始自学俄语，听广播、看资料，在短时间内克服了语言障碍，并开始熟读俄文教材，扩充自己的信息量，最终参考多国文献自编了《工业化学》教材。

20世纪60年代时，国外的人工合成橡胶工业已发展了二三十年，而中国才刚刚起步。当时中国橡胶物资极为紧缺，且遭到外国技术封锁。打破西方技术封锁和产品垄断，迫在眉睫。1962年，沈之荃被调入中国科学院长春应用化学研究所工作。在这里，她把全部心血都献给了科研。“橡胶是一种重要的工业原料，但天然橡胶在我国很少，那时候国外对我国进行封锁，我们必须自力更生。”为了尽快取得合成橡胶技术的突破，沈之荃和她的同伴们投入了艰苦的奋战中。人工合成橡胶的关键是催化剂，沈之荃和欧阳均等提出了用镍作催化剂的新思路。她首先提出并开展了“三元镍系催化体系对丁二烯的定向聚合和镍顺丁橡胶的结构性能”的研究。她和同事们共同努力了近三年，经过无数个日夜的奋战，上百次的实验，成千个数据的分析，终于用镍作催化剂成功研制出了顺丁橡胶。最终，这项科研成为我国北京燕山石化橡胶厂、上海高桥橡胶厂、锦州石油六厂橡胶厂等5个万吨级镍顺丁橡胶厂聚合工艺的基础。这5个工厂正是我国高分子三大合成材料中唯一依靠自己的力量建立起来的高分子大型生产工厂。短短几年间，我国顺丁橡胶的年生产力突破7万吨。

三元镍顺丁橡胶技术产业化，是我国在通用高分子材料生产领域中唯一成功采用全系列国产技术进行规模生产的项目，1985年获国家科技进步特等奖。找到突破口后，沈之荃在橡胶领域的研究一发不可收拾，她将目光投向了稀土，并采用稀土化合物作为催化剂，成功研制出了世界首个可与天然橡胶相媲美的新品种——稀土顺丁橡胶和稀土异戊橡胶，并于1982年荣获国家自然科学二等奖。“中国稀土不稀，我就想能不能用稀土作催化剂，促成小分子聚合成高分子。”后来，虽然意大利、德国、美国和日本等国家竞相研制了“稀土系橡胶”，但沈之荃研发的稀土顺丁橡胶和稀土异戊橡胶依然被公认为是性能最好的合成橡胶。

20世纪80～90年代，沈之荃又将稀土络合催化聚合研究推进发展到炔烃、环氧烷烃、环硫烷烃、交酯内酯和极性单体等聚合以及固定二氧化碳制备聚碳酸酯等新领域，取得了不少创新成果，获1993年国家自然科学三等奖、1990年浙江省科技进步二等奖及1986年国家教委科技进步二等奖等。

二、科技创新既需要热情，也需要坐“冷板凳”

在沈之荃看来，科技创新既需要热情，也需要坐“冷板凳”。“搞科研，两点很重要：一是要抓主要矛盾，不能对什么都感兴趣，要集中精力解决最最重要的问题；二是要实践，有些文献看不懂，就去动手做，有点体会了再看，就理解了，看了再做、做了再看，要坐得住。”

从化学实验室中的实验研发到技术攻关、投入生产，顺丁橡胶凝聚着沈之荃和同事们克服种种困难，历经小试、中试的心血。沈之荃说：“做出一个成功的产品比写一篇文章要困难得多。我是一边学一边干，遇到失败的时候，我也会哭鼻子。”

乐于跟年轻人分享的沈之荃还讲了这样一个小故事：“有一种药物叫‘606’，是因为科学家用 606 种化合物在动物身上做实验，终于找到了治疗梅毒的特效药，所以这种药物就被叫做‘606’。”她认为勤奋是重要的，同时也要“会”做事，讲究效率。沈之荃常对学生说，在艰苦漫长的科研工作中，失败是必然的，要允许失败，失败是成功之母。她告诉学生，理想要远大，目标要切合实际；要有不断进取的心，也要时刻谨记自己肩负着报效祖国的责任。

三、两度执教，严谨治学育桃李

沈之荃是一位言传身教的好老师。在苏州大学任教期间，为了提高学生的动手能力和实际工作能力，她经常利用节假日带领学生下厂实习，和学生一起制作教学模型。1980 年沈之荃被调到浙江大学后，再度挑起了教书育人的重担。她兢兢业业，辛勤教学，讲授“配位聚合”“高分子化学选论”“专业外语”等本科和研究生课程。她讲课重点突出，条理清楚，内容新颖，深受学生欢迎。

在沈之荃看来，科学研究容不得半点马虎，越是看似完美的数据，越是要多做几遍实验以确保其可靠性。“做科学研究最要紧的是要有科学态度，必须实事求是。”“结果重复过了吗？”这是沈之荃最常说的话。在沈之荃几近固执的要求下，每个实验学生至少要重复做三次。对实验如此，对论文则更严苛。有一次，一位博士研究生向沈之荃提交了一篇论文，因不合要求被她退回去了。学生进行了修改，又被她退回去了，当学生拿到经导师批阅后的第三稿后，看到了 18 页稿纸上几乎每页每行都有沈老师的精心批注。沈之荃的学生说：“在她身上，我们看到了老一辈知识分子的风骨。这在略显浮躁的今天，尤为珍贵。”

沈之荃是一位严师，也是一位慈爱的长辈，她在实验室中帮学生洗烧瓶的事情被广为传颂。晚年的沈之荃也总是亲自做实验。

沈之荃的一生是勤奋治学的一生，是为国奉献的一生。虽然取得了诸多荣誉和成就，但沈之荃坚持认为“工作是大家做的，成绩和荣誉应该归功于集体”。光环之下的她，本色依旧淡然。成功是什么？在沈之荃看来，成功就是为国家、民族和社会做出了自己的贡献。

参考资料

[1] 吴雅兰，杨懿，施懿真，等. 沈之荃：为学生洗烧瓶的院士[N]. 中国科学报，2019-07-24(5).
[2] 杨柏，高长有，张先正. 庆祝沈家骢、沈之荃和卓仁禧院士 80 华诞专刊[J]. 中国科学：化学，2011,41(2):171-181.

科研报国，无悔攀登

—— 中国稀土界泰斗　苏锵

苏锵（1931—2017），广东广州人，无机化学家、稀土材料与化学专家，中国科学院院士、中国科学院长春应用化学研究所研究员，中山大学化学学院教授、博士生导师。曾担任《中国稀土学报》《稀土》《无机化学学报》《应用化学》《高等学校化学学报》等刊物的编委和顾问，中国稀土学会发光专业委员会名誉主任和中国物理学会发光分会名誉主任，第八、九届全国政协委员，第二届国际稀土光谱讨论会的主席，第三届国际 f 元素会议的国际顾问委员会委员，中国稀土学会发光专业委员会副主任、主任、名誉主任，中国物理学会发光分科学会副理事长、名誉理事长等职务。曾先后获国家科学技术进步二等奖及中国科学院自然科学奖二等奖等奖项。2010 年获中国科学技术协会授予的全国优秀科技工作者称号。

稀土界泰斗苏锵

一、穷且益坚，不坠青云之志

1931 年，苏锵出生在广州的一个普通家庭，7 岁那年，正值日寇疯狂轰炸广州。为了躲避战乱，苏锵随家人从广州逃到澳门，一路流离辗转，最终落脚于广州湾（今湛江市）。后来，广州湾也被日本人侵略，苏锵一家无处可去，不得不每天提心吊胆地躲避日寇飞机的轰炸。从小饱受战乱之苦的苏锵始终对那段岁月记忆犹新，也深刻体会到弱国被欺凌的痛楚。“我出生在动荡的年代，童年的苦难让我难以忘怀，落后就要挨打，这些经历一直激励着我的学习科研之路，我想通过自己的努力改变国家的命运。”苏锵如是说。

苏锵的启蒙教育多半归功于他的母亲，战乱中她扶老携幼四处逃亡，却始终没有放松对孩子们的教育，每日督促苏锵背诵古文，支持他阅读各类书籍。1948 年，苏锵考入中山大学，在大学时期先后见证了新中国成立、广东解放。

随着时代的洪流奔涌向前，苏锵从中山大学转到北京大学化工系，之后又随院系调整并入清华大学。

1952 年，从清华大学毕业的苏锵响应祖国的号召，到长春应用化学研究所工作，以振兴东北工业为己任。苏锵刚到中国科学院长春应用化学研究所就接触了合成石油的课题，而其中的关键技术之一，就是得到适合作为催化剂的钍。刚到研究所不久的苏锵背起背包与同事一起前往黑河，踏上了寻找独居石（稀土资源的主要矿物之一，常含钍、锆等元素）的旅程。1952 年 10 月，黑龙江黑河的气温已经到了零下 30℃，有时车内没有位置，他就自己坐在车顶上，一路颠簸抵达。冒着严寒的考验与放射性的危害，苏锵与课题组同事一起攻坚克难，从采集的矿石中成功提取出了足量可用的硝酸钍。为尽快将钍的分离技术应用于生产，苏锵与同事们前往锦州石油六厂，与工人们同吃同住开展工作。由于仪器简陋、缺少经验与安全意识，研究员们不仅没有防护措施，甚至需要自己用吸管吸取矿物，常常出现吸进嘴里的情况。长久下来，苏锵的身体受到放射性物质影响，白细胞一度偏低。但生活条件艰苦、技术设备落后并不能磨灭年轻研究员们工作的热情，经过九个月的连续奋战，苏锵和同事们完成了分离钍的生产流程，还帮助锦州石油六厂培养了一批技术人员。苏锵也自此与稀土结下了不解之缘。

二、筚路蓝缕，终辟稀土之径

苏锵在稀土的多个领域开展了研究，在分离纯稀土和稀土配位化学、萃取化学溶液等方面均取得了重大成果。他和化学所的同事一起建立了从含钒炉渣中提取五氧化二钒的中间工厂。1958 年，苏锵又组织和参加了从包头稀土尾矿中提取分离稀土的中间工厂的建立，对分级沉淀、分级结晶、氧化还原、离子交换和溶剂萃取等分离方法进行研究并综合，获得了除钷以外的全部单一纯稀土。同时，还提出了工业用铈的湿法空气氧化法和利用钇的位置变化来分离钇的原理和萃取方法，并对分离稀土的流程进行了归纳和总结。

中国是全球稀土资源最丰富的国家，中国的稀土就如中东的石油一样存在巨大的价值和影响力。20 世纪 60 年代起，国际上关于稀土的磁学性质研究逐步应用于军事、航天、医疗甚至生活电器等领域，但当时我国的稀土研究远远落后于其他国家，怎样把我国稀土的资源优势尽快转化为科技优势和经济优势，已成为急需解决的重大任务，所以苏锵决定开展对稀土化合物光、磁、电学等性质的研究。

1983 年，为了精准测量出材料的核心参数，长春应化所从国外购买 MB-2 型磁天平。1986 年，以苏锵为负责人的研究小组申请到了国家自然科学基金资助。因为磁天平怕震动，仪器放在地下室，且对地基做了缓冲隔离，在这间“地下实验室”，苏锵一待就是十年。1996 年，苏锵科研小组对从稀土中提取的长余辉发光材料进行研究，先后成功研制出能发出绿光、蓝光、紫光和红光的长余辉材料，发光时间更长，亮度和耐光性更强，黑暗中肉眼可见达数十小时。在实验室暗房中，由这些长余辉发光材料所制成的粉状、锥状、块状等多种形态的玻璃陶瓷发光体模块，发出耀眼的光芒。其中，长余辉红色玻璃余辉时间长，具有可将文字和图像写入、存储、读出等神奇的特点。稀土、石油、半导体被称为“全球三大重要战略资源”，苏锵认为：“稀土是绿色照明产业的基础材料。中国是稀土资源大国，有资源优势，照明工业是劳动密集型产业，适合国情，如果将这两项优势结合起来，稀土发光材料注定有广阔的前景。”

中国稀土储量占世界总储量的 53.5%。“可中国在拥有对稀土资源垄断性控制的同时，却完全不具有定价权，稀土价格长期在低位徘徊。一拥而上的盲目开发以及宏观规划水平低劣，导致中国并未成为稀土开发强国，中国稀土科技开发和利用水平远远落后于发达国家。”苏锵教授惋惜地说。由于当时中国的稀土廉价，日本从中国进口稀土，不仅用来满足生产需要，还进行战略储存。美国稀土储量占世界总储量的 13%却不开采，一直低价进口中国的稀土。苏锵教授说：“这么贵重的稀土资源不被重视是现在的一个重要问题，我们有责任将稀土推向市场和人们的生活与意识当中。只有得到足够的重视，才能让稀土资源得到更好的利用。”在苏锵教授和其他专家学者的共同呼吁下，工信部于 2009 年 11 月审议通过了《2009—2015 年稀土工业发展规划》，将稀土产业提升到了战略高度。2010 年初，拥有稀土储量世界第一的“白云鄂博矿”的包钢宣布实施“稀土原料产品战略储备”，打响了中国重夺稀土定价权的第一枪。

自 20 多岁与稀土结缘，苏锵带着对稀土科研事业的热爱一步一个脚印，从稀土的分离提纯到发光研究再到产业化应用，在这片“希望之土”上不辍耕耘了半个多世纪，取得的成绩不胜枚举，曾先后在国内外刊物上发表论文 450 余篇。在苏锵的研究推动下，我国稀土的分离和提纯技术快速接近世界先进水平。

三、老当益壮，不移白首之心

苏锵院士在科研领域辛勤耕耘的同时，始终把为祖国科学事业培育科教英才作为自己的神圣使命。他言传身教，鼓励年轻人不仅要“青出于蓝胜于蓝”，还要“帅出于师而优于师”，要有创新意识、责任意识和爱国情怀。1999 年，已年近七十的苏锵选择回到中山大学任教，其间他先后培养了数十名硕士、博士和博士后，其中的大多数现在已经成为教学、科研和企业界的骨干和中坚力量。苏锵说：“虽然我做了 60 多年的稀土研究，但仍远远不够。稀土的 17 个元素就像是我的老朋友，它们都很有个性和特点，个个神通广大，有很多不为人知的应用前景。对于推广稀土的价值，我们要做的事情还有很多。”这也是他对下一代的期望。

苏锵及其团队利用我国丰富而廉价的稀土资源先后成功研制出能发出绿光、蓝光、紫光和红光的长余辉材料。长余辉发光材料能够储存外界光辐照的能量，再慢慢把存储的能量在室温下以可见光的形式释放，起到在黑暗环境中照明的作用，在夜光表、应急照明、安全出口标志、计算机的荧光屏和飞机的仪表盘等方面都有应用。

年逾耄耋之时苏锵仍坚持每周去办公室两次，处理科研、教学事务。2014 年，苏锵编著并出版了一部有关稀土的科普读物《稀土元素——您身边的大家族》。在书中，他将稀土描述为“给人类带来光明的‘希望之土’”。

回望稀土科学研究与发展史，苏锵与他的科研成就必定是其中闪耀夺目的一章，他把毕生精力都奉献给了祖国的科学和教育事业，在我国稀土科学研究发展的史册上留下了永不磨灭的光辉。苏锵是我国科技工作者的杰出代表，他一生致力于稀土研究，造诣精深，治学严谨，他勤奋而执着的一生值得所有科技工作者尊崇。苏锵在时代的洪流中打磨自己，与新生的共和国共同成长，科技强国之路上，还有无数像苏锵一样的科学家们，他们既是中国巨变的亲历者，也是中国科学发展的参与者，他们用智慧和心血坚定践行着科研报国的信念。

参考资料

[1] 冀丽安，刘小芳．苏锵：无悔的攀登 闪光的人生——中国科学院院士、我国著名无机化学家、稀土研究开拓者和奠基者之一[J]．稀土信息，2017(3):34-36.

[2] 陈浩华，龙斌．著名无机化学家 我国稀土科学先驱之一 中山大学教授、博导 中国科学院院士——苏锵[J]．功能材料信息，2015,12(2):3-6+2.

执着无悔，精勤不倦

—— 原位红外光谱的开拓者　辛勤

催化化学家辛勤

辛勤（1939—2020），催化化学家，中国科学院大连化学物理研究所研究员。曾先后任催化基础国家重点实验室学委会副主任，中国化学会催化专业委员会秘书长，石油炼制学会催化剂分子筛学组副组长，《光谱与光谱分析》《分子催化》《功能材料》《工业催化》杂志编委，Applied Sciences、Electrochemica Acta客座编辑，中国科学院研究生院、吉林大学、辽宁师范大学、抚顺石油学院、青岛化工学院兼职教授，中国石化股份有限公司齐鲁分公司顾问，中国科学院大连化学物理研究所第五届学位委员会副主任，中国化学会催化委员会顾问委员等。他是第一批国务院政府津贴获得者，曾获国家发明二等奖，国家自然科学基金委优秀奖，教育部自然科学一等奖，辽宁省自然科学一等奖，辽宁省自然科学二等奖以及中国科学院自然科学奖、发明奖和科技进步奖，中国科学院优秀博士生导师奖和杰出贡献教师奖等奖项。

一、投身科研半世纪，推动分子光谱设备从依赖进口到自主研发

辛勤于1939年4月出生于黑龙江省哈尔滨市，自小热爱读书，1957年考入东北人民大学（1958年更名为现吉林大学）化学系，大学生活中绝大多数时间都是在图书馆度过的，这些经历为日后的研究工作打下了坚实的理论基础。1962年8月从吉林大学化学系毕业后，辛勤被分配至中国科学院大连化学物理研究所，在张大煜教授的课题组从事催化剂表面吸附物质的研究。在当时那个艰苦的年代，辛勤对自己的要求也十分严格，进所三个月的时间里，他修完了俄语和英语。

1963～1964年，辛勤花了将近两年的时间，经过十几次的实验，实现了超高真空，并将成果发表在我国的高真空技术杂志上，这些工作使他在高真空、

超高真空、质谱、电子学等诸多领域得到了全面的锻炼和提升，并为之后的研究打下了坚实的基础。

辛勤长期从事催化基础研究，主要致力于催化剂表面吸附态化学和催化剂表征研究（探针分子的分子光谱）以及反应动态学方面。催化反应和催化剂研究，其关键是研究反应物如何被活化转变成产物的。这需要在催化剂工作状态下进行研究才有效，原位分子光谱方法学、装置就是其关键。当年由于固态核磁共振仪价格昂贵不能普及，所以红外光谱成为首选。后来辛勤建立了以光栅红外光谱、激光拉曼光谱、傅里叶变换红外光谱等设备为主的一系列原位分子光谱分析方法，用于表征催化反应的反应物吸附到催化剂表面、被活化、再脱附出去的过程。他发展的研究催化的原位检测方法已被国内外百余个实验室采用。辛勤用数十年的科研工作见证了整个分子光谱技术在中国的发展，也为催化剂原位分析领域做出了突出贡献。

随着我国经济发展的步伐，中国的分子光谱事业也取得了长足的进步。辛勤回忆道："最初课题组用到的仪器设备主要依赖进口。之后，为了研究的需要，我们开始在买来的仪器上进行改造，提升其性能和功能使其满足科学研究的需求。后来，我们的本事进一步提高了，能够自己加工部分部件和进口关键部件组装仪器了。其中，具有代表性的工作是李灿、冯兆池等自行组装并不断提高性能的紫外拉曼光谱一、二、三代，这些仪器大大提升了我们的科学研究水平。""进入现阶段，我们可以自行组装我们科研需要的仪器，其中有些技术国外也还没有成型的产品。例如李灿、冯兆池、范峰滔等研制的激光诱导荧光光谱仪、时间分辨荧光光谱仪等，韩克利团队研制的激光闪光光谱仪、飞秒瞬态吸收和受激发射光谱仪、皮秒时间分辨荧光光谱仪等。经过几十年的探索磨炼，我们已经可以自行设计、加工、研制市场上没有的仪器设备，走出了自主研发之路——这是一条艰辛而必须走的路。明显提升了研究水平和创新能力。"

二、开办"催化研讨班"，帮助青年学者夯实理论基础

辛勤曾与很多学生进行过交流，发现他们在光谱基础知识方面尚有欠缺，所以他指出，很多年轻人在光谱技术上的理论基础不够，空有好的仪器却不能得到充分的发挥。包括有一些已经发表的文章，基本的图表坐标都有错误。辛勤认为，如果研究人员不懂基本原理，没有进行判断推理的能力，就难以做到真正的创新。为此，古稀之年的辛勤投入到了分子光谱基础知识的普及工作中。

他表示，年轻学者一定要认真学习分子光谱相关书籍，由浅入深，多看多读。他将看过的书籍整理出来，扫描成电子版，随时供大家查找阅读，共整理了近五千册电子书。辛勤还组织国内专家学者编写了 11 本研究生教材，如今都是催化领域必备的学习参考书。他希望在专业领域内已经功成名就的学者除了奋斗在科研一线，也能尽量为年轻人创造一些条件，帮助后面的年轻人，而他自己就是这一理念的倡导者和践行者。

为了给进入分子光谱研究领域的年轻人创造学习的机会，辛勤筹办了很多光谱相关知识学习班，延请领域内知名教授做主讲。他希望这些已经在相关领域取得一些成就的专家能够多做一些教育和培训工作，为年轻人打牢基础。辛勤主导的“催化研讨班”影响了一届又一届催化学子。谈起开办“催化研讨班”的初衷，辛勤表示，中国要想从催化大国转变为催化强国，主要靠创新，而创新的基石是扎实的基础知识；催化研究变得学科交叉越来越多，没有坚实的基础知识，创新只能是空中楼阁，很难做出很大的创新研究工作。辛勤希望“催化研讨班”能够帮助年轻人打好基础，能够知道自己的实验结果或文献报道的结果是怎么得到的，能不能靠得住，合不合理。

三、不辞奔波，用科普点燃年轻一代心中的科研薪火

晚年的辛勤不仅依然坚持不懈地做科研、培养研究生，还致力于科普宣传。他倡导组稿并组织构建了网络版“中国当代催化名家介绍”。目前已推出侯德榜、张大煜等名家 81 位，总字数超过 40 万。名家介绍图文并茂，包括名家简历、个人著作、科研成就、科学思想，以及科研故事。这一网络版介绍，好似一座高耸的催化功勋碑，通过中国科学院大连化学物理研究所科普网和国内颇有影响的学术网站“小木虫”，可以看到它在时代长河里闪烁。在推出后的两年里，网络版“中国当代催化名家介绍”的总点击量超过 4 万次。此外，辛勤还开设科普讲座，不仅在研究所内，也在中学里。他曾应邀先后走进甘井子区二十三高中和红旗高中。考虑到高中生的知识程度，结合自己近半个世纪的科研经历，辛勤用相对简单的语言讲述了《我们身边的化学》这一科普报告。对比他曾在大连化物所做的报告，会发觉虽然是同一个题目，但面对高中生，这位老化学家在有意识地拓宽青少年的科学视野，在着力地传播科学精神。为了青少年理解科研的美，他把自己最好的东西——在科海里游弋的才能，呈献给了青少年，呈献给了祖国的未来。辛勤曾说，没有必要去估测科普的意义，去做就好了。也许，在座的高中生们还不能完全体会，在辛老师的语言里，有着

一位科学家希望自己所钟爱的事业在青少年身上得到传承的期盼，有着一位科学家渴望祖国科研的事业更上一层楼的执着，这正是古稀之年的辛勤不辞奔波做科普的动力。

辛勤曾说，做科研，有四点要求。第一要对科研感兴趣，要真正地喜欢。只有“我喜欢”，才能在面对困难时，越挫越勇，才能不断探索，不断追求，不断向前。第二要具备逻辑思维能力。科学可以说是一门逻辑思维的艺术。良好的思维能力是创新的基石，而创新是科学的灵魂。这项能力可以通过学习和训练得到培养和提升，每个人在青少年时代就应该重视这项能力，如高中阶段学习接触“形式逻辑”就是一个理想手段。第三要善于发现新问题。要对重大和重要问题有鉴别力，要对下一步往哪个方向走有判断力。第四要耐得住寂寞。“就毅力和意志来讲，科研是向着目标永不妥协的苦行僧。就爱好和梦想而言，科研是不知疲倦充满乐趣的探索。”

辛勤曾说：“要至少干成一件事，要实实在在对国家对社会有贡献。”这是一位科学家对人生价值的认识。半个多世纪以来，他执着无悔、精勤不倦地行走在科研的征程上，用他的智慧和努力不断地在我国这棵“催化大树”上增绿添色。

参考资料

辛勤. 《催化学报》创刊30周年纪念同比利时B. Delmon教授科技合作20年回顾[J]. 催化学报，2010,31(8):872-874.

第四章

工匠精神

工匠精神的内涵是执着专注、精益求精、一丝不苟、追求卓越。面向世界科技革命和产业变革需要，实施制造强国战略，科学研究和工程技术创造更需要勇于创新、敢为人先，推动高质量发展。本章以“工匠精神”为主题，分享了10余位化学、化工领域科学家及功勋人物事迹。他们对待工作、对待科学研究的态度，充分体现了工匠精神，彰显了以创新为核心的时代精神。新时代劳动者要尽职尽责对待本职工作，干一行、专一行、爱一行，锐意进取，弘扬工匠精神，为全面建设社会主义现代化国家贡献智慧和力量。

与煤结缘五十载

—— 煤化工专家　聂恒锐

聂恒锐（1903—1989），辽宁新民人，著名的煤化工专家，1950 年加入中国民主同盟，1959 年加入中国共产党，历任民盟大连市主任委员，省人大常委会委员，国家科委可燃矿物专业组及煤气化、液化专业组成员，国务院学位委员会工科评审组成员，中国煤炭加工利用协会顾问，中国煤炭学会委员，中国金属学会委员，《化工学报》编委等职务。从事煤炭化工的生产、教学和科研工作 50 余年，将毕生精力贡献于我国的煤化工事业，对煤的预热和快速分解进行了长期而深入的研究，为国家培养出数以千计的高级专业技术人才。

煤化工专家聂恒锐

一、教研相长，栽培桃李满园芬芳

聂恒锐在东北工学院（现东北大学）任化工系主任期间，创办了炼焦副产专业、液体燃料专业和油脂专业。1952 年 9 月，全国院系调整之际，聂教授调入大连工学院（现大连理工大学）任化工系主任，并成立了以炼焦、人造石油和煤气化为主的燃料化学工学专业。

1953 年，炼焦专业的学生在聂恒锐的指导下赴鞍钢化工总厂毕业实习，其间深入生产实际，提出二十余条合理化建议，仅粗苯工段的生产改进即可节约资金 118 万余元，为此受到厂方嘉奖，被授予锦旗，这成为当时大连工学院教育与生产结合、理论联系实际的一个先进典型。1955 年，聂教授与中国科学院大连化学物理研究所（原石油研究所）的煤炭研究室合作，指导室里的青年研究人员进行中国煤炭分类和煤岩学的研究，打下了煤化学研究的基础，培养了科研队伍。这个研究室后来发展为中国科学院山西煤炭化学研究所，当年的青年骨干也成为了煤化所的学术带头人。1956 年，响应党中央“大力开展科学研究，向科学进军”的号召，聂恒锐亲自带领教研室青年教师开展煤化工科学研究，并鼓励青年教师提出研究计划。1962 年，聂恒锐主编的《固体燃料化学》被认定为全国试用教材，同时被认定的还有其学生郭树才讲师主编的《炼焦工艺学》及《燃料化学工艺学（第一分册）》，燃料化工相关专业教材的编制出版为煤化工专业教学质量提供了保障。1956 年，经高等教育部批准，聂恒锐在煤化学专业开始招收研究生（当时名为副博士研究生），1985 年，国家批准在大连工学院建立了全国高校煤化工专业的第一个博士点，该博士点成为培养高级专业人才的重要基地。聂恒锐及在他领导下培养的数以千计的大学生、研究生，成为煤化工战线上的科技骨干力量。

二、心系国家，建言献策奋斗不止

聂恒锐作为我国煤化学研究的先驱，他毕生为我国煤炭资源的有效综合利用进行了坚持不懈的奋斗。20 世纪 50 年代，伴随着我国钢铁行业的快速发展，急需扩大炼焦用煤的煤种范围和提高焦炭质量。聂恒锐急国家之所需开展了高挥发分煤预热提高黏结性的研究。60 年代初，针对我国具有丰富的褐煤、泥煤和油页岩等低热值劣质煤的实际情况，开创了煤类快速热分解新领域的研究，完成了一系列劣质煤的试验，发表了具有理论意义和实用价值的学术论文。20 世纪 60 年代，我国石油化学工业蓬勃兴起，对煤化工专业形成冲击，在“石油热”的冲击下，60 年代末大连工学院的煤化工专业一度被取消，70 年代，世界范围出现石油危机，聂恒锐极力主张学校应恢复煤化工专业，并亲自向国务院领导上书建议，信中恳切地建议道：中国多煤少油，我们能源发展还是要以煤为主，要加强对煤的综合利用。1984 年，聂恒锐更是在《煤炭加工与综合利用》期刊上撰文《我国褐煤合理利用的设想》，强调对于低热值煤的合理利用，提高其热效率及经济效益，减少浪费，是极为迫切的研究课题；并在文中详细介绍了适合我国国情的褐煤合理利用方法即快速热分解法，结合中试试验数据及经济性分析证实了该方法的可行性。聂恒锐还积极参与国家科技政策的制定，并提供咨询，做了大量有益的工作。

然而他深爱的科研道路并不是一帆风顺的，面对身体和生活上的困难，他选择坦然面对，勇往直前。即便是离开了教育事业，离开了科研单位，聂恒锐仍心系祖国化工事业。

三、成果卓然，薪火相传生生不息

1978 年 9 月，聂恒锐回到了大连工学院的教学科研岗位上，复职后的他奋力工作，只争朝夕。1979 年初，煤化工专业得以重建，聂恒锐领导研究团队经过连续多年的深入研究，开发出两种煤快速热分解新工艺技术，即“褐煤和油页岩快速焦化气化新工艺”及“褐煤和油页岩固体热载体新法干馏”。在 1979 年 8 月召开的中国煤炭合理综合利用学术会议上，聂恒锐做了题为《褐煤快速焦化气化新工艺》的学术报告，被与会专家评价为“具有中国特色的新方法”。他以八十高龄深入舒兰煤矿现场进行中试指导，将中试试验数据发表在《煤炭转化》学术期刊上供同行借鉴参考。1984 年 10 月，“褐煤快速焦化气化新工艺中间试验”通过了煤炭部的技术鉴定，成果被评为技术先进、国内首创，在国际同类试验中属领先地位。在恢复教职的短短几年中，聂恒锐主持完成了大型科学实验 100 小时运转、舒兰褐煤快速焦化气化新工艺 300 小时运转等工作。他这种忘我的奉献精神，受到有关领导、专家和他所培养的学子们的敬重。

1986 年，大连工学院成立了煤化工研究设计所，由聂恒锐的学生郭树才接过接力棒出任所长，主要研究方向定位为褐煤和油页岩的快速热解、煤液化、超临界萃取等。其中煤和油页岩新法干馏开发研究，聂恒锐打下了基础，郭树才具体负责此项创新性研究。1987 年，由大连工学院煤化工研究所牵头提出的“平庄褐煤新法干馏工艺试验建设”项目被国家计委采纳，被列为当年国家重点工业试验项目；1992 年 8 月，“褐煤固体热载体快速热分解干馏技术”一次投煤产气成功；1994 年，项目通过煤炭部、国家教委主持的技术鉴定。鉴定评价认为，该技术与国外同类技术相比，具有新颖性和创造性，属于国内首创，为褐煤及油页岩的有效、合理、洁净利用开辟了一条新途径。此项科研成果获 1995 年国家教委科技进步三等奖。

聂恒锐是我国从事煤类快速热分解研究的第一人，至今，他所开创的这一研究方向仍在不断发展，新开展的煤制炭分子筛、煤制活性炭、热解半焦制水煤浆、热解焦油加氢、煤和油页岩与有机废弃物共热解、秸秆热解、甲烷部分氧化与煤热解集成技术等多项研究工作，均基于煤类快速热分解领域的相关研究。

四、一世师表，垂范后人

聂恒锐的一生体现了中国老一辈知识分子的高尚品德，作为一名共产党员，他对党的信念矢志不渝。1978 年，已是 75 岁高龄的聂恒锐回到工作岗位，在失去一条腿行动不便的情况下，依旧不辞辛劳、孜孜不倦地投身于教育科研中，往往活动一天后，装假肢的那条腿会疼得发红，但他凭着骨子里一股自强不息的韧劲，为煤化工的发展呕心沥血。作为一位老教育家、科学家，他对教育事业和国家科学技术事业甘为人梯，他坚持科技工作面向经济建设和理论联系实际的作风，给青年教师树立了良好的榜样。他是我国煤化工界有权威和影响力的专业学术活动家和组织者，不辞辛苦地为促进科学技术交流与协作而奔走。耄耋之年的聂恒锐亲自带领青年教师赴长沙、太原、昆明、兰州、长春、沈阳等地参加专业会议，尽心尽力出谋划策。聂恒锐教授经常鼓励学生“一定要搞出中国的煤化学”。

聂恒锐在教育教学和学科建设与科研开拓方面做出了卓越贡献，他以严谨的治学态度和无私奉献、艰苦奋斗的敬业精神践行着“海纳百川、自强不息、厚德笃学、知行合一”的大工传统和大工精神，激励着一代代化工人以聂恒锐教授为榜样，为科技进步、国家发展和人类社会进步努力奋斗，贡献自己的力量。

参考资料

[1] 杨春平，胡晓丽．大连理工大学七十年大事记：1949-2019[M]．大连：大连理工大学出版社，2020.

[2] 李杨，全燮．百卉含英：大连理工大学学部（院）发展史[M]．大连：大连理工大学出版社，2018.

[3] 张文瀚．甲子抒怀[M]．大连：大连理工大学出版社，2009.

[4] 聂恒锐．我国褐煤合理利用的设想[J]．煤炭加工与综合利用，1984(2):3-7.

[5] 郭树才，罗长齐，张代佳，等．褐煤固体热载体干馏新技术工业性试验[J]．大连理工大学学报，1995(1):46-50.

化工机械事业的驱动者

—— 我国化工工程标准化的开拓者，化工部设计院工程师李祉川

李祉川（1907—1995），广东中山人。先后任化工部设计院工程师，大连化工设计研究院总工程师，大连化工厂工程师、副总工程师、高级工程师。曾任政协辽宁省第四届、第五届委员会常委，大连市科学技术协会副主席等职。1929年上海交通大学机械系毕业后，先后在津浦铁路浦镇机厂、胶济铁路四方机厂实习机车修理及车辆制造。1932年，李祉川赴美国普渡大学研究生院学习制冷工程，并取得硕士学位。1934年8月回国，赴天津塘沽永利化学工业公司碱厂从事设备改进工作。

化工机械驱动者李祉川

一、开创我国化工工程标准化先例

在天津塘沽永利化学工业公司碱厂工作期间，李祉川首先设计并安装了锅炉的连续排污及余热回收装置。该装置投入运转后，操作平稳，极大减轻了工人的劳动强度，优化了操作环境，且取得了良好的经济效益，受到厂方好评。1935年，李祉川借调到南京永利錏厂（硫酸铵厂），负责设备采购和工程配套设计。由于设备来自世界各国，所用工程标准不统一，安装、检修、配件的储存管理也不规范，导致工作效率极低。为了扭转这种局面，李祉川在厂长侯德榜的领导下，制定了与国外设计相配合的、全厂统一的工程标准体系；上至电机、仪表、开关，下至阀门、管线、螺丝、电线等均按要求规格列成清单，统一采购标准，这种规范化操作，为生产检修创造了良好的条件，这一工程体系的建立开创了我国化工工程标准化的先例。

1936年底，南京永利錏厂基建工程告一段落，李祉川返回塘沽永利碱厂，接任技师长。时值卢沟桥事变爆发，塘沽沦陷。李祉川受命负责整理碱厂设计

图纸及资料，以便到后方兴建新厂。他多次往返于天津市区与塘沽，校核实物尺寸、结构及设备布局。历时 4 个月，整理出一套完整的纯碱厂竣工图纸资料。1938 年 12 月，李祉川同李又新到纽约参与新法制碱（后称侯氏碱法，再后称联合制碱）的试验并着手设计永利川厂的碱厂。1940 年夏，李祉川回国参加永利川厂建设，任设计部长。他们因陋就简建起了吕布兰法纯碱厂、炼焦厂、炼油厂、机械加工厂、侯氏碱法试验厂等厂房及设备，并建起了配套的发电厂以及碱厂和合成氨厂的主要厂房，为发展华西化工做出了贡献。1946 年李祉川携塘沽永利碱厂整套竣工图纸赴纽约永利办事处，着手为公司战后十大化工厂设计建设规划、采购设备和培训人员，在美期间，李祉川以身作则，紧抓全组技术人员的培训和管理，组织大家充分利用下厂验收设备等一切机会努力学习新技术，搜集资料，武装自己，随时准备报效祖国。

新中国成立后，1951 年李祉川辗转回到北京。首先将永利碱厂的全套图纸完璧送回塘沽，当时的永利公司碱厂和铔厂百业待兴，他随即开始了十大化工厂中四川化工厂和太原化工厂的设计工作。1953 年，李祉川调到中央重工业部化工局设计公司（后改组为化工部化工设计院）任设计总负责人，会同大连碱厂和永利碱厂的技术负责人，共同组织两厂的技术改造与扩建工程的设计与施工。这两项工程完工后，1957 年，两厂产能显著提高。

二、脚踏实地实现工程工艺技术革新

1957 年夏，化工部决定在大连建设年产 35 万吨联合制碱生产装置，派李祉川率设计组到大连现场设计，任设计组组长及工程技术组副组长，全面主持设计、科研及施工技术工作。1958 年成立大连化工设计研究院，李祉川先后任副总工程师、总工程师。此前，大连化学厂在侯德榜指导下，沿用了“侯氏碱法”技术，曾一度开展了实验室补充试验和日产 10 吨规模的中试试验，使工艺技术和设备选型等都有很多新的进展和变化，其中包括李祉川提出和设计的内热式蒸汽煅烧炉等新型设备。

煅烧炉是纯碱生产过程的关键设备之一，是碱厂中对技术和材质要求较高的设备。在纯碱生产中，经过化学反应、结晶、过滤得到的碳酸氢钠（俗称重碱），必须在煅烧炉内通过高温分解才能得到目标产物碳酸钠（即纯碱），过程中需要及时排出生成的副产物二氧化碳和水，以及夹带的水分和氨气，并使二氧化碳和氨能够回收利用。李祉川收集了煅烧炉的相关资料，希望取代当时落后的外热式回转煅烧炉。侯德榜对此十分支持，决定在联合制碱大生产装置中应用，并请李祉川亲自设计、指导试制了试验炉，在中试车间进行试验。

1962年，一条年产16万吨的联合制碱生产线建成了。在试生产过程中，总会遇到各种技术问题，如大型煅烧炉的炉头填料和出碱口的密封问题、不凝气的排放问题、大托轮的调整问题等技术难题，李祉川同技术人员和工人一起倒班，共同研究解决碰到的问题。在他们的不懈努力下，这条生产线经过2年多的试生产，实现了连续长运转，产出的产品质量、产量和经济指标均符合要求。1964年10月，国家科委在大连召开技术鉴定会，通过了联合制碱法和蒸汽煅烧炉的技术鉴定。从此，联合制碱法逐渐成为我国纯碱和氮肥生产的主要方法之一。蒸汽煅烧炉则取代了外热式煅烧炉，使单机原料处理能力提高2倍以上，有效提高了热效率，改善了操作环境。

80年代以来，年逾古稀的李祉川已难在一线奔波，但其勤奋之志不减。工作之余，犹积极著述，先后主编了600万字的《化工厂机械手册》和150万字的《纯碱工学》，主持翻译了《美国化工厂机械手册》，继续为促进中国化工机械与纯碱工业的发展出力。李祉川非常关心教育事业，90年代初曾拿出多年工资和稿酬积蓄，设立“梅韵教育基金”，以鼓励三好学生和优秀教师。1995年1月17日李祉川在大连病逝，临终前留下遗言：将积攒的2.9万元捐赠给教育事业。

李祉川爱好学习，知识广博，工作勤奋，细致严谨，自奉廉洁，生活俭朴，待人谦诚宽厚，忠诚为人民服务，不遗余力。他的高尚品德和对祖国建设事业的贡献，受到群众的尊敬和爱戴。1987年，李祉川获中国化工学会授予“从事化工工作50年，为科技发展作出积极贡献”的荣誉证书；1990年，享受国务院为表彰有突出贡献专家的特殊津贴，并被化学工业部命名为“对化工事业作出突出贡献的老专家”。

我国自古就有尊崇和弘扬工匠精神的优良传统。李祉川用自己的实际行动，践行了勇于创新、追求卓越的工匠精神，通过带头技术攻坚，实现了一项项工艺革新，为国家强盛、民族复兴做出了贡献。

参考资料

[1] 陈歆文. 为化工事业做出突出贡献的老专家——李祉川[J]. 纯碱工业，1994(6):51-54.
[2] 陈歆文. 我国化工机械事业的驱动者——李祉川[J]. 化工管理，2013(5):58-61.

工业结晶领域的奠基人

—— 化学工程学家，教育家　丁绪淮

丁绪淮（1907—1990），四川淮口人，化学工程学家、教育家。1920～1927年就读于清华学校的留美预备部，毕业后留学美国密歇根大学并获科学博士学位。回国后先后任北洋工学院、重庆大学、浙江大学、南开大学，以及天津大学化工系教授。任教期间一直从事化工原理及化学工程的教学和科研工作，编写了我国第一本化工原理课程全国统编教材《化学工业过程及设备》，为国家培养出一大批化工建设人才。

化学工程学家丁绪淮

一、几十年磨一剑，专注终获成功

1927年，丁绪淮以优异的成绩考入了美国密歇根大学，学习化学工程专业。短短四年时间，丁绪淮即获得了工程学士、硕士和博士学位。回国后，丁绪淮投身大学教育事业，最终在1952年回到了已经并入天津大学的原北洋工学院，担任化学工程系教授，后出任天津大学化工原理教研室主任。50余年以来，丁绪淮一直从事化学工程专业教学与科研工作。

20世纪30年代，丁绪淮着手研究七水合硫酸镁水溶液的结晶过程，通过添加晶种、考察搅拌条件，使溶液冷却结晶，并对溶液过饱和度和晶体形成过程进行了系统考察，发现了晶种的生长与新晶核的生成（亦称自身核化）两种过程平行进行，且核化时溶液的过饱和度并非固定不变，而是受晶种质量、粒度、溶液冷却速率和搅拌强度等许多因素的影响。硫酸镁水溶液结晶过程的研究修正了英国科学家Miers及其团队关于晶种生长及成核机理的论点，即如果溶液易于过饱和，则有一条所谓超饱和曲线存在，该线与普通溶解度曲线大致平行，且位置固定不变。而丁绪淮的研究成果表明：不能将超溶解度曲线看成一条位置固定不变的线，而应看作是一组超溶解度曲线，或一条超溶解度带。丁绪淮

将该项研究工作撰写成了两篇学术论文，1934 年先后发表到美国化学学会出版的《工业与工程化学研究》上，也就是目前被誉为化学工程三大期刊之一的“Industrial & Engineering Chemistry Research” 期刊上。丁教授还提出了晶粒之间的相互碰撞、晶粒与搅拌桨叶以及器壁之间的碰撞会大大影响其自身成核（亦称接触成核）过程，从而影响最终产品粒度分布这一重要结论。结合实验数据及理论分析，丁绪淮提出了常温下硫酸镁的溶解度曲线及对应的方程式，修正了多年来沿用的基础数据。在结晶领域，丁绪淮是最早开展工业结晶研究的科学家，也是该研究领域的奠基人之一。

二、通过技术改进解决科学问题

“结晶”在相当一段时间内并不被视为一个“学科”，而是一个工艺过程，因此很多研究工作仅停留在经验操作上，因此不可避免地具有局限性，不能具备通用的指导意义。丁绪淮教授总结并发现了无机物的结晶过程在不同条件下各有确定的超溶解度曲线，从而明确了结晶的有效操作区间，即介于超溶解度曲线与平衡溶解度曲线之间的区域。根据他的理论指导，在制定适合的过保护度后，可以有效避免“初级成核”现象的发生，及避免在结晶初期产生大量亚微米级的晶核而导致不能得到符合粒度及纯度要求的晶体产品。对于观测晶核成核及生长的检测手段，过去只能靠目测，或辅之以放大镜或显微镜，观测结果不可避免地带有主观性，难以避免误差。20 世纪中叶，国内出现激光器，丁绪淮立即指导他的学生利用氦氖激光器、光电变换器测量晶核的成核过程，测量精度可提高百分之四十。也正是此套仪器的发明和使用，为超溶解度曲线的测定提供了更精准的手段。

在丁绪淮教授的努力下，结晶器的结构参数（包括结晶器是否有导流筒、导流筒直径与器身直径比、结晶器底的形状是否呈“W”形、桨叶的转数等）、操作参数（包括溶液的蒸发速率或冷却速率等）都与溶液的超溶解度曲线关联起来，成为结晶操作成功的保证，也为优化结晶器结构设计提供了全面的实验数据。随着研究手段的进步，研究内容也在不断深入，例如利用激光多普勒仪研究不同尺寸的结晶器的流场，解决结晶器的放大准则问题，都体现了丁绪淮研究成果的延伸性。

三、硕果累累泽被后人

丁绪淮的基础研究成果使结晶过程的条件控制有规律可循，极大促进和影响了我国化工产业的发展，创造了不可估量的社会经济效益。这一系列科研成果，使他被公认为是最早开展工业结晶研究的科学家和该领域的奠基人之一。除了上述两篇论文外，丁绪淮先生后来还发表了多篇具有重要学术价值的论文，发表在国内各权威化工期刊上，并出版了《液体搅拌》（化学工业出版社，1983）和《工业结晶》（化学工业出版社，1985）两本学术专著。正是因为丁先生的努力，使得我国化工结晶无论从理论到技术都不输于欧美国家，而从同期我国高校能够提供的有限的实验条件来看，这种拼搏及严谨的工匠精神让人敬佩。

丁绪淮一生治学严谨，著作勤奋。他总是跟踪化工学科的世界前沿，编写新教材，开出新课程。50 年代中期他同张洪沅、顾毓珍共同编写， 并由他最终校定的《化学工业过程及设备》是中国第一本关于化工原理课程的全国统编教材，为中国化工院校普遍采用。丁绪淮长期从事化工原理的教学工作，执教期间积累了大量宝贵经验。他一直关心青年教师和学生的成长，以自己的知识和言行教育和鼓励着下一代。为了鼓励青年学生发奋学习、攀登科学高峰，1987 年他将自己几十年勤俭积蓄下来的 1.6 万元捐赠设立了“丁绪淮化学工程奖学金”。

身正为师，德高为范，丁绪淮以自己的言行树立起一种信念，即“只有脚踏实地地在科学道路上登攀，才能做出对国家对人民有益的贡献”，这个信念也始终鼓舞着他所教导过的后生。

参考资料

王绍亭．记我国著名的化学工程专家——丁绪淮教授[J]．化工进展．1988(5):46-47.

化学工程泰斗

—— 化学工程学家，教育家　苏元复

化学工程学家苏元复

苏元复（1910—1991），浙江海宁人。化学工程学家、教育家，中国化学工程学科的奠基人之一。1980 年当选为中国科学院学部委员（院士）。1933 年毕业于浙江大学化学工程系，曾在天津南开大学应用化学研究所工作。1937 年获曼彻斯特大学工学院硕士学位，1938 年回国。新中国成立后，作为上海华东化工学院（现华东理工大学）主要筹建人之一，曾任华东化工学院教授、副教务长、副院长，化学工程研究所所长及院顾问，《中国大百科全书》化工卷编委会副主任，《化工学报》主编，中国化工学会副理事长等职，是第三届全国人大代表和第五届全国政协委员。

一、心怀报国志

苏元复自幼受父母管教甚严。1929 年夏，他以优异的成绩保送至东吴大学（现苏州大学），大一即两次荣获成绩优秀荣誉奖。后转学到浙江大学，大三在上海天原化工厂实习时，即通过测定多效蒸发器数据，分析了设备的实际生产能力，并将研究结果发表在浙江大学学报上。1935 年在英国曼彻斯特大学攻读硕士学位期间，苏元复便下定决心，学成即归国报效祖国。1937 年苏元复完成了题为《人造纤维中微晶体排列》的论文，获硕士学位。

1938 年 9 月，他毅然回国，时任四川泸州兵工厂工程师，利用所学的化学知识，为抗战做出了贡献。1941 年，他到暂迁遵义的浙江大学任教授、研究生导师，建成了当时国内唯一的化学工程实验室。在华东化工学院任职期间，在国内首创化学工程专业及其研究机构，率先创建了化学工程专业。1956 年起，曾三次参与全国科学技术远景规划的制定，为我国化学工业发展做出了不懈的努力。

二、实践出真知

苏元复教授在从事教学的同时，坚持科学研究，并在科研方面取得了令人瞩目的成就，尤其在液-液萃取领域里做出卓越的贡献。1963 年，苏元复等人用 4 种体系测定了有机液滴在水中自由沉降时的溶质传递速率，建立了纯液滴和污染液滴的传质模型，之后领导研究了界面湍动现象及其对液滴传质速率的影响。

1980 年，苏元复将传质的理论研究扩展到萃取塔。1983 年，他和章寿华首次提出了在萃取塔中，既考虑液滴的前混，又考虑返混的复合模型；此外，他还发现在转盘萃取塔的操作转速范围内存在着一个过渡区域，并提出了符合该区域特征速度的计算公式，修正了沿用 20 余年的仅有一个临界转速的概念。基于这些基础研究，苏元复紧密结合实际应用，对转盘塔进行改进，采用加丝网、在转盘下加叶片等措施，首创了两种新型的高效萃取塔。苏元复的这些研究成果，被国内外同行学者广为引用，并被编入有关专著。

三、从国家需求出发开展科学研究

苏元复不仅注重理论研究，而且始终结合国家需要开展研究工作。20 世纪 50 年代后期，他敏锐地把握到化学工业的发展趋势，针对国内现状，提出了化工开发应特别注意资源的综合利用，并提出了如何节约能源和保护环境的具体建议，充分体现了科学家的远见卓识及对国家资源的珍惜爱护。他领导开发了独居石、硼镁矿、磷矿等综合利用的新工艺。60 年代初，根据当时国家的发展需求，苏元复率先将脉冲塔引入到从稀土溶液中分离铀和钍的工艺中，这项研究为分离铀、钍、稀土元素开辟了新途径，更重要的是为我国核工业的发展做出了不可磨灭的贡献，上海跃龙化工厂正是依据该成果建成了铀、钍车间。80 年代初，苏元复重拾资源综合利用 50 年代末由他提出的研究方向，开发了硼镁矿的综合利用。不但制得了硼酸和硼砂，还将副产物氯化镁回收利用，制成镁质胶凝材料集装箱，从而为氯化镁找到了新的用途。在复合化肥的生产工艺优化上，他别具一格地采用制硝酸盐的硝酸，先用来分解磷矿石，将萃取磷矿石制磷酸后的萃余液与碳酸铵混合，通过复分解反应制得硝酸铵。苏元复还使用青海湖光卤石为原料，采用液-液-固复分解反应，制备高效磷钾复合肥，为磷钾资源的合理利用开辟了新途径和新思路。他所开发的新工艺，对农业化肥的生产及冶金工业的元素分离有创造性的突破，为从事资源综合利用研究的科研人员提供了宝贵的经验。

苏元复教授是我国化工界享有盛名的前辈，是卓有成就的著名化学工程专家和教育家，在他五十余载科研和教学工作生涯中，始终谦虚谨慎、脚踏实地、夜以继日地勤奋工作着，为培养化工良才和国家的化学工业贡献出丰硕的成果。苏元复先生是中国化学工程学科重要的奠基者之一，他十分强调知行合一、学以致用、理论联系实践。苏元复教授的教学和科研的丰硕成果，为祖国和人民创造了巨大的财富，可他自己却一生淡泊，将自己的知识和热情都无私地奉献给祖国的社会主义事业。

参考资料

[1] 孙先良, 章韬, 郑斯雄. 著名化工专家化工教育家——苏元复[J]. 化学工程师, 1991(3):2-3+22.
[2] 霜木．化学工程专家、教育家苏元复[J]．今日浙江，2004(9):45.

化学工程学的创导者和开拓者

—— 化学工程学家，教育家 时钧

化学工程学家时钧

时钧（1912—2005），江苏省常熟人，我国著名化学工程学家、教育家，中国科学院院士。1934 年毕业于清华大学化学系，考取清华大学第二届公费留学生。1935 年前往美国学习。1936 年获得缅因大学工学硕士学位。随后，赴麻省理工学院专攻化学工程。“七七”事变后，他毅然回国从事化工高等教育工作，在化工热力学、分离技术等领域取得了重要的研究成果。20 世纪 50 年代创建了中国高等学校硅酸盐（水泥）专业，从事过低温煅烧矾土水泥研究。60 年代致力于湍流塔、填料塔、填料特性和干燥技术的研究。80 年代后，以化工热力学及无机膜技术为主要研究领域。主编了《传质》《膜技术》等学术专著。时钧院士长期从事教学工作，培养了一批杰出的科学技术人才，为我国化工教育事业做出了重要贡献。

一、严谨治学，广受爱戴

1938 年，时钧婉言谢绝了麻省理工学院化工系主任怀德曼（Whitman）教授的盛情挽留，回到祖国。回国后，先后在中央工专、中央大学、重庆大学、兵工大学及动力油料厂研究生班任教，主讲了“物理化学”“化工原理”“化工计算”“工业化学”“化工经济”“化工热力学”等多门课程。1946 年，时钧在南京出任中央大学教授、化工系系主任，同时兼任了重庆大学化工系教授和系主任。时钧知识基础深厚，在授课时旁征博引，又因条理分明、深入浅出的授课风格，深受学生的敬重与爱戴。他的弟子、已故中国科学院院士陈家镛仍记得，1942 年，时先生在国立中央大学（现南京大学、东南大学等十余所高校的前身）化工系任教时，讲的第一课就是化工原理。学生们见这位教师年轻，课又讲得好，就给时先生“Baby Professor（娃娃教授）”的美誉，他在学生中的受欢迎程度可见一斑。中国科学院院士张存浩也是时先生的学生。他说时先生的课“犹如贝多芬第九交响曲，主题不断出现。我干了很多行，但时先生教给我的是普遍规律，不管干什么，都能起到主旋律的作用，让我终身受益”。

1952 年，恰逢高等院校调整时期，时钧任南京工学院（现东南大学）化工系教授、系主任，同时受命创建我国第一个硅酸盐专业，培养出了我国第一批水泥专业的大学本科毕业生和研究生。时钧是我国水泥专业、化学工程专业的创始人和开拓者，他对我国吸收、干燥技术、膜分离技术和化工热力学等领域的研究有着重要的贡献。

1956 年秋，时钧与汪德熙、汪家鼎等教授联名上书高教部，建议在化工系设立化学工程专业。1957 年初，收到高教部同意试办的批复。同年，高教部在北京召开会议，制定化学工程专业教学计划，由时钧任组长。同年暑假，天津大学和华东化工学院开始招收化学工程专业学生。

1979 年，66 岁的时钧受命重组南京化工学院化学工程系，为本科生、研究生讲授“化工原理”“单元操作选论”“化工热力学”等课程及化工专题讲座。他在化工热力学、流体相平衡、基础物性测定、分子模拟及传递分离等领域硕果累累。主持完成了《化学工程手册》（第二版）及《中国大百科全书·化工卷》的编撰工作。

时钧还十分注意科学技术的新发展、新动向，积极支持将计算机科学和分子热力学新进展应用于化学工程领域，这在现在看来是十分具有远见卓识的举动。他也密切关注，时刻发掘有发展前景的高新技术，并把这些技术作为和学生们一起研究的重要课题。“科学技术是第一生产力”的思想在他头脑中根深蒂固，他在出国访问或参加国际学术会议时，总要寻找各种机会与国外同行切磋交流，了解国际化学工程的发展状况。在他组织和带领下，形成了一支以青年硕士、博士为主的朝气蓬勃的教学科研梯队，这个团队不仅仅在教学领域培养了大批专业技术人才，还在化工科研的前沿领域取得了多项研究成果。

二、为国为民，执着坚守信仰

时钧先生始终坚守着为国为民的人生追求。1956 年初，他就向党组织递交了入党申请书，并将对党的忠诚和对事业的追求作为自己的终生使命。2001 年 2 月 16 日下午，90 岁高龄的时先生如愿加入了中国共产党。在入党仪式上，时先生激动地说：“有生之年，能够实现入党的夙愿，是我最幸福的事情。”

时钧淡泊名利，崇尚科学，追求真理，严谨治学，以 90 岁高龄加入中国共产党，捐资设立了“时钧奖学金”。时先生甘为人梯，扶持后学。六十多年来，他在化工高等教育辛勤耕耘，弟子遍布世界各地，有些已是蜚声中外的专家、学者，其中两院院士 16 位，在化工、炼油、冶金、建材、机械、医药等领域做出了卓越的贡献。

参考资料

[1] 王莎莎. 我国化工教育事业的长青树——时钧院士[J]. 科学中国人，1999(12):5-6.
[2] 褚馨. 我国化工教育的一代宗师——时钧[J]. 化工管理，2013(9):60-63.
[3] 陈家镛. 永远怀念时钧老师[J]. 化工学报，2006(8):1732.
[4] 欧阳平凯. 大师仙逝 风范永存 深切缅怀化工教育界一代宗师——时钧院士[J]. 化工学报，2006(8):17.

中国核化学化工奠基人

—— 核化学化工专家　汪德熙

核化学化工专家汪德熙

汪德熙（1913—2006），江苏灌云人，著名核化学化工专家，中国科学院学部委员（院士）。主要从事高分子化学和核化工的研究。1935 年毕业于清华大学，1938 年任西南联大助教，1940 年赴美公费留学，在麻省理工学院化工系攻读学位，1946 年获得博士学位。1947 年任天津南开大学化工系教授，1952 年任天津大学化工系主任，1956 年加入中国共产党，1960 年选调到原二机部担任原子能研究所副所长，1983 年担任中国原子能科学研究院第一任科技委主任，1985 年创办核工业研究生部并担任第一任主任。1988—1992 年，任国际放射性废物管理顾问委员会委员，1990 年当选为中国核学会第三届理事长，长期担任《核化学与放射化学》主编和《核科学与工程》常务副主编、核工业部科技委常委、核工业总公司及中国核工业集团公司科技委高级顾问。汪德熙先生一生为我国的核化工事业的发展做出了卓越的贡献。

一、志在祖国，积极求索

1913 年，汪德熙出生于北京，生逢乱世，却胸怀报国之志。当时，肥皂被称作“洋皂”，因为中国没有能力自己生产，只能靠进口。汪德熙立志要改变这种状况，他想靠化工和实业来救国。中学毕业时，由于对化学学科的浓厚兴趣，汪德熙报考了清华大学化学系，1935 年以优异的成绩考取了清华大学研究生，并选择了比较难的工业化学研究课题。“七七”事变后，汪德熙的研究工作被迫中断。1938 年 7 月至 10 月曾在八路军冀中军区供给部从事炸药研制工作，随后在导师张大煜的推荐下报考清华赴美公费留学考试，并于 1941 年进入麻省理工学院攻读化工博士学位。获得博士学位后，他毅然决定回国，怀着报效祖国的赤子之心，赴南开大学化工系任教。但是由于当时社会环境限制，汪德熙空有一腔抱负，却有力使不出。直至全国解放，教育事业得到重视，汪德熙欣喜万分："在新中国，我感到有使不完的劲，感到真有干头。"1952 年全国院系调整，汪德熙调入天津大学担任化工系主任。汪德熙夜以继日地工作，终于做出了创新性的成果，他以邻苯三酚和糠醛为原料聚合制备了热固性塑料和不饱和聚酯，这类高分子材料被用来制备玻璃钢小汽车壳体，是国际上首创的研究工作，美国化学文摘还登出了这篇论文的摘要，引起了国内外研究同行的关注。

二、心系国防安全，主持技术攻关

1960 年隆冬，他接到了被调到第二机械工业部工作的调令，并接受了原子能研究所副所长的任命，负责化学方面的工作。从此，高分子化学家汪德熙开始投入核化工研究。在我国原子能事业发展初期，汪德熙领导和组织了核武器引爆装置点火中子源的研制任务以及多次核试验爆炸当量放化测定的任务，及时准确地提供了测量数据。1964 年，汪德熙负责军用钚的生产工艺路线设计任务。当时传统的生产工艺是沉淀法，他调研了十余家工厂和科研单位，重点了解铀水冶和钍水冶的乳化问题、溶剂问题和萃取设备问题。随后组织了技术攻关突击队，仅用四个月时间就完成了试验，用实践证明了萃取法的可行性。根据调查及预研，决定军用钚的正式生产改用萃取法。1968 年，萃取法中间工厂一次投产成功，给以后有关的核试验提供了核裂变性能更好的核燃料。萃取法的成功，使核燃料后处理工厂节省投资数亿元，并使我国核燃料后处理工艺大大向前跨进了一步，对增强我国国防力量起到了重要作用，由此荣获了 1978 年全国科学大会重大科技成果奖。

三、不遗余力，培育人才

汪德熙一向关心和重视青年科技人员的成长。在原子能研究所担任副所长期间，他曾在所里设立的英语班创办初期教授过英语口语，受到青年科技人员的欢迎。1980 年初，他就建议部里尽快设立培养基地，培养核工业所需的高级研究人才。在他的积极促进下，1985 年在中国原子能科学研究院成立了核工业研究生部，他亲力亲为，到处奔波，从设备到教师，从体制到教材，都一一落实。他还不顾年迈，自编化工热力学教材，在 1986、1987 和 1988 三个学年，他以 70 多岁高龄登上讲台授课，广受学生尊敬。当同事们劝说他注意身体时，他却说："这没有什么，我爱接触青年学生，他们是我国科学的未来，我老了，但有责任为青年铺好路，好让他们早日起飞。”

自 1960 年临危受命投身核化工事业后，汪德熙院士在这个领域一干就是几十年，在中国核燃料生产、核电建设、动力堆辐照核燃料后处理以及放射性废物管理等重大事件的决策中发挥了重要作用。他领导和组织了核燃料后处理萃取工艺、核试验用钋-210 及其各种放射源的研制、原子弹引爆装置的制备、核试验当量的燃耗测定、氚的提取生产工艺、核工业产品中的铀和钚及杂质的分析鉴定方法的研究等一系列重点国防科技项目，为我国社会主义建设、核化工事业做出了巨大的贡献。

许身报国，初心如磐。汪德熙是一位德高望重、卓有成就的科学家，为中国化工事业和原子能事业发展呕心沥血，数十年如一日，将自己的一生毫无保留地奉献给了国家，为中国核化学化工事业奠定厚重基础。

参考资料

[1] 深切缅怀汪德熙院士——汪德熙院士生平简介[J]. 核化学与放射化学，2006,28(3):1.

[2] 张廷亮. “汪氏三兄弟”与中国现代科学发展[J]. 徐州师范大学学报（哲学社会科学版），2010,36(6):13-18.

[3] 钱道元. 中国核化学化工事业奠基人——汪德熙[J]. 化工管理，2013(21):58-63.

石油化工科技和教育事业的开拓者

—— 石油化工专家，化学工程学家，教育家　武迟

石油化工专家武迟

武迟（1914—1988），石油化工专家，化学工程学家，教育家，中国科学院学部委员（院士）。生于浙江杭州，曾任清华大学等高校教授，历任石油工业部副总工程师，石油化工科学研究院副院长、总工程师。在清华大学任教期间，参与创建了清华大学石油工程系和北京石油学院。他长期在石油和石化部门做技术领导工作，指挥过诸多炼油和石油化工科技攻关会战，指导研究开发出多项新技术和新产品，为我国初期的石化教育和石化科技做出了开拓性贡献。

一、创立石油炼制专业，培养专业人才

武迟于 1936 年从清华大学化学系毕业后，分配到中央研究院化学研究所任助理研究员，后赴麻省理工学院化工系继续攻读并于 1939 年获硕士学位。新中国成立后，为学习更多的生产实践知识，他参加了化工实践学校，而后在纽约世界贸易公司和福斯特惠勒公司担任工程师。期间，他受到我国著名化学家侯德榜的赏识，留在身边工作，还加入了工程师学会。在该地，他与钱学森等一起编辑会刊。武迟积极提升自己的理论知识和实践经验，这为他日后回国奠定了扎实的基础。

新中国成立的消息极大地振奋了武迟报国的激情。1950 年，他将自己多年积累的实践经验和大量文献资料进行了整理，与施铨元合作编写了数十万字的教材《基础化学工业技术》。同年，他放弃优越的生活条件和高薪的职务，回到了祖国的怀抱，出任清华大学化工系教授，他将全部精力和热情投入到科研

和教学工作中，并参与创建了清华大学石油系，与同事侯祥麟一起创立了石油炼制专业，开设了炼油工程等课程。在从事教学工作期间，他十分注重理论与实践相结合，主持建设了实验室，开设了实验课。他指导几位师生共同开展了催化裂化人造硅酸铝催化剂的研制及催化活性评价试验，所撰写的相关研究报告被认为是当时国内开创性的研究成果。

二、参与科研攻关，解决技术问题

从 20 世纪 50 年代后期起，武迟参加了炼油新工艺铂重整、加氢精制、延迟焦化及一些添加剂放大的技术发展领导工作，为我国在六十年代实现“五朵金花”和石油产品立足国内做出了重大贡献。1965～1967 年，在顺丁橡胶会战中，他担任石油六厂会战副指挥。这套处理量为 1000 吨/年的半工业装置为我国自行研制建设，其中包括的氧化脱氢制取丁二烯工艺单元，国际上尚未有工业化案例，技术难度很大。武迟力排干扰，克服了许多困难，解决了许多技术难题。1966 年 9 月，合成顺丁橡胶实现工业化生产，填补了我国工业的空白，成为我国石油工业走自己道路的成功范例，被大家自豪地称为“争气胶”。1972 年，武迟任石油化工科学研究院副院长兼总工程师，负责全国石油、化工科技规划和开发工作，他仍然积极投身科学攻关的一线，指导了许多炼油方面的重大科研项目，他领导的丁二烯单体和顺丁橡胶生产技术会战，使聚合釜的运转周期达到 200 多天，进入国际先进行列，所生产的顺丁橡胶产品行销国内外，相关科研成果于 1986 年获得国家首届科技进步奖的特等奖。他指导的分子筛提升管催化裂化工艺和催化重整催化剂，至今仍然在一些企业中应用。

1973 年，燃化部组织石油化工科学研究院等单位联合进行多金属重整催化剂开发会战，武迟任副指挥。他查阅了大量文献资料，从催化剂元素筛选、实验室制备、评价、中试，一直到工业放大和应用，他都一抓到底，每一步骤都提出权威性的意见，并严格把关，终于开发出一种新型的铂、铱、铝、铈多金属重整催化剂。该催化剂在催化重整生产中成功实现工业应用，芳烃产率超过了 53.88%的设计值。此项成果获得了 1978 年全国科学大会奖。

几十年来，武迟将自己的全部精力投入到了发展石油化工及炼油工艺的科学研究工作上，他不仅是石油炼制和石油化工专家，还是炼油生产技术和石油化工科学技术研究的实践家，同时是一位出色的教育家，为我国初期的石油化工科技和教育事业做出了开拓性贡献。

“我躯虽衰志未衰，愿继前贤迎盛时。”晚年武迟虽然重病缠身，即便躺在病床上，他仍逐字逐句地修改研究生论文，仍关心国产重整催化剂的开工情况，真正做到了鞠躬尽瘁，死而后已，为人民的事业奋斗到生命的最后一刻。

参考资料

[1] 陈贵信．忘我多谋高格标——记著名石油化工专家武迟[J]．软件工程师，1997(3): 33-34.
[2] 陈贵信．中国石化科技和教育事业的开拓者——武迟[J]．中国科技史料，1995(2): 53-61.
[3] 王君钰，金翔．催化化学及化学工程专家武迟[J]．化学工程师，1989(1): 2-3.
[4] 王君钰，中国石化科技和教育事业的开拓者——武迟．清华校友网，2018-04-11. https://www.tsinghua.org.cn/info/1951/20381.htm

百年奋斗路，报国赤子心

—— 化学工程专家，精馏分离技术学科创始人，化工分离工程科学开创者　余国琮

余国琮（1922—2022），广东广州人，我国精馏分离学科创始人、现代工业精馏技术的先行者、化工分离工程科学的开拓者，中国科学院院士。长期从事化工分离科学与工程研究，在精馏技术基础研究、成果转化和产业化领域做了大量系统性、开创性的工作。我国首批博士生导师，先后培养了博士生、硕士生近百人，为我国化工学科培养了大批专业人才。曾获全国科学大会奖、国家科技进步奖、何梁何利基金科学与技术进步奖、国家级教学成果一等奖等奖项，并荣获全国五一劳动奖章和全国优秀科研工作者、天津市特等劳动模范等荣誉称号。

化学工程专家余国琮

一、成果转化结硕果

1943 年，余国琮毕业于西南联合大学化工系，1945 年起先后在美国密歇根大学、匹兹堡大学攻读硕士、博士学位，毕业后曾在匹兹堡大学短暂任教。1950 年余国琮冲破封锁回国，应北方交通大学校长茅以升的邀请，赴该校唐山工学院化工系工作。1952 年夏，唐山工学院化工系经院系调整并入天津大学，余国琮随之调任到天津大学化工系工作，历任天津大学化工机械教研室主任，化工系、机械系副主任，化学工程研究所所长、名誉所长，天津大学化工学院名誉院长，精馏技术国家工程研究中心技术委员会主任。1991 年当选为中国科学院院士。

“争一口气”，是贯穿余国琮一生的信念。20 世纪 50 年代，我国炼油工业处于起步阶段，而精馏技术不仅是包括炼油在内的几乎所有大型化工过程的通用技术，更是生产核工业所需重水的关键技术。然而，这关乎国家经济和安全

命脉的核心技术，却不掌握在中国人自己手中。余国琮清楚地知道，精馏技术对于我国化工产业和国防工业的极端重要性：来到天津大学两年后，他就建立了我国第一套大型塔板实验装置。

1958 年，我国第一个原子反应堆投入运行，需要重水做减速剂，余国琮开始攻克重水分离的难关。1959 年 5 月 28 日，周恩来总理来到天津大学视察，特地参观了余国琮分离重水的实验室，对重水研究寄予厚望。他紧握余国琮的手说："我听说你们在重水研究方面很有成绩，我等着你们的消息。现在有人想卡我们的脖子，为了祖国的荣誉，我们一定要生产出自己的重水，要争一口气!"重水在水中的浓度仅为 0.014%，余国琮带领的科研团队，为提取纯度 99.9%的重水提供了关键设计。

1961 年，我国重水生产进入了攻关阶段，国家科学委员会负责，在全国组织了重水生产攻关小组，余国琮是主要技术负责人之一。由他领导的天津大学重水科研被列为国家科委重点攻关项目。科研之余，余国琮还肩负起了培养重水分离相关科研人才的任务。他在天津大学创办了我国第一个稳定同位素分离技术专业班，亲自编写教材并讲授，从技术和人才上为我国重水研究和生产奠定了基础。他首次提出了浓缩重水的"两塔法"，该技术作为我国唯一的重水自主生产技术被沿用至今，为实现我国重水的完全自给和"两弹一星"的突破做出了重要贡献。

此外，余国琮在界面传质动力学、传递理论、过程模拟放大理论等领域成绩卓然，是我国化学工程学科的奠基人之一。他在面向国家重大需求的精馏分离技术研究领域长期潜心研究，取得了系统性的研究成果。60 年代，他首先提出了较为完整的不稳态蒸馏理论，80 年代提出了动态蒸馏多变参数新策略并发展了相应的技术，这一成果应用到实际生产中并取得了显著经济效益；90 年代他提出新的复合分离过程——吸附蒸馏，还成功地发展了蒸馏过程中的气液两相的计算流体力学，开辟了计算传质学这一新领域。他在采用近代激光技术精密测定近气、液界面的浓度场及速度场，以及蒸馏系统最优热集成网络等方面也均取得了重要成果。

二、推广落地助实业

科学研究的最终目标在于应用。科技成果转化一直是科研人员追求的目标。为了使科研成果尽快走出实验室，余国琮在精馏工程技术研究的基础上结合高效规整填料的研究与开发，逐步形成并完善了"具有新型塔内件的高效精馏塔技术”，该技术可使精馏装置处理能力提高15%～30%，可有效克服放大效应，显著提高分离效率和产品纯度，同时有效降低能耗。余国琮主持完成的“具有新型塔内件的高效精馏塔技术”等重大科技成果已成功推广应用到6000余座工业精馏塔装置中，有力地推动了我国精馏及相关技术的进步，取得了巨大的经济效益和社会效益，使我国的精馏理论研究和应用技术达到国际领先水平，并依托长期的攻关研究，培养出了高水平的精馏学术队伍。

余国琮及其团队先后获得国家级科技进步二等奖1项、三等奖1项，教育部和天津市科学技术奖一等奖2项、二等奖多项，天津市科技兴市突出贡献奖，荣获天津市特级劳动模范和全国五一劳动奖章等荣誉称号。2004年12月，荣获天津市科技重大成就奖。

余国琮在新型高效填料塔精馏技术研究成果推广过程中，以市场为导向，积极推动产业化，创建了国内第一家新型填料及塔内件生产企业——天津大学化工分离技术与新型填料开发中心填料厂，创建并推广了“科研—开发—制造—安装—开车一条龙服务”的成果推广模式。近十年来，仅天津大学的新型填料生产企业的年产值就已近2亿元人民币，占据着国内市场的最大份额。

三、为人师表，著作等身

在天津大学执教期间，余国琮十分重视本科生的教学工作，并且投入了大量的精力及热情。1961年他召集了全国化工机械专业主要的教师力量，主持编写了我国第一本《化工机械与设备》教材，后经修订再版，1988年被评为全国高校优秀教材。1996—2002年，受教育部委托，余国琮领导全国七所著名大学，圆满完成了教育部高等教育面向21世纪教学内容和课程体系改革计划项目——“化工类专业人才培养方案及教学内容体系改革的研究与实践”，建立了化工实验、化工设计和化工仿真实习三个样板基地，创立了我国化工类人才培养的新模式，明确了我国化工类高等教育改革与发展的方向。余国琮对我国化学工程专业的教育改革做出了突出的贡献，出版了《化学工程手册》《化学工程辞典》《化工机械工程手册》《化工计算传质学》等经典著作，堪称著作等身。

余国琮以其高尚的思想情操和高深的科学造诣，投身我国精馏学科事业发展，在国家建设和社会发展中功勋卓著。余国琮以科技报国为初心一生未变，他的一生是爱国的一生、奋斗的一生、奉献的一生。

参考资料

[1] 沉痛悼念余国琮先生[J]. 化工学报，2022,73(04):1411-1412.

[2] 袁希钢. 余国琮院士：一棵痴迷“精馏”的大树[J]. 智慧中国，2019(12):68-72.

[3] 张尔安. 少壮别却飘泊日 化作啼鹃带血归——记中科院院士、著名化工专家余国琮教授[J]. 民主，2005(3):24-26.

[4] 余国琮院士简介[J]. 天津科技，2005,32(1):1.

[5] 朱宝琳. 余国琮：为争一口气[N]. 中国科学报，2014-08-08(010).

为催化事业奉献一生

—— 物理化学家　郭燮贤

物理化学家郭燮贤

郭燮贤（1925—1998），浙江杭州人，物理化学家，中国科学院院士，中国科学院大连化学物理研究所研究员、博士生导师。主要从事催化化学领域研究，是新中国成立后培养的第一代催化科学家的代表，对中国催化界走向国际学术舞台起到了重要的作用。为解决国家所需，郭燮贤协助领导了合成氨原料气净化新流程三种催化剂的研制和工业化实验，成功地开展了正庚烷环化制甲苯的研究；率先开展了铂重整的研究，为其工业化生产做出重要贡献；证实了吸附促进脱附（AAD）现象，提出了“易位吸附”和吸附/脱附协同机理，创造性地阐明吸附动力学和化学吸附动态平衡之间的理论关系。

一、急国家之所急，研究国家之所需

催化和石油、化肥、煤炭等化学工业与国防工业都密切相关，也是国家发展所急需的。1946 年，郭燮贤于军政部兵工学校应用化学系毕业。1950 年，郭燮贤及家人先后来到大连大学科学研究所工作（中国科学院大连化学物理研究所前身）。1951 年，郭燮贤负责直馏汽油环化催化剂的研究，他注重理论联系实际，强调科研工作的独创性和新颖性，强调催化学科多学科交叉的特点，重视催化学科强烈的应用背景，将催化研究与中国国民经济发展需要紧密结合在一起。1952 年，考虑到国内甲苯原材料短缺，国家决定建设甲苯生产工厂，而郭燮贤正在从事正庚烷环化制甲苯的研究，于是石油设计局派郭燮贤参与到中试工作中去，获得了实验的第一手数据，在此基础上建成了甲苯年产量 2000 吨/年的小型生产装置。这也是我国炼油工业第一套自己研究设计并建成的工业生产装置。

二、基础研究助力工艺发展和创新

铂重整在20世纪60年代还是个新颖的工艺，郭燮贤负责铂重整催化剂的研制项目，带头研制成功我国第一个铂重整催化剂。从1961年到1964年，郭燮贤致力于研究表面键和催化理论，并协助张大煜先生开发了三个合成氨新工艺流程的催化剂，成功应用于合成氨工业装置上，使我国合成氨工艺达到60年代的国际先进水平。

1972年，郭燮贤在制备多金属重整催化剂时，为使多金属催化剂中各金属组分能够分布均匀有序，他在多金属重整催化剂的制备中提出使用络合浸渍法制备催化剂的新方法。该成果应用于我国石油化工工业，促进了我国石油工业的发展。1976年，郭燮贤提出了“烷烃在铂催化剂上异构化反应的三元环机理”。这是国内第一次尝试从分子轨道理论来探讨多相金属催化剂和烃类分子的相互作用，对烃分子的骨架重排过程提出了分子轨道的动态分析，对烃类转化形成新的见解。这项研究工作推动了量子化学计算、分子轨道理论及金属有机化学等在金属催化研究中的应用。

三、科学无国界，让中国催化唱响世界

郭燮贤倡议筹办我国第一个催化专业刊物《催化学报》，并于1980年创刊并任主编，让更多国内外学者了解我国催化研究成果。同时，郭燮贤全身心地投入到催化研究的工作中，进一步将配位场理论应用于金属载体相互作用研究中。郭燮贤刻苦钻研、忘我工作，积极参加各大国际会议，将研究成果交予同行评议，在国内外学术刊物上发表了300余篇论文，使中国催化学科得到了国内外学术界的关注和重视。

此外，郭燮贤积极推进和开展国际学术交流和合作，为提高我国在国际上的学术声誉和地位做了大量的工作，并赢得了国际学术界的尊重，受到国际催化界的重视。他也先后被聘为国际催化委员会中方委员、国际烯烃歧化会议主席团成员，还兼任国际分子筛会议和多相、均相催化会议顾问委员会委员，Catalysis Letters 杂志编委。在郭燮贤的努力下，中国科学院大连化学物理研究所的催化实验室也与世界部分大学建立了良好的国际合作关系，他促进了催化基础国家重点实验室走向国际学术界，为我国催化工作者逐步走向国际舞台奠定了坚实的基础，做出了先驱性的重要贡献。

郭燮贤一生辛勤工作，呕心沥血。他学风严谨、严于律己，为国家的发展和科技的进步奉献了自己毕生的精力，表现出一位科学家的优秀品质和崇高的

思想境界，培养了一批在国内外学术界有影响力的科学家。他的一生以国家利益为己任，以民族复兴为大局，将毕生所学与浓浓的爱国情谊融合在一起，初心不改，矢志不移，用平凡的步伐攀登不平凡的高峰。

参考资料

[1] 李灿. 先哲已去 风范长存——纪念恩师郭燮贤先生逝世两周年[J]. 科学新闻, 2000(47):20.
[2] 在催化领域战斗到底——郭燮贤[J]. 群言，2021(9):2.

“两弹一星”精神：众智之所为，则无不成也

新中国成立之初，中国的科技基础极为薄弱。1956 年，以毛泽东同志为核心的第一代中央领导集体向全党全国发出“向科学进军”的号召，并确立了“重点发展，迎头赶上”的科技工作方针。在那个年代，李四光、钱学森、钱三强、邓稼先等一大批科学家，秉承强烈的爱国情怀，在极为困难的条件下坚持自力更生、艰苦奋斗，创造了包括“两弹一星”在内的一系列举世瞩目的重大科技奇迹，为我国科技事业发展奠定了重要基础，更给后人留下了宝贵的精神财富。

1999 年，新中国成立五十周年之际，中共中央、国务院及中央军委制作了“两弹一星”功勋奖章，授予或追授给于敏、王大珩、王希季、朱光亚、孙家栋、任新民、吴自良、陈芳允、陈能宽、杨嘉墀、周光召、钱学森、屠守锷、黄纬禄、程开甲、彭桓武、王淦昌、邓稼先、赵九章、姚桐斌、钱骥、钱三强、郭永怀等 23 位为研制“两弹一星”做出突出贡献的科技专家。这个特殊军功章，集中凸显了伟大的“两弹一星”事业所孕育出的“两弹一星”精神——热爱祖国、无私奉献，自力更生、艰苦奋斗，大力协同、勇于攀登。

“两弹一星”工程成功的意义在于：增强了我国的国防实力，促进了科技的发展，推动了人才建设，促进了经济繁荣，振奋了民族精神，提高了国际地位。“两弹一星”工程成功的背后，有着无数科研及工程技术人员日夜奋斗的身影，他们也被称作没有勋章的“两弹一星”功臣。

一、没有勋章的“两弹一星”功臣

吴征铠（1913—2007），江苏扬州人。我国最早从事红外和拉曼光谱的研究者之一。他开展的铀酰化合物的红外和拉曼光谱研究属于先驱性的研究工作，最早提出了将 UO_2^{2+} 离子看作具有等腰三角形结构的三原子分子。有趣的是，在他从事铀化合物分子光谱研究的年代，科学家们尚不清楚铀对原子能利用的重大作用。新中国成立以后，他积极协助中国科学院上海有机化学研究所建立红外光谱实验室，在复旦大学化学系购置了红外光谱仪，为我国培养了一批新一代的分子光谱专家。1958 年，为了我国原子能事业的发展，吴征铠服从祖国需

要，将工作转向铀同位素分离研究。1960 年 8 月他被调至中国科学院原子能所，在二机部指导和从事扩散法分离铀同位素的研究。1961 年他集中精力解决六氟化铀生产工艺中的技术难题，大胆提出关键设备的改造方案，为我国六氟化铀的生产建立了自主的工艺路线，并为我国分离铀同位素的气体扩散厂解决了初期原料供应的难题。他带领攻关小组确定了铀光谱线的同位素分裂的高分辨率条件，建立了 ^{235}U 和 ^{238}U 的光谱分析方法，为高分辨率光谱分析浓缩铀做好了技术准备。在燃料铀分析工作中，需要用到高纯度的氧化镓、氯化银作为光谱载体，在国外技术封锁的形势下，吴征铠领导团队采用等温扩散制备的纯氨水和均相沉淀法制备了光谱纯氯化银；用管道式系统干法精馏氯化镓的方法和自制的纯氨水制备出光谱纯氧化镓，从而实现分析燃料铀的关键试剂的自给自足，他还与冶金专家葛昌纯等人一起完成了气体扩散法分离铀同位素的核心部件分离膜的研制。1976 年，核武器研究院要求提供 100 居里锔-242，时间紧迫，吴征铠亲自领导和参加了此项重要研制任务。在当时十分困难的条件下，将强 α 放射源镅-241 分装，送进核反应堆内辐照，再经分析表征，终于在 3 个月时间内按期完成了任务，这些合格产品及时满足了中国核武器试验的需要。

汪家鼎（1919—2009），重庆人，中国著名化学工程学家和教育家，中国核化工技术奠基人之一，化学工程专业教育的发起人之一。1956 年，国家号召向科学进军，并研制两弹，清华大学承担起发展核能的教学与科研工作。时任工程物理系的党支书滕藤与系副主任汪家鼎全面负责培养核工业人才。在研究了苏联核化工的教学计划后，他决心在清华开设三个核化工相关的专业，同时开展教学和科研，在战斗中成长，以任务带动学科。1958 年，汪家鼎首先提出了“萃取法核燃料后处理工艺与设备”项目，系统研究了萃取分离铀－钚－裂变元素、纯化钚工艺全流程的各个步骤和环节；研制了适用于强辐照和遥控的主体设备“抽压脉冲液流搅拌混合澄清槽”，并提出了放大设计方法；研究成果为国家做出放弃“沉淀法”、采用“萃取法”的重大决策提供了技术基础。1964～1966 年，汪家鼎领导并全程参与了该项目的热化学实验室建设和扩大冷试验车间，完成了从乏燃料元件溶解到取得合格钚-239 产品的全流程热试验验证，并成功提取了一定量的钚。这项成果为中国第一座核燃料后处理工厂的建设提供了可靠的设计基础和运行依据，使中国核燃料后处理工艺达到当时的国际先进水平，培养了我国第一代核燃料后处理科研及工程技术人才。值得一提的是，在核燃料后处理工艺攻关过程中，苏元复、汪德熙、徐光宪等人均响应国家号召，为工艺攻关做出了贡献。

杨承宗（1911—2011），江苏吴江人。我国放射化学奠基人，中国科技大学建校元勋、原副校长，中国科技大学放射化学和辐射化学系首任系主任，原合肥联合大学首任校长，安徽省合肥市合肥学院名誉校长。1932 年毕业于上海大同大学。1934～1946 年，在北平研究院镭学研究所从事放射化学研究。1947～1951 年，在法国巴黎大学镭研究所随伊莱娜·约里奥-居里夫人从事放射化学研究，获博士学位。1951 年秋回国，任中国科学院近代物理研究所放射化学研究室和放射性同位素应用研究室两个研究室主任。杨承宗参与制定了我国“原子能科学技术十二年发展规划”，确立了我国放射化学的研究和发展方向，创建了新中国第一个放射化学研究基地，指导科研人员制成了中国第一台质谱计，培育了我国第一代放射化学中坚骨干，制成了氡-铍中子源，这是国内最早得到的人工放射源。他规划并亲自指导完成了我国矿石中铀的提取、冶炼、纯化，核纯铀的超微量杂质分析、鉴定以及诸多新工艺流程的研发，取得具有国际水平的科研成果数十项，为我国第一颗原子弹成功试爆做出了杰出贡献。

二、勠力同心，众志成城

“两弹一星”工程开展伊始，毛主席对原子弹研制做出了批示：“要大力协同做好这件工作。”中国科学院就是按照中央确定的“大力协同”和“三家拧成一股绳”的精神，承担了原子弹和导弹研制中一系列关键性的科学和技术任务，包括理论分析、方案设计、科学试验、研制以至批量制造所需的各种特殊新型材料、元件、仪器设备等。1965 年 5 月中央专委第十二次会议决定由中国科学院负责在短时期内研制一种体积小、重量轻、操作方便的肩射式对空超低空防空导弹，代号为“541”任务。当时，该任务被列为中国科学院首要任务，组织了院内十几个研究所和院外有关研究所参加会战。参加会战的院内和五院几个研究所，根据各所的优势和特长进行了分工。如，力学所负责导弹的总体设计、发动机和发射系统；自动化所负责导弹的制导系统总体设计和试验以及飞行打靶遥测；金属所负责导弹尾喷管的研制；507 厂负责喷管和发动机筒体生产；化学所负责推进剂点火药研制及后期药柱批量生产；中国科学院大连化学物理研究所负责导弹发动机推进剂药柱配方研制和初期生产等等。分散在各所的单元技术和部件都集中到怀柔试验基地，最终体现在导弹的发射飞行上。这是一个典型的院内外大协作、联合攻关的任务。

大连化物所承担了导弹发动机固体推进剂和舵机用燃气发生器缓燃剂的研制任务。在“541”会战组的领导下，二部（现化物所星海园区）有关研究室和题目组发扬了大连化物所团结协作、勇于攻关的优良传统，在所仪器厂的紧密配合下，亲自动手改建实验室，建立工艺生产线和分析测试方法。仅用了两个多月的时间，率先研制出了第一发推进剂药柱。从 1965 年 8 月正式生产出第一发药柱到 1966 年 10 月通过验收（配方定型）的一年多时间里，大连化物所共生产了 200 批上千发药柱，试验证明，研制的推进剂比冲、燃速以及压力指数等性能指标均符合要求。

协同是科学家精神的基石。新中国取得的一系列重大科技成就，绝大多数都是集智攻关、团结协作的结果。正如 2020 年 7 月建成开通的北斗三号全球卫星导航系统，是我国迄今为止规模最大、覆盖范围最广、服务性能最高、与国计民生关联最为紧密的巨型复杂航天系统。这一大国重器是我国攀登科技高峰、迈向航天强国的重要里程碑，更是我国为全球公共服务基础设施建设做出的重大贡献。据不完全统计，有 400 多家单位、30 余万名科研人员和工程技术人员参与了北斗系统的研制建设。不同类型、不同隶属的单位有机融为一体，合奏了一曲大团结、大协作的交响曲，生动体现了“积力之所举，则无不胜也；众智之所为，则无不成也”的伟大协同精神。

参考资料

[1] 张劲夫. 请历史记住他们——关于中国科学院与“两弹一星”的回忆[J]. 科技文萃，1999.

[2] 秦启宗. 著名物理化学家吴征铠——祝贺吴征铠教授从事教育和科学研究六十周年[J]. 化学物理学报，1993(5):389-391.

[3] 滕藤. 追忆并肩奋斗的岁月——为纪念汪家鼎先生去世一周年而作[J]. 化工学报，2010, 61(7):1596-1597.

[4] 杨锦宗教授对我国染料工业的贡献[J]. 染料与染色，2009,46(2):61-62.

[5] 深切缅怀放射化学家杨承宗先生[J]. 核化学与放射化学，2011,33(3):127-128.

[6] 葛树杰. 难忘的记忆——“541”任务会战点滴[EB/OL]. https://glory.ucas.ac.cn/index.php?option=comcontent&view=article&id=518&Itemid=164.

[7] 陈贤. 大力弘扬科学家精神 建设世界科技强国[J]. 新湘评论，2020(21):47-49.

第五章

学科故事

化学和化工是人类文明和社会发展的重要基石，与人类的衣、食、住、行以及能源、信息、材料、环境、健康、可持续发展等方面密切相关。化学是在原子、分子水平上研究物质的组成、结构、性质、变化及其应用的基础自然科学。化工是把化学、物理的原理，用工程化的方法，规模化地付诸实施，达到大规模、低成本、安全环保生产化学品的目的，实现化学物质的工业产业化。本章以“学科故事”为主题，分享了一些重大发现、重要发明、工程案例等。这些成果凝聚了科学家们和工程师们的智慧与心血，所蕴含的锐意进取的科学态度、勇于创新的探索精神、哲学思辨方法、职业道德情操和工程伦理素养，将影响和激励着一代又一代的科学工作者。

阿伏伽德罗与分子假说

阿梅狄奥·阿伏伽德罗

阿梅狄奥·阿伏伽德罗（Amedeo Avogadro，1776—1856），意大利物理学家、化学家，他于1811年提出分子假说："同体积的气体，在相同的温度和压力时，含有相同数目的分子"，后人把这一假说称为阿伏伽德罗定律。

阿伏伽德罗发表的第一篇关于分子假说的论文没有引起任何反响，1814年，他发表了第二篇论文，继续阐述他的分子假说。也是在这一年，法国物理学家安培也独立提出了类似的分子假说，却仍然没有引起化学界的重视。这让已经清楚认识到分子假说在化学发展中的重要意义的阿伏伽德罗很焦急，于是1821年他发表了阐述分子假说的第三篇论文，他在文中写道："我是第一个注意到盖·吕萨克气体实验定律可以用来测定分子量的人，而且也是第一个注意到它对道尔顿的原子论具有意义的人，沿着这种途径我得出了气体结构的假说，它在相当大程度上简化了盖·吕萨克定律的应用。"阐述分子假说后，他还感慨地写道："在物理学家和化学家深入地研究原子论和分子假说之后，正如我所预言，它将要成为整个化学的基础和使化学这门科学日益完善的源泉。"尽管阿伏伽德罗再三努力，还是没能如愿，直到他1856年逝世，分子假说仍然没有被大多数化学家认可。1860年9月，来自世界各国的140名化学家在德国卡尔斯鲁厄召开了国际化学会议，意大利化学家康尼查罗呼吁大家重视对阿伏伽德罗学说的研究，回顾50年来化学发展的历程，成功的经验和失败的教训都充分证实了阿伏伽德罗分子假说的正确性。历经50年曲折的化学家们此时已能冷静地研究和思考，他们终于承认阿伏伽德罗的分子假说的确是扭转当前混乱局面的唯一钥匙。阿伏伽德罗的分子论终于获得了认可，可惜此时他已经溘然长逝，甚至没有为世人留下一张照片或是画像，唯一的画像是在他死后按照石膏面模临摹下来的。

阿伏伽德罗毕生致力于化学和物理学中关于原子论的研究，从不追求名誉地位，只是默默地埋头于科学研究工作中，即使在科学研究中遭到了不少科学家的反对，被冷落了半个多世纪，他仍然没有放弃研究，他为科学奉献的精神值得我们铭记，坚持不懈、坚定理想信念的品德也值得我们学习。

参考资料

刘劲生. 伟大的化学家阿梅狄奥·阿伏伽德罗[J]. 大自然探索，1983(3):148-154.

吉布斯与化学热力学

约西亚·威拉德·吉布斯（Josiah Willard Gibbs，1839—1903），美国物理化学家、数学物理学家，吉布斯自由能及吉布斯相律的提出者，化学热力学的奠基者。他曾在题为《关于多相物质平衡》的两册专著中总结了热力学相关工作，并以热力学奠基人鲁道夫·克劳修斯关于热力学第一和第二定律的名言开篇："整个世界的能量是守恒的。整个世界的熵趋向于一个最大值。"

约西亚·威拉德·吉布斯

1871 年吉布斯成为耶鲁大学数学物理学教授，也是全美首位该学科教授。1873 年，34 岁的吉布斯发表了他的第一篇重要论文，采用图解法来研究流体的热力学，并在其后的论文中提出了三维相图。1876 年，吉布斯在康涅狄格科学院学报上发表了奠定化学热力学基础的经典之作《论非均相物体的平衡》的第一部分，1878 年他完成了第二部分，这一长达三百余页的论文被认为是化学史上最重要的论文之一，其中提出了吉布斯自由能、化学势等概念，阐明了化学平衡、相平衡、表面吸附等现象的本质。这部著作被后人称为"热力学的《自然哲学的数学原理》"。但由于吉布斯本人的纯数学推导式的写作风格并不吸引人，刊物发行量又太小以及美国对于纯理论研究的轻视等原因，这篇文章在当时并没有引起回应。随着时间的推移，这篇论文开始受到欧洲大陆同行的重视。1892 年由奥斯特瓦尔德译成德文，1899 年由勒·沙特列翻译为法语。

吉布斯用九年的时间发表了三篇热力学经典著作。他把这三篇著作寄给世界各地 147 位物理、数学领域的科学家，请他们提供意见，可几乎所有人都读不懂他的理论，也不知道吉布斯是何许人。吉布斯不善交际，从不参加任何学术团体的会议，这使他在现实的社会里几乎是边缘人一样的存在。但吉布斯从不低估自己工作的重要性，他笃行于科学事业，不强求同时代人的认可。幸好当时最杰出的科学家、电磁学大师麦克斯韦（Maxwell）极为赞赏吉布斯的文章，他称："这个人对于'热'的解释，已经超过所有德国科学家的研究了。"麦克斯韦对吉布斯三维相图的思想赞赏不已，还亲手做了一个石膏模型寄给吉布斯。有了麦克斯韦的支持和认可，吉布斯的热力学理论才逐渐受到同行的重视。

1950 年，吉布斯进入纽约大学的名人馆，并立半身像纪念。奥斯特瓦尔德认为“无论从形式还是内容上，他赋予了物理化学整整一百年。”朗道认为吉布斯对统计力学给出了适用于任何宏观物体的最彻底、最完整的形式。除了向量分析和统计力学，不少以他命名的专业术语从不同角度折射出他的学术成就和科学贡献：吉布斯熵、吉布斯能、吉布斯相律、吉布斯悖论、吉布斯现象、吉布斯-亥姆霍兹方程、吉布斯-杜安方程、吉布斯取样法、吉布斯测度、吉布斯态、吉布斯-汤姆森效应、吉布斯等温面、吉布斯-唐南效应、吉布斯-马伦哥尼效应、吉布斯引理、吉布斯不等式，等等。

1879 年，吉布斯被选为美国国家科学院院士。1880 年，他因化学热力学的卓越工作获得由美国文理科学院颁发的 Rumford 奖，并获普林斯顿大学和 Williams College 颁授荣誉博士学位。1892 年，他被选为伦敦数学学会荣誉会士。1897 年，他获选为英国皇家学会外籍院士、普鲁士科学院院士和法国科学院院士，并获得 Erlangen-Nuremberg 大学以及 Oslo 大学的荣誉博士学位。1901 年，英国皇家学会又给他颁发了当时被认为是自然科学界最崇高荣誉的 Copley 奖章。吉布斯不仅敢于探索未知领域，还敢于面对别人的怀疑。他坚定自己的信念，以不求闻达只求真知的精神面对科研工作，努力为科学真理的发现及应用做出贡献。

参考资料

[1] 王元星，侯文华. 化学热力学的建立与发展概略[J]. 大学化学. 2011,26(4):87-92.

[2] 陈关荣，吉布斯——热力学大师与统计物理奠基人. 集智俱乐部，2020-02-17，https://swarma.org/?p=18425

阿伦尼乌斯和电离学说

斯万特·奥古斯特·阿伦尼乌斯（Svante August Arrhenius，1859—1927），瑞典物理化学家，电离理论的创立者。他解释了“溶液中的元素是如何被电解分离的”，这一学说是物理化学发展初期的重大发现，在当时对溶液性质的解释具有重要作用，也是物理和化学之间的一座桥梁。因为这一贡献阿伦尼乌斯获得了1903年诺贝尔化学奖。

斯万特·奥古斯特·阿伦尼乌斯

阿伦尼乌斯于1859年2月19日生于乌普萨拉，1927年10月2日卒于斯德哥尔摩。1876年，他以优异的成绩考入乌普萨拉大学化学系，仅用两年就获得了学士学位，并于1878年继续攻读物理学博士学位。阿伦尼乌斯发现，在实验中很稀的溶液通电后的反应与浓溶液相比，规律要简单得多。其实以前的化学家也曾发现在浓溶液中加入水后，电流更易通过，甚至已经发现加水的多少与电流的增加有一定的关系，然而他们却并没有进一步去考虑电流和溶液浓度之间的关系。阿伦尼乌斯没有放过这一发现，通过实验和计算，他推测电解质溶液的浓度对导电性有明显的影响。“浓溶液和稀溶液之间的差别是什么?”“浓溶液加了水就变成稀溶液了，水在这里起了很大的作用。”“纯净的水不导电，纯净的固体食盐也不导电，把食盐溶解到水里，盐水就导电了。水在这里起了什么作用?”阿伦尼乌斯反复思考这些问题，并提出了一个非常大胆的设想——“是不是食盐溶解在水里就电离成为氯离子和钠离子了呢?”在当时的情况下，人们还不清楚原子的构造，也不清楚分子的结构，而且英国科学家法拉第曾在1834年提出过一个观点：“只有在通电的条件下，电解质才会分解为带电的离子。”他的一些观点在当时还被奉为金科玉律。所以当时的阿伦尼乌斯能有这样的想象能力很不简单。另外，还有一个问题：氯是一种有毒的黄绿色气体，盐水里有氯，却并没有哪个人因为喝了盐水中毒，这又是什么原因呢？针对这一问题，阿伦尼乌斯提出氯离子和氯原子在性质上是有区别的。因为离子带电，原子不带电。

1883年5月，阿伦尼乌斯带着论文回到了乌普萨拉大学，向克莱夫教授请教。阿伦尼乌斯向他详细地解释了电离理论，但是克莱夫对于这个理论不感兴趣，只说："这个理论纯粹是空想，我无法相信。"克莱夫是一位很有名望的实验化学家，他的态度给了满怀信心的阿伦尼乌斯当头一棒，阿伦尼乌斯知道自己要通过博士论文并非易事，虽然他并不认为自己的观点和实验数据存在错误，但是要说服教授们却不容易。阿伦尼乌斯想要坚持自己的观点，但又不能与传统的理论过分对抗，所以在准备毕业论文的时候他非常谨慎。由于阿伦尼乌斯的材料和数据都很充分，教授们也查看了他大学读书时的所有成绩，他的生物学、物理学和数学的考试成绩都非常好。所以答辩结束后，答辩委员会认为虽然论文不是很好，但仍然可以以"及格"的三等成绩"勉强获得博士学位"。

博士学位拿到了，可电离学说却仍不被人理解，特别是在瑞典国内，几乎没有人支持，当时只有化学家威廉·奥斯特瓦尔德支持阿伦尼乌斯的观点，并亲自到乌普萨拉会见他，这是他们毕生友谊和合作的开端，阿伦尼乌斯终于得遇知音。在奥斯特瓦尔德的帮助下，阿伦尼乌斯获得了出国做访问学者的资格。在国外的五年间，阿伦尼乌斯先后在奥斯特瓦尔德位于里加和莱比锡的实验室里工作，又与当时著名的科学家玻耳兹曼、范特霍夫等人有了工作接触。特别是范特霍夫，他在研究工作中经常需要用电离学说来解释一些现象的发生，所以他们相见恨晚，一起探讨了很多问题。奥斯特瓦尔德和范特霍夫支持阿伦尼乌斯的电离学说，在他们三个人的共同努力下，电离学说最终被人们接受了。

舆论和压力是层出不穷的，只有坚持自己觉得最重要的事情，才能保持自己的本心。正是由于这份坚持，当 19 世纪的科学家们受到形而上学束缚的时候，阿伦尼乌斯却能打破学科的局限，摒弃传统观念，从物理与化学的联系上研究电解质溶液的导电性，从而创立电离学说。创新有两种含义，一种是由 0 到 1，另一种是由 1 到无穷。当然，第一种是难度更大的，创立电离学就是在大家都不相信电离学的时候实现了从 0 到 1 的突破，这份突破源于阿伦尼乌斯对自我的坚持。

参考资料

1903 年诺贝尔化学奖——斯万特·奥古斯特·阿伦尼乌斯提出电解质溶液理论[J]. 医疗装备，2016,29(18):1.

鲍林和化学键

鲍林

19 世纪中期，化学家们已经把化合价的概念用于化学中，但是化合力的本质——化学键却仍然得不到解释。1916 年，德国科学家柯塞尔考察大量的事实后得出结论：任何元素的原子都要使最外层满足 8 电子稳定结构。柯塞尔的理论能解释许多离子化合物的形成，但无法解释非离子型化合物。1923 年，美国化学家路易斯在柯塞尔理论的基础上提出共价键的电子理论：两种元素的原子可以相互共用一对或多对电子，从而达到稀有气体原子的电子结构，这样形成的化学键叫共价键。1927 年德国的海特勒 Heitler 和美籍德国人的伦敦 London 两位化学家建立了现代价键理论，简称 VB 理论（电子配对法）。1931 年，莱纳斯·卡尔·鲍林（Linus Carl Pauling，1901—1994）在电子配对的基础上提出了杂化轨道理论的概念，获 1954 年诺贝尔化学奖。后来，鲍林从自然科学转向社会科学领域，由科学实验投身社会实践，成为一个和平主义者，于 1962 年被授予诺贝尔和平奖。

1901 年 2 月 28 日，鲍林生在美国俄勒冈州波特兰市。1917 年，鲍林以优异的成绩考入俄勒冈州农学院(现俄勒冈州立大学)化学工程系，从这时开始他对化学键理论产生了兴趣。1922 年，鲍林大学毕业后考取了加州理工学院的研究生。1925 年，鲍林以出色的成绩获得化学哲学博士，他系统地研究了化学物质的组成、结构、性质三者的联系，同时还从方法论上探讨了决定论和随机性的关系。鲍林自 1930 年开始致力于化学键的研究。1928～1931 年，鲍林提出了杂化轨道理论。后来他又提出“共振论”，以及创造性地提出了共价半径、金属半径、电负性标度等许多新的概念。1939 年，鲍林撰写了在化学史上有划时代意义的《化学键的本质》一书，这部书彻底改变了人们对化学键的认识，将其从直观的、臆想的概念升华为定量的和理性的高度。由于鲍林在化学键本质以及复杂化合物物质结构阐释方面杰出的贡献，他获得了 1954 年诺贝尔化学奖。

鲍林对化学键本质的研究，引申出了广泛使用的杂化轨道概念。杂化轨道理论认为，在形成化学键的过程中，原子轨道自身会重新组合，形成杂化轨道，以获得最佳的成键效果。根据杂化轨道理论，饱和碳原子的四个价层电子轨道，即一个 2s 轨道和三个 2p 轨道线性组合成四个完全对等的 sp^3 杂化轨道，量子力学计算显示这四个杂化轨道在空间上形成正四面体，从而成功地解释了甲烷的正四面体结构。同时，鲍林在研究化学键键能的过程中发现，对于同核双原子分子，化学键的键能会随着原子序数的变化而发生变化，为了半定量或定性描述各种化学键的键能以及其变化趋势，鲍林于 1932 年首先提出了用以描述原子核对电子吸引能力的电负性概念，并且提出了定量衡量原子电负性的计算公式，电负性这一概念简单、直观、物理意义明确并且不失准确性，至今仍获得广泛应用，是描述元素化学性质的重要指标之一。鲍林还提出了共振论，即体系的真实电子状态是介于这些可能状态之间的一种状态，分子是在不同化学键结构之间共振的，他将共振论用于对苯分子结构的解释获得成功，使得共振论成为有机化学结构基本理论之一。一开始中西方科学界都难以接受这一思想，在 1951 年莫斯科一个为期 4 天的会议上，共振论受到苏联激进思想家的猛烈抨击，鲍林被赶出了苏联。然而，鲍林几个天才般的奇思妙想却使他成为 20 世纪最伟大的科学家之一。可见，科学与艺术一样，往往始于创造力和想象力。富有价值的想象力往往都是在现有的知识上做出了大胆的构思、革新和改变。

鲍林坚决反对把科技成果用于战争，特别反对核战争。他指出："科学与和平是有联系的，世界已被科学的发明大大改变了，特别是在最近一个世纪。现在，我们增进了知识，提供了消除贫困和饥饿的可能性，提供了显著减少疾病造成的痛苦的可能性，提供了为人类利益有效地使用资源的可能性。"他认为，核战争可能毁灭地球和人类，他号召科学家们致力于和平运动，鲍林倾注了很多时间和精力研究防止战争、保卫和平的问题。由于鲍林对和平事业的贡献，他在 1962 年荣获了诺贝尔和平奖。他号召："我们要逐步建立起一个对全人类在经济、政治和社会方面都公正合理的世界，建立起一种和人类智慧相称的世界文化。"

鲍林是一位化学大师，也是一位和平战士，在世界上享有很高的声望。他身上永不认输的科学精神、勇于创造的探索精神、勤奋的工作态度以及丰富的想象力，影响和激励着一代又一代的科学工作者。

参考资料

[1] 袁履冰．鲍林及其共振论简评．化学教育，1981(1):1-4.

[2] 盛根玉．化学键本质的探索者鲍林[J]．化学教学，2011(11):57-60.

齐格勒-纳塔催化剂

20 世纪 50 年代中期，由于齐格勒-纳塔催化剂的出现而使聚烯烃工业崛起，从而使高分子合成材料进入到新的发展阶段。齐格勒-纳塔催化剂是由德国化学家卡尔·齐格勒（Karl Ziegler，1898—1973）和意大利化学家居里奥·纳塔（Giulio Natta，1903—1979）发明的用于α-烯烃聚合的催化剂，主要是由Ⅳ～Ⅷ族元素（如 Ti、Co、Ni 的卤化物）与Ⅰ～Ⅲ族金属（Al、Be、Li）的烷基化合物或烷基卤化物组成。

卡尔·齐格勒
Karl Ziegler

居里奥·纳塔
Giulio Natta

德国化学家齐格勒和意大利化学家纳塔

一、研制历程

齐格勒，德国化学家，1898 年 11 月 26 日生于德国赫尔沙。1923 年在马尔堡大学化学博士毕业后，先后在马尔堡大学、海德堡大学和哈雷-萨勒大学任教，从事研究工作。1943 年任德国普朗克煤炭研究院院长。1949 年任德国化学学会第一任主席。他对自由基化学反应、金属有机化学等都有深入的研究。纳塔，意大利化学家，1903 年生于意大利因佩里亚，1924 年毕业于米兰工学院并获得工程博士学位。他曾在米兰、都灵、帕多瓦和罗马等地的大学担任教授，1938 年回米兰工学院任教授兼工业研究所所长。他的研究方向广泛，除了在聚合物学科领域的巨大贡献外，在结构化学和合成化学领域都有深入的造诣。科研无国界，烯烃聚合领域的研究工作将这两位科学家的命运联系到了一起，成为齐格勒-纳塔催化剂体系的创始人，并于 1963 年共同获得诺贝尔化学奖。

二战后，齐格勒致力于有机铝化合物的研究，1953 年，发现四氯化钛和烷基铝可以催化乙烯在常压下聚合制得聚乙烯，随后立即专注于催化剂的研究。1955 年在德国建成了世界上第一套高密度聚乙烯（又称为低压法聚乙烯）的生产装置。

1938 年，纳塔受意大利政府及企业的委托，着手合成橡胶的研究工作，并实现了丁苯橡胶的工业生产，同时他还对作为氧化合成和聚合原料的烯烃及二烯烃的下游应用开展研究。最初，烯烃聚合采取的是自由基聚合方式，采用这一机理需要高压反应条件，并且反应过程中存在着多种链转移反应，导致大量支化产物的产生。对于聚丙烯，问题尤为严重，无法合成高聚合度的聚丙烯。1952 年，纳塔在德国曼海姆举行的学术会议上听取了时任马克斯—普朗克学会会长齐格勒的学术报告，齐格勒采用金属有机化合物催化烯烃的二聚反应令他印象深刻。回国后，纳塔向意大利的蒙塔卡蒂尼化学公司建议，与齐格勒建立合作关系，在他的研究基础上进一步开展研究工作。该公司即着手向齐格勒购买了专利许可，使他的聚合催化剂能够在意大利投入商业生产。而纳塔本人则征得了齐格勒同意，在米兰着手研究乙烯与有机铝化合物的化学过程。

1954 年，纳塔在齐格勒的研究工作基础上，改进了齐格勒催化剂，用三乙基铝和二乙基氯化铝做催化剂，低压聚合研制成功了立体定向聚合物-聚丙烯，并首先制备出了分子结构高度规整的聚 1-丁烯及聚甲基戊烯。从而确认了聚烯烃的立体异构化学，成功区分了高立构规整性结晶聚烯烃、间规聚烯烃以及无规无定形聚烯烃。证明了烯烃聚合的立体选择性与非均相催化剂的表面结构有关。当时，纳塔将这一系列由烷基铝与Ⅳ、Ⅴ、Ⅵ族过渡金属化合物组成的多元催化体系统称为齐格勒催化剂，现称为齐格勒-纳塔催化剂。

二、齐格勒-纳塔催化剂的迭代更新

自齐格勒-纳塔催化剂（Z-N 催化剂）诞生伊始，催化剂也在不断地发展、更新和换代。可以大体将其发展分为五个阶段。

第一代 Z-N 催化剂：作为第一代催化剂，其聚合活性相对较低，如果将催化活性用 1g 钛催化所得的聚烯烃的质量来表示，则其催化活性约为聚乙烯 2kg，聚丙烯 3kg。因此，反应后的产品需要通过复杂的脱灰（除去残留的 Z-N 催化剂）、脱无规组分（聚丙烯中等规度为质量分数 90%）进行分离提纯。

第二代 Z-N 催化剂：20 世纪 60 年代末，通过将路易斯碱（酯、醚、醇、胺、膦等电子给予体）引入催化体系，形成了第二代 Z-N 催化剂。其特点在于催化活性和立体定向性较第一代有了进一步提高。催化活性达到聚丙烯 20kg，其等规度为质量分数 95%。但由于催化活性还是较低，需要对聚合物中残留的催化剂及无规物进行脱灰脱无规物工艺处理。

第三代 Z-N 催化剂：20 世纪 70 年代末到 80 年代初，Z-N 催化剂的负载化使得催化剂从活性上和等规度上有了重大突破。这类高活性、高结构规整性的负载型催化剂被称为第三代 Z-N 催化剂。当时三井化学公司在此方面成就突出，1975 年成功开发出 $MgCl_2$ 负载苯甲酸乙酯的负载型催化剂，催化活性约为聚丙烯 300kg，等规度为质量分数 92%～94%。在进一步的优化中，通过引入两种外给电子体邻苯二甲酸二异丁酯和二苯基二甲氧基硅烷，使得催化剂的反应活性超过 1000kg，同时等规度超过了 98%。通过对负载型催化剂的成型工艺进行研究，开发了控制粒径大小、粒径分布及颗粒形状的技术。实现了使用高活性、高有规立构性催化剂的无脱灰、无脱无规物工艺的气相聚合工艺，大大降低了生产成本。

第四代 Z-N 催化剂：20 世纪 80 年代中期，出现了第四代 Z-N 催化剂，即球形负载型催化剂。其特点在于通过调控载体自身的物理化学性能，调控活性组分在载体上的分布，具有颗粒反应器性能。第四代催化剂的催化效率大大提高，高达数十万至数百万克聚乙烯。产品具有球形或类球形的颗粒形态，可以制备形态好、堆密度高的聚烯烃产品，使得无造粒工艺成为可能。第四代 Z-N 催化剂的出现，标志着烯烃聚合催化技术的研究和生产趋于成熟。目前世界上大多数低压聚烯烃生产装置，使用的都是第三代和第四代 Z-N 催化剂。

第五代 Z-N 催化剂：20 世纪 90 年代，茂金属（MAO）和非茂金属单活性中心聚烯烃催化剂的开发成功将聚烯烃催化剂发展到了第五代。该系列催化剂的特征是以二醚类作为内给电子体，与前四代催化剂相比，其催化活性超过聚丙烯 100kg，等规度>99%。新催化剂和烯烃先进聚合工艺的结合，可以实现对聚合物分子质量、分子质量分布、短或长链支化、组成分布、流变性、结晶性以及立体化学等的有效精确控制，对 α-烯烃立体选择性聚合的基本反应机理有了更深层次的理解。

齐格勒-纳塔催化剂经过 70 余年的发展，已经成为当今发展最成熟及最广泛使用的烯烃聚合催化剂。世界上 90%以上的聚烯烃产品均采用该催化剂，并且不断有性能更好的新产品出现。所生产的聚烯烃产品范围不断拓宽，并在机械强度、结晶度、规整性上不断刷新着纪录，从而向功能性材料转变。齐格勒-纳塔催化剂性能的不断提高，也促进了聚烯烃生产技术的飞跃发展。五代催化剂的迭代更新让我们有理由相信齐格勒-纳塔催化剂仍然存在着创新和发展的潜力，其使用和改进在此后相当长的时间内将继续占据主导地位。

参考资料

[1] 詹海容，杨雪，袁宗胜. 齐格勒-纳塔催化剂发展历程及发展趋势[J]. 化工科技市场，2008, 31(12):6-9.

[2] Bawn CEH，王慧娟，冯秋明. 意大利杰出化学家——居里奥·纳塔（1903～1979）[J]. 世界科学译刊，1980(2):57+46.

[3] 周兰. 卡尔·齐格勒与居里奥·纳塔[J]. 化学工程师，1991(5):2.

[4] 王桂茹. 催化剂与催化作用：石油、非石油资源催化转化制取能源及化学品[M]. 大连：大连理工大学出版社，2015.

[5] Claverie J. P, Schaper F. Ziegler-Natta catalysis: 50 years after the Nobel Prize, MRS BULLETIN,2013(38),213-218.

稀有气体的发现

稀有气体是元素周期表上的 0 族元素所组成的气体，在常温常压下，它们都是无色无味的单原子气体，很难进行化学反应，空气中的六种稀有气体元素有氦（He）、氖（Ne）、氩（Ar）、氪（Kr）、氙（Xe）、氡（Rn，放射性）。这六种稀有气体元素是在 1894—1900 年间陆续被发现的。

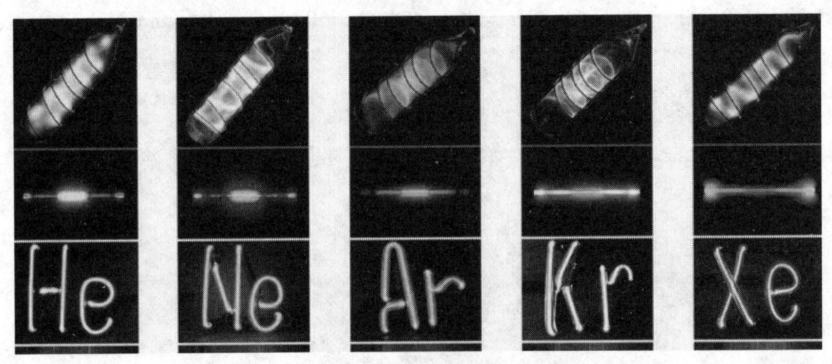

空气中的六种稀有气体元素

1785 年，英国科学家亨利 · 卡文迪许（Henry Cavendish）在实验中发现，空气中除去水蒸气、二氧化碳、氧气和氮气后，仍有很少量的残余气体存在，但这种现象在当时并没有引起化学家的广泛重视。一百多年后，英国物理学家雷利（J.W.S. Rayleigh）在测定氮气的密度时发现，从空气里分离出来的氮气质量是 1.2572 克/升，而从含氮物质中制得的氮气质量是 1.2505 克/升，经多次测定，两者质量的差值仍是几毫克，雷利没有忽视这种微小的差异，他猜测从空气分离出来的氮气中含有未被发现的较重气体。于是，他查阅了过去卡文迪许写的资料，并重新做了实验，终于在 1894 年得到了很少量的极不活泼气体，与此同时，雷利的朋友——英国化学家拉姆塞用其他方法也从空气里得到了这种气体。通过分析，他们判断该气体是一种新物质，并针对这种气体极不活泼的性质将其命名为氩[Ar（Argon），惰性气体，来自希腊语 Argon（懒惰）]。在之后的几年间，威廉 · 拉姆齐（William Ramsay）等人又在空气中发现了氦（原意是“太阳”）、氖（原意是“新的”）、氪（原意是“隐藏”）和氙（原意是“奇异”）的存在。1899 年，英国物理学家欧文斯（Owens R.B.）和内斯特 · 卢瑟福（Rutherford Ernest）在研究钍的放射性时发现了钍射气（即氡-220）。1900 年，德国人道恩（F.E.Dorn）在研究镭的放射性时发现镭射气（即氡-222）。1902

年，德国人吉赛尔（Giesel F.O.）在锕的化合物中发现锕射气（即氡-219）。直到1908年，莱姆赛（Ramsay W.）确定镭射气是一种新的元素，和其他已发现的稀有气体一样，是一种具有化学惰性的稀有气体元素，其他两种射气，便是它的同位素。1923年国际化学会议上将这种新元素命名为radon,中文音译成氡，化学符号为Rn。

稀有气体无色、无嗅、无味，微溶于水，溶解度随分子量的增加而增大。稀有气体分子由单原子组成，熔点和沸点都很低，并且随着原子量的增加，它们的熔点和沸点增大；在低温时都可以液化。经气体液化和分馏方法可从空气中获得氖、氩、氪和氙，而氦气通常提取自天然气，氡气则通常由镭化合物经放射性衰变后分离出来。稀有气体在工业方面主要应用在照明设备、焊接、潜水、太空探测等。

稀有气体的含量极少，并且不容易与其他物质作用，它的发现前后共经历了一个多世纪，整个过程曲折又有趣，这是伟大的科学家们善于发现总结、不放过每一个细节并持之以恒的结果，对化工的发展具有里程碑的意义。随着科学技术和工业生产的发展，稀有气体在工业、医学等尖端科学技术及日常生活中的应用越来越广泛，我们要永远铭记发现这六大元素的科学家们，以他们为榜样，做一名严谨、细致、不放弃的研究者。

参考资料

王壮凌. 曲折有趣的稀有气体发现史[J]. 科学之友，2007(12):30-31.

氟的发现

氟是一种非金属化学元素，化学符号 F，是卤族元素之一，氟元素的单质是 F_2，它是一种淡黄色的剧毒气体，腐蚀性很强，化学性质极为活泼，是氧化性最强的物质之一，甚至可以和部分惰性气体在一定条件下反应，由于氟的特殊化学性质，氟化学在化学发展史上有重要的地位。

1774 年瑞典化学家卡尔·威尔·海姆·舍勒（Carl Wilhelm Scheele）在研究硫酸与萤石的反应时发现 HF，并于 1789 年提出它的酸根与盐酸酸根性质相似的猜想。不幸的是，在实验过程中，舍勒的玻璃容器被腐蚀，导致他吸入过多的氢氟酸气体。不久后年仅 44 岁的舍勒因氟中毒去世，而舍勒也成为了氟研究道路上的第一个牺牲者。而后法国化学家约瑟夫·路易·盖-吕萨克（Joseph Louis Gay-Lussac）等继续进行提纯氢氟酸的研究，到了 1819 年虽然无水氢氟酸仍未被分离，但其对玻璃以及硅酸盐反应的本质已被阐明：

$$CaSiO_3 + 6HF \longrightarrow CaF_2 + SiF_4 + 3H_2O$$

$$SiO_2 + 4HF \longrightarrow SiF_4 + 2H_2O$$

19 世纪初期，安德烈·玛丽·安培（André-Marie Ampère）给汉弗里·戴维（H. Davy）的信函中指出氢氟酸中存在着一种未知的化学元素，正如盐酸中含有氯元素，并建议把它命名为“Fluor”，在此之后，1813 年戴维、1836 年乔治·诺克斯及托马士·诺克斯、1850 年弗累密、1869 年哥尔，这些科学家都曾尝试制备出氟单质，但最终都因条件不够或无法分离而失败，他们都因长期接触含氟化合物中毒而使健康受损。

在当时，氟被称为“不可征服的”元素，尽管已经有不少化学家为研究氟元素献出了自己宝贵的生命，也并没有吓倒同样热爱化学研究的法国化学家亨利·莫瓦桑。1886 年 6 月，莫瓦桑总结前人分离氟元素失败的原因，并以他们的实验方案作为基础，刚开始曾选用低熔点的三氟化磷及三氟化砷进行电解，阳极上有少量气泡冒出，但仍腐蚀铂电极，而大部分气泡在未升上液面时被液态氟化砷吸收。经历多次失败之后，莫瓦桑于同年 6 月 26 日采用液态氟化氢作电解质，在其中加入氟氢化钾（KHF_2）使它成为导电体，以铂制 U 形管盛载电解液，铂铱合金作电极材料，萤石制作管口旋塞，接合处以虫胶封固，电降槽（铂制 U 形管）以氯乙烷（C_2H_5Cl）作冷凝剂，将实验进行时的电解槽温度降至 −23℃，阳极放出了气体，他把气流通过硅时燃起耀眼的火光，根据他的报告：

被富集的气体呈黄绿色，氟元素被成功分离。莫瓦桑也因此项贡献在 1906 年被授予诺贝尔化学奖。然而因长期接触一氧化碳及含氟的剧毒气体，莫瓦桑健康状况较常人先衰，1907 年 2 月 20 日与世长辞，年仅 54 岁。

氟的发现史是科学史上一首壮丽的、激动人心的史诗。许多化学家在分离这种未知元素的道路上前仆后继。这种元素活性较高，要将它从化合物中分离出来是非常困难也极为危险的，因此这项工作给许多先驱研究者带去了失败、痛苦甚至死亡。热爱化学的化学家们将自己的安全置之度外，冒着生命危险进行一次又一次的尝试，将终生都奉献给了化学研究，他们是伟大的、有责任感的、勇敢的，更是坚持不懈的。作为当代的新青年，要学习前辈的优秀精神品质，学习专业理论知识，努力提升自己，为攻克科学难关打下坚实基础。

参考资料

江新．浅谈化学元素发现史中蕴藏的五种可贵精神[J]．化学史，1996(5):13-14.

合成氨

氨是重要的无机化工产品之一，在工业、农业、军事、治疗、轻工、新能源等领域都具有广泛应用，在国民经济中占有重要地位，其中约有 80%的氨用来生产化学肥料，例如尿素、硝酸铵、磷酸铵、氯化铵以及各种含氮复合肥，另外 20%为其他化工产品的原料。

合成氨是指由氮气和氢气在高温高压和催化剂存在下直接合成出氨气，是一种基本的无机化工流程。主要化学反应为：

$$N_2(g)+3H_2(g) \rightleftharpoons 2NH_3(g)$$

一、概述

合成氨反应需要在高温高压，且有催化剂存在条件下才能进行。合成氨过程之所以难以进行，主要原因在于氮气分子（N≡N）中的三键非常稳定，导致反应能垒很高。19 世纪中叶，物理化学的发展为合成氨反应提供了理论指导。热力学计算表明，低温、高压有利于平衡向氨生成的方向进行，但低温也会显著降低反应速率。当采用铁催化剂时，由于改变了反应历程，降低了反应的活化能，使反应以较快的速率进行。其机理主要是氮分子首先在铁催化剂表面上进行化学吸附，使氮原子间的化学键减弱。接着是化学吸附的氢原子不断地跟表面上的氮分子作用，在催化剂表面上逐步生成—NH、—NH_2和 NH_3，最后氨分子在表面上脱附而生成气态的氨。

在无催化剂时，氨的合成反应的活化能很高，大约 335kJ/mol，低温、高压对合成氨反应是有利的。合成氨反应的平衡移动展现了对立统一的辩证思想，即一切事物都包含着既对立又统一的两个方面，矛盾双方依据一定条件向各自相反的方向转化。

二、发展历史

从氨的发现到人工合成氨，经历了 100 余年的科学探索。1727 年，英国化学家哈尔斯用氯化铵与熟石灰在以水封闭的曲颈瓶中加热，发现水被吸入，且不见气体释放。1774 年，英国化学家普利斯特利改用了汞密闭曲颈瓶，制备了碱空气，即氨气。1784 年，法国化学家贝托莱分析确定氨是由氮元素和氢元素组成的。十九世纪中期，随着农业科学的发展，人们已经认识到氮源对植物生长的重大意义，有意识地使用氨作为人工氮源提升农产品产量。氨来自于煤化工，在炼焦过程中，氮会转化为氨气，存在于煤气中，将这些煤气通入水中或者用硫酸吸收就得到了硫酸铵，但是含量很低。1898 年，化学家们采用电石（碳化钙）与氮气在 1000 摄氏度的高温下加热合成氰氨化钙，再用过热水蒸气进行水解，分解为碳酸钙与氨气。这种方法年产量一度达到 50 万吨左右，但是成本过高、反应温度高，反应结束后还有碳酸钙作为废料产生。

很多化学家试图利用氮气和氢气来合成氨，包括使用催化剂或者高压电弧等，尤其是后者，主要希望通过模拟自然界的固氮过程进行合成氨。但是，无一例外这些手段最终都失败了。1900 年，法国化学家勒夏特列在研究平衡移动基础上，通过理论计算认为合成氨反应并不可行，并在实验验证时发生爆炸（后证明是由于混入氧气）；德国科学家能斯特也通过计算认为合成氨反应是不能进行的。后来才发现，他在计算时误用一个热力学数据，以致得到错误的结论。

1902 年，德国化学家弗里茨·哈伯却选择了知难而进，坚定信心一步步迈入这片荒芜的领域，带领团队开始研究氨的直接合成。通过一系列的计算预测了不同温度、不同压力下合成氨的转化率与平衡浓度，又通过大量实验进行验证，他们认为为了提高整体转化率，必须让反应气体在高温高压下进行循环，同时在循环的过程中还要想方设法将氨气进行分离。其次，反应活化能非常高，反应速度非常慢，因此需要配合有效的催化剂，才能经济地进行合成氨反应。

1908 年，哈伯在实验室用氮气和氢气在 600℃、200 个大气压下合成出氨气，但产率仅有 2%。1909 年，他们又以锇为催化剂在 17～20MPa 和 500～600℃温度下进行了合成氨研究，得到 6%的氨气。

在实验室完成转化后，需要实现工程化。合成氨是高温高压反应，设备与压缩机选型难度非常大。最初合成氨的操作条件是 17MPa 与 550℃，这个压力相当于深海 2000 米左右的水压，而 550℃的温度足以让铅熔化。1910 年，哈伯与德国化学家卡尔·博施合作，在巴登公司建立了生产 80g/h 氨的试验装置。从 1909 年到 1912 年的短时间内，巴登公司研究员在 2500 个不同的催化剂上大约进行了 6500 次试验。1913 年，建立规模化的合成氨工厂。

合成氨的意义在于使人类从此摆脱了依靠天然氮肥的被动局面，加速了世界农业的发展，解决了人类的温饱问题。

1918 年，哈伯因为发明合成氨方法而获得诺贝尔化学奖。1931 年，博施因为改进合成氨方法获得诺贝尔化学奖。2007 年，诺贝尔化学奖授予了发现哈伯—博施法合成氨的作用机理，并以此为开端推动了表面化学动力学发展的德国化学家格哈德·埃特尔。

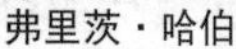

弗里茨·哈伯　　卡尔·博施　　格哈德·埃特尔

合成氨相关的三位诺贝尔奖获得者

合成氨工艺的成功完美地诠释了科学家敢为人先的科学思想和科创精神。同时启迪我们，科学研究要坚持面向世界科技前沿、面向经济主战场、面向国家重大需求、面向人民生命健康。

三、我国合成氨发展

合成氨工业是关系我国国民经济的重要行业，是我国化肥工业的基础，也是传统煤化工的重要组成部分。中国合成氨工业开始于 20 世纪 30 年代，1949 年新中国成立时合成氨厂只有 3 家，年生产能力不到 0.6 万吨。

上海吴泾化工厂的 2.5 万吨/年合成氨装置（来源：新华网）

从 1961 年到 1964 年，郭燮贤院士致力于研究表面键和催化理论，并协助物理化学家张大煜先生研制了合成氨新流程的三个催化剂，并应用于我国合成氨工业，使我国合成氨工艺从 20 世纪 40 年代水平提高到 60 年代的国际先进水平。

1964 年，国外开始采用催化净化新流程生产合成氨原料气，被誉为合成氨工业的一次革命。新流程的关键是采用了低温变换、脱硫及甲烷化三种高效催化剂，国外对此严格保密。应化工部的嘱托，张大煜教授毅然同时承接了三种催化剂的攻关任务，随后由中国科学院大连化学物理研究所和化工部有关研究院、设计院等成立攻关组，由张大煜担任领导小组组长。仅用半年时间，三种催化剂就奇迹般地研制成功，以关键核心技术打破国际垄断，并在工业上迅速推广应用，使我国的合成氨工业水平从 40 年代提高到 60 年代水平，并被国家经委、科委誉为协作攻关的成功典范。

以煤和天然气为原料制得的氢、氮原料气中含有硫化物和碳氧化物，这些物质对氨合成催化剂有毒害作用，在氨合成前需将它们脱除。合成气净化涉及低温甲醇洗脱碳技术，该技术曾长时间被国外公司垄断，耗费国家大量外汇引进。21 世纪初，大连理工大学研究团队经过二十余年的开发研究，终于使该技术国产化。两代人孜孜不倦的追求，使我国气体净化技术处于国际领先地位。

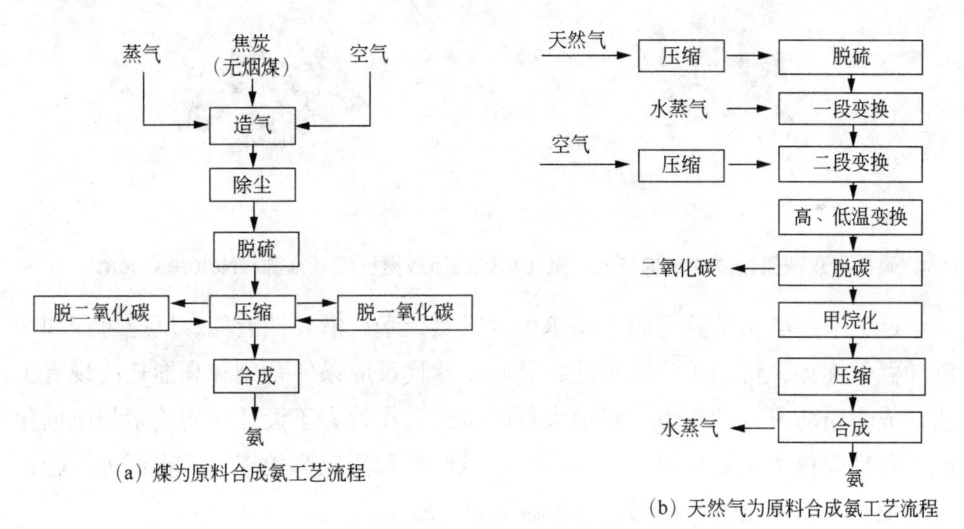

（a）煤为原料合成氨工艺流程

（b）天然气为原料合成氨工艺流程

合成氨工艺流程示意图

随着科学和工程技术的不断发展，以煤或焦炭等固体燃料为原料、以天然气烃为原料、以重油为原料的合成氨工艺不断发展。目前我国已经拥有大、中、小合成氨厂 600 多家；合成氨年产量 6000 余万吨，已成为世界上最大的合成氨生产国，产量约占世界总产量的 1/3。

四、面向未来的合成氨

固氮是将空气中的游离氮转化为化合态氮的过程，包括生物固氮、非生物固氮、人工固氮和闪电固氮等。合成氨是典型的人工固氮。雷雨天气氮气与氧气在闪电作用下生成一氧化氮，并进一步氧化为液态氮属于闪电固氮。生物固氮是指固氮微生物将大气中的氮还原成氨的过程，可以分为共生固氮微生物和自生固氮微生物两大类。

通过化学方法，制备出类似生物“固氮菌”的物质，使空气中的氮气在常温常压下与水及二氧化碳等反应，转化为氨态氮或铵态氮，进而实现人工合成大量的蛋白质等。

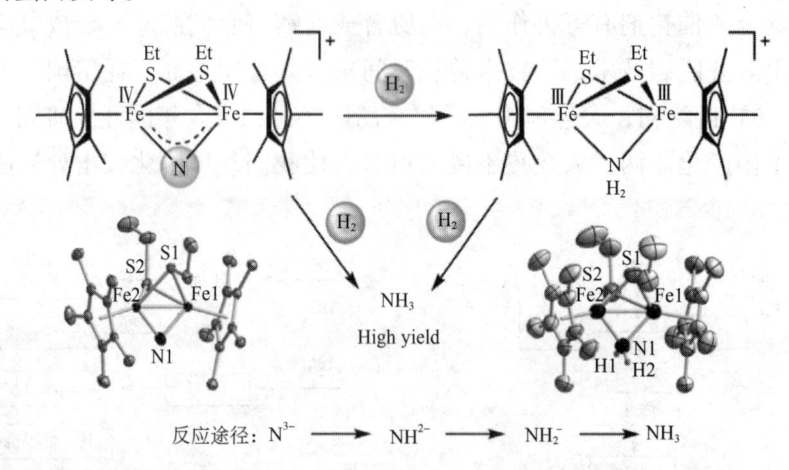

硫桥联双铁氮化物的结构与逐步氢化高效还原放氨反应（来源：Nature Chem）

近年来，电化学氮还原（NRR）合成氨技术凭借其低能耗、反应可控和绿色环保等优势，得到了广泛关注，其有望替代反应条件苛刻和高能耗的现有工艺，成为当前研究的热点。目前大量的研究工作致力于设计和构筑多相电催化剂，并且取得了重要成果。但是还存在氨产率和法拉第效率仍然很低等问题，在实现“绿色氨经济”方面仍然面临重大挑战。

五、天使还是魔鬼?

弗里茨·哈伯等人发明合成氨的生产技术后，肥料可以大幅度地提高农作物的产量，成为养活全世界人口必不可少的化合物。1914 年，第一次世界大战爆发。哈伯作为一名德国化学家，他决定开始为德国研究化学武器，研究用氨制备炸药，还负责研制、生产氯气、芥子气等毒气，并用于战争中。有统计显示，一战期间，德军向守卫城的协约国军队释放了 150t 的氯气。这是人类历史上第一次使用化学武器，在这一次大战中造成了近 130 万人伤亡。

波兰下西里西亚省的 Wroclaw Salon Slaski 俱乐部里挂着两排该省诞生的诺贝尔奖得主，其中两幅肖像是倒立的：一幅是哈伯，另一幅是阴极射线的发明者菲利普·勒纳德（后来成为种族主义者）。哈伯曾经说过："在和平时期，科学家是属于世界的；在战争时期，科学家是只属于国家的。"赞扬哈伯的人说他是天使，为人类带来丰收和喜悦，是用空气制造面包的圣人。诅咒他的人说他是魔鬼，给人类带来灾难、痛苦和死亡。两方针锋相对、截然不同的评价，同指一人，令人愕然。

知识是把双刃剑，重大的科学发现及技术突破能够带来生产力的巨大进步和社会的深刻变革，对人类社会的发展起到积极的推动作用，但是也会引发一系列的冲突。如果科研工作者在不良动机或利益冲突面前，不能理性地运用科技甚至恶意运用，就会给人类社会带来极大的灾难。化工行业从业人员需要担负更多的社会责任，应比一般人更明白化工会给社会带来的可能危害。在科研初期就应该认识到科学研究应遵守科技伦理的要求并符合人类的根本利益。科学应该用来造福世界，而不是用来伤害世界。

2021 年 2 月 24 日，中国化工学会正式发布了《中国化工学会工程伦理守则》，倡导广大化工行业从业者承担社会责任，维护职业声誉，提升专业能力，培养职业道德情操和工程伦理素养，发扬爱国、敬业、诚信、友善的精神，不断完善自我、追求卓越，用专业知识和技能造福人民、造福社会。工程伦理是化工人应恪守的基本准则。

参考资料

[1] 田伟军，杨春华．合成氨生产[M]．北京：化学工业出版社，2012.

[2] 沈世华，荆玉祥．中国生物固氮研究现状和展望[J]．科学通报，2003,48(6):6.

[3] Y. Li, Y. Li, B. Wang, et al. Nature Chem. 2013, 5, 320-326.

[4] Y. Zhang, J. Zhao, D. Yang, et al. Nature Chem. 2022, 14, 46-52.

[5] Z. She, J. Kibsgaard, C. F. Dickens, et al., Science 2017, 355.

[6] S. Z. Andersen, V. Čolić, S. Yang, et al. Nature 2019, 570, 504-508.

[7] C. Tang C, S. Z. Qiao. Chem. Soc. Rev. 2019, 48, 3166-3180.

[8] M. Dunwell, Y. Yan, B. Xu. Curr. Opin. Chem. Eng. 2018, 20, 151-158.

煤制油

能源是人类社会生存和发展的重要物质基础，攸关国计民生和国家战略竞争力。从世界范围看，煤炭、石油等能源在相当长的时期内都将是能源供应的主体。对我国来说，能源现状尤为紧张。我国煤炭资源相对丰富，而石油资源却十分短缺。2016 年，我国石油对外依存度已超过 60%。从煤炭、生物质等资源中生产经济运行所必需的液体燃料及石油化工产品，来补充石油能源的供应不足，是顺势而为、大势所趋。其中，通过煤液化合成油是实现我国油品基本自给的现实途径之一，同时为缓解我国过度依赖石油进口提供了重要保障及市场价格谈判基础，具有重要的国家安全战略意义。

煤制油即煤炭的液化，指以煤炭为原料制取汽油、柴油、液化石油气的技术。煤制油技术早在 20 世纪 20 年代开始发展，其过程被称为费托合成，是由德国科学家 Fischer 和 Tröpsch 率先发明，但该成本很高，难以大规模工业化。中国科学院煤炭研究室（中国科学院山西煤炭化学研究所的前身）于 1954 年在中国科学院石油研究所（即现在的中国科学院大连化学物理研究所）成立，开始了煤制油的技术研究。20 世纪 80 年代，全球能源危机爆发，出于能源安全的考虑，我国恢复了煤制油技术的探索。煤炭科学研究总院北京煤化所自 1980 年重新开展煤直接液化技术研究。虽然在 20 世纪 90 年代获得一定成果，但还是因为当时石油价格低廉，给煤制油的成本带来了强大的冲击。

1997 年，中国科学院山西煤炭化学研究所李永旺研究员课题组通过调研和研判，认为煤制油技术能够实现技术的革新和成本的合理化。他整合人员，组织团队，决定由原来的固定床工艺改变为更为先进的浆态床工艺。在团队的通力合作下，1998 年，实验室成功研制出高性能低温浆态床费托合成铁基催化剂，浆态床煤制油工艺的技术经济性瓶颈得以突破。但技术突破并不足以解决工业问题，实现千吨级的煤制油装置才具有工业价值，而随之而来的是上亿规模投资的需要。

山重水复疑无路，柳暗花明又一村。2001 年，李永旺向中国科学院汇报了煤制油技术的研发处境后，煤制油项目被列为首批启动的知识创新工程重大项目。在国家的大力支持下，2002 年 9 月，千吨级工业中试试验装置建成并试车成功，并合成出第一批粗油品。2003 年底，又从粗油品中生产出了无色透明的高品质柴油，标志着我国具备了开发和提供先进成套产业化自主技术的能力，并成为世界上少数几个拥有可以将煤变为高品质柴油全套技术的国家之一。

随着产学研的密切结合，煤制油工业的发展迅猛而有序。2009 年，我国第一个 16 万吨/年煤炭间接液化示范装置在内蒙古鄂尔多斯试车成功。2016 年世界单套最大规模 400 万吨/年煤制油商业示范装置建成并实现了一次性开车成功。2017 年，内蒙古伊泰杭锦旗和山西潞安两个百万吨煤制油装置相继建成投产。而随着工厂规模越来越大，李永旺团队也向着大型综合一体化、产品多元化高值化方向发展，争取 2025 年煤基合成油替代石油能力达到 2000 万吨以上。

高温浆态床合成油反应器工业装置（来源：中国科学报）

想要把经济命脉、能源安全、自由发展的主动权牢牢把握在自己手中，自主研发、自主知识产权是唯一的途径。化工人用勇于拼搏的精神、敢于担当的责任感实现了我国化工技术在世界范围内的领先，用化工人的情怀和智慧解决了我国能源上的重大需求。

参考资料

[1] 温晓东，杨勇，相宏伟，等．费托合成铁基催化剂的设计基础：从理论走向实践[J]．中国科学：化学，2017(11):72-85.

[2] 李清波．煤制油技术：把能源命脉攥在手里[N]．中国科学报，2021-11-29(3).

[3] 吴月辉．坚守，迎来“煤变油”的春天[N]．人民日报，2014-06-16(20).

炼油技术的“五朵金花”

1961 年，时任石油工业部副部长刘放在北京香山主持召开炼油科研会议，研究制定炼油科技发展规划。会议上提出要掌握流化催化裂化、催化重整、延迟焦化、尿素脱蜡以及有关的催化剂、添加剂等 5 个方面的工艺技术。并提出了在石油产品品种和数量上三年基本过关，五年立足于国内的奋斗目标。当时有部流行的国产电影叫《五朵金花》，剧中有 5 位勤劳美丽的少数民族姑娘，名字都叫金花，很受人们的喜爱。大家就将这 5 项工艺攻关炼油技术，形象地称为“五朵金花”。石油工业部提出了并决定在科研战线上开展五朵金花的会战，也就是五个炼油新技术的会战。

新中国成立之初，炼油工业基础薄弱，国家急需提高炼油技术水平。其中最重要的就是流化催化裂化技术，这种技术可以把原油炼制成国家发展急需的汽油和柴油，甚至更轻质的航空汽油。20 世纪 50 年代，我国已经掌握了催化裂化的工艺，但不是流化催化裂化技术，是苏联的移动床技术。二战结束后，苏联技术与世界先进炼油技术水平差距也越来越大，无法对原油进行有效地深度加工。因此，我国当时需要独立自主研发新的技术，逐步摆脱对苏联技术的依赖。流化催化裂化技术能将大庆原油中的重质蜡油转化为质量比较高的汽油和柴油。因此，“五朵金花”中最重要的一朵就是流化催化裂化。

1962 年 1 月，石油工业部成立了“炼厂新技术小组”。炼油工程技术专家、催化裂化工程技术奠基人、煤化工技术专家陈俊武院士与时任抚顺设计院（现中石化洛阳石油化工工程公司）院长顾敬心等人，同北京设计院、北京石油学院（现中国石油大学）的技术人员一起，共同攻关当时我国最先进的炼油技术，其中的重点就是流化催化裂化。1963 年 11 月，抚顺石油二厂年处理能力 56 万吨Ⅳ型催化裂化装置开始施工建设，于 1965 年 5 月顺利建成投产。该装置一次投产成功标志着流化床催化裂化这朵“金花”成功实现了工业化，不仅填补了我国炼油技术的空白，还首次生产出高标号汽油，把中国的炼油技术推向了一个新阶段。

第二朵“金花”是催化重整。为尽快实现催化重整工业化，当时石油工业部决定，在大庆自行设计建设催化重整装置的同时，也在抚顺石油二厂引进一套催化重整装置，旨在为大型工业化重整装置提供资料数据。抚顺石油三厂于 1962 年末建成了一套年处理能力 2 万吨的铂重整-芳烃抽提半工业化试验装置，在 1963 年 9 月到 1966 年 5 月的运行周期里，通过半工业化实验运转，依托该装置解决了原料选择、催化剂中毒等一系列工业化生产的难题，为我国第一套 10 万吨/年铂重整装置在大庆的顺利投产做出了重要贡献。

抚顺石油二厂的中国第一套流化催化裂化装置（来源：石化杂志）

第三朵“金花”是延迟焦化。20 世纪 50 年代，我国已有 8 套焦化装置投入生产，采用的均为釜式焦化和平炉焦化工艺，存在生产不连续、处理能力小、轻质油品收率低、操作环境和工业卫生条件都比较恶劣的问题。1955 年，我国在抚顺石油二厂启动 5 万吨/年延迟焦化试验装置（北焦化）建设，并于 1957 年冬建成投产，这是我国第一套延迟焦化工业化试验装置。1964 年 12 月，年处理能力 30 万吨的延迟焦化装置（南焦化）也在抚顺石油二厂建成投产。这套装置采用了两炉两塔和全井架水力除焦新工艺，是我国第一套大型水力除焦延迟焦化装置，其工艺技术已接近世界先进水平，使得延迟焦化这朵“金花”在抚顺率先实现了工业化。

1965 年，尿素脱蜡装置这第四朵“金花”设计开发成功，通过化学反应除掉了原油中的石蜡成分，对利用大庆原油为航空领域以及为高寒地区提供燃料起到了关键作用。

催化剂和添加剂作为第五朵“金花”，其绽放也异常艰难。20 世纪 50 年代末，我国仅有几家规模不大的炼油厂，其中催化加工装置有限且使用的是磷酸硅藻土叠合催化剂；有一套移动床催化裂化装置，用于生产航空汽油，使用的是小球硅铝裂化催化剂，而这些催化剂在当时全部依赖进口。流化床催化裂化新工艺需要使用一种粒度在40～80微米大小的微球硅铝裂化催化剂，当时这种催化剂的制造技术被西方所垄断，对我国严加封锁，因此，自主研发这种催化剂成为我国炼油催化剂研发面临的紧迫任务之一。时任石油工业部部长的余秋里在回忆录中写道“我把研制催化剂的重担交给了石油科学研究院从美国回来不久的闵恩泽同志……他们吃在车间、睡在办公室，和工人一起爬装置、钻高温干燥箱，一心埋头搞研究、搞攻关。”这位我国炼油催化应用科学的奠基人、石油化工技术自主创新的先行者和绿色化学的开拓者，就是84岁的中国科学院院士、中国工程院院士、2007年度国家最高科学技术奖获得者闵恩泽。当时，研制微球硅铝裂化催化剂的关键技术是“制造筛分组成和机械强度均符合催化裂化装置中流态化要求的微球”，必须“让喷雾干燥器有合适的喷嘴结构”。于是，闵恩泽科研和技术两头抓，一方面研究催化剂制备及改性方法，一方面打破常规，提前建设中型喷雾干燥器来研究喷嘴结构，他们很快开发成功了一种目前仍在使用的专用喷嘴。1965年，8000吨/年的微球硅铝裂化催化剂工厂终于投产，使我国成为世界上第三个掌握这项技术的国家。

到了1966年，被誉为我国炼油“五朵金花”的新技术已分别在抚顺、大庆、锦西先后实现了工业化，使我国当时的石油产品品种达到494种，汽油、柴油、煤油、润滑油四大类产品产量达到617万吨，自给率达100%。我国不仅彻底结束了用“洋油”的历史，炼油工业也由落后三四十年一下子跃居当时的世界先进水平。

回顾1949年，全国原油加工能力只有12万吨/年。经过半个多世纪的努力，2022年，我国原油加工量达到6.76亿吨，成品油产量3.6亿吨，炼油一次加工能力9.2亿吨/年，是世界炼油工业强国。

参考资料

[1] 李月清. 艰难的崛起——随着“五朵金花”相继绽放，我国石油化工品种达到542种，自给率达到100%，彻底终结了洋油时代[J]. 中国石油企业，2019(9):33-35。

[2] 许帆婷，刘倩. 炼油工业：从“五朵金花”到锦绣满园——访中国科学院院士陈俊武[J]. 中国石化，2019(9):18-22。

[3] 闵恩泽. 工业催化剂的研制与开发——我的实践与探索[J]. 化工时刊，1998.

芳烃制造

在石油化工行业中，“三烯三苯”（乙烯、丙烯、丁二烯、苯、甲苯、二甲苯）是生产各种有机化工原料和合成树脂、合成纤维、合成橡胶的基础化工原料。“三苯”又称为BTX（Benzene-Toluene-Xylene）芳烃或轻质芳烃，也通常被简称做芳烃。对二甲苯简称PX，是二甲苯中应用最广的异构体，也是芳烃中需求量占比较高的化工原料，约65%的纺织原料、80%的饮料瓶的生产来源于PX。PX生产装置通称芳烃联合装置。

目前可以通过石脑油、液化气、轻烃以及催化裂化轻循环油（LCO）等原料生产芳烃，但石脑油依旧是生产芳烃的主要原料。然而从不同原料出发制芳烃的工艺过程得到的混合芳烃中对二甲苯含量均很低，因此，芳烃联合装置的核心生产目标，就是通过芳烃间转化来增加对二甲苯的产量。以石脑油作为化工原料生产芳烃的工艺流程如下图所示，通过对石脑油进行催化和蒸汽裂解，得到重整生成油以及加氢裂解汽油，进而经过由一系列精馏塔构成的二甲苯分馏单元，经过甲苯歧化及烷基转移、对二甲苯分离及二甲苯异构两类工艺过程进行芳烃的分离和转化，得到芳烃产品。

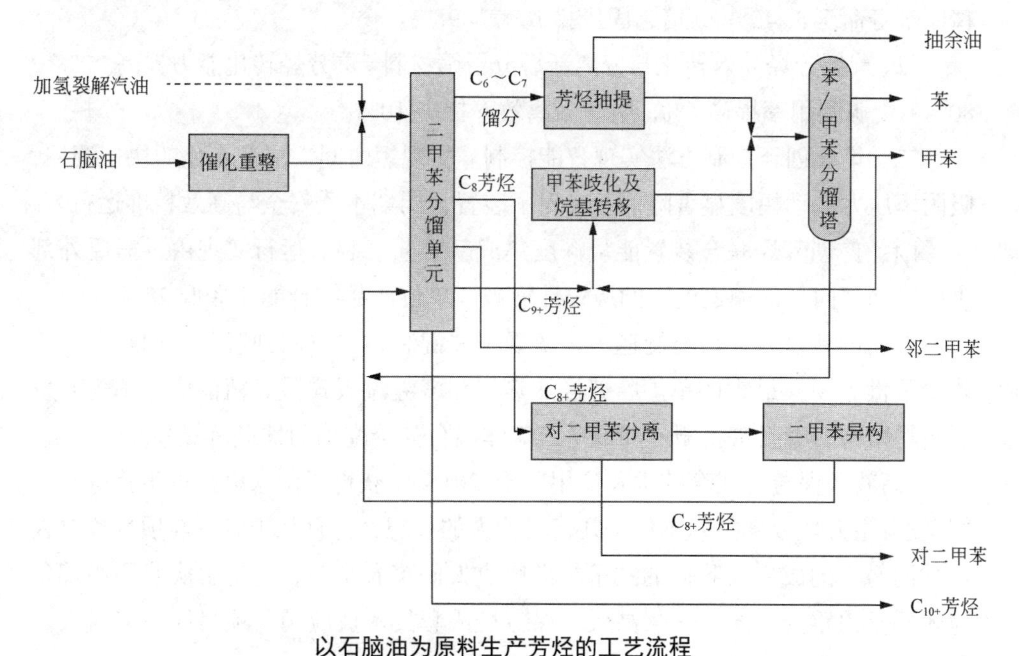

以石脑油为原料生产芳烃的工艺流程

1972年起我国就着手开展芳烃成套技术的攻关，1972～1981年期间，国家科学技术委员会、中石化通过973项目、“十条龙”重大科技攻关等项目予以支持，为芳烃技术的研发奠定了基础。当时仅有美国UOP和法国Axens两家公司掌握了该项技术，国内产能几乎全部依赖进口。1975年引进一套年产仅2.7万吨的对二甲苯装置，费用高达400多万美元。在这样的大背景下，开展芳烃成套技术攻关，尽快使核心技术国产化，成为几代石化人的梦想。2009年中国石化成立了芳烃成套技术攻关组，2000多名技术人员联合攻关。经过四十余年攻关，成功开发出具有完整自主知识产权的高效环保芳烃成套技术。

以2013年底投产的中国石化海南炼油化工有限公司（简称海南炼化）的60万吨/年的芳烃联合装置为例，截至2015年7月，该装置已连续平稳运转20个月，其间各项关键技术指标达到或超过国际同类水平。如吨产品能耗仅为国际同类先进技术的72%，吨产品成本比国际先进水平低6%，产品纯度达到99.8%以上。海南炼化PX项目的设备国产化率高达95%。

高效环保芳烃成套技术的成功研发，使我国成为继美国、法国之后，世界上第三个掌握该技术的国家。该技术显著提高了产品分离和芳烃资源利用效率，大幅节能降耗、减少固废排放，实现五大创新：

一、首创原料精制绿色新工艺。以化学反应替代物理吸附实现了原理创新，精制剂寿命延长40～60倍，固废排放减少98%。

二、首创芳烃高效转化与分离新型分子筛材料。重芳烃转化能力提高70%～80%，资源利用率提高5%，吸附分离效率提高10%。

三、集成创新控制方法实现智能控制。实现短时间大流量变化的快速调控，吸附塔压力波动幅度显著降低，确保了装置长周期本质安全与高效精准运行。

四、首创芳烃联合装置能量深度集成新工艺。装置运行实现由“需要外部供电”到“向外部输送电”的历史性突破，单位产品综合能耗降低28%。

五、创新设计方法与制造工艺实现了关键装备“中国创造”。创新设计并建造了世界规模最大的单炉膛芳烃加热炉和多溢流板式芳烃精馏塔，率先开发了新型结构的吸附塔格栅专利设备，流体混合与分配均匀性显著提高。

“高效环保芳烃成套技术及应用”于2015年获得了国家科技进步特等奖。“开发自主芳烃成套技术不仅是几代石化人的梦想，也是几千名参与项目攻关人员共同努力的成果。我们的技术帮助解决人们穿衣难题，这对解决我国粮棉争地矛盾至关重要。”——“高效环保芳烃成套技术及应用”项目第一完成人、中石化高级副总裁戴厚良说。

我国是纺织大国，发展芳烃项目对于解决粮棉争地矛盾，保障纺织原料供应、产业链完整及经济结构安全至关重要。通过芳烃联合装置生产的 PX 为原料生产的化学纤维可以替代约 2.3 亿亩土地产出的棉花，从而大大降低了对棉花的依赖，为守住 18 亿亩耕地红线做出重要贡献。

参考资料

[1] 钱伯章. 我国芳烃成套技术达到或超过国际水平[J]. 石油炼制与化工，2015,46(10):49.
[2] 吴巍. 芳烃联合装置生产技术进展及成套技术开发[J]. 石油学报（石油加工），2015, 31(2):275-281.
[3] 吴莉. 中石化芳烃技术：让人们穿得暖、穿得好[J]. 化工管理，2016(19):43-44.
[4] 刘永芳. 中国石化高效环保芳烃成套技术的开发及其应用[J]. 石油化工设计，2016, 33(1):1-6+9.

甲醇制烯烃

乙烯、丙烯等低碳烯烃是重要的基本有机化工原料，也是现代化学工业的基石，其传统生产技术严重地依赖石油资源。随着社会经济的发展，石油及石化产品的需求迅速增长。我国煤炭资源相对丰富，发展以煤为原料制取石油类产品的煤化工技术，实施以煤替代石油生产烯烃是一条可行的技术路线。石油替代战略，是关系到我国经济长期稳定发展和能源安全的重大课题。而煤制烯烃技术就成为保障能源安全的重要技术途径和战略发展方向。甲醇制烯烃是实现煤制烯烃的核心技术，属于世界性难题，包括与反应原理、催化剂、反应工艺相关的一系列科学和技术难题。

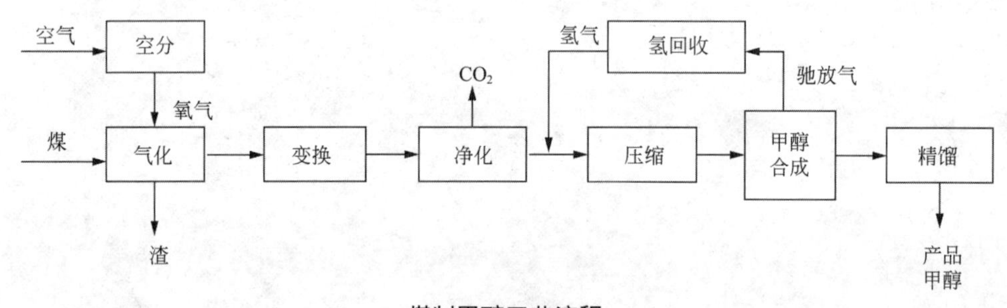

煤制甲醇工艺流程

从 20 世纪 80 年代开始，中国科学院大连化学物理研究所就围绕甲醇制烯烃催化剂和工艺技术开展创新研发工作。项目主要负责人刘中民研究员第一次接触这个项目时，还是刚进入大连化物所的研究生。1990 年底，刘中民博士毕业后成为大连化物所的职工，被分配到甲醇制烯烃（MTO）固定床中试项目实习。为后期的项目攻关打下了基础。1991 年是国家“八五”科技计划启动年，蔡光宇牵头开展国家“八五”重点科技攻关项目——“合成气制低碳烯烃”。其中，一个课题是合成气直接制烯烃，另一个课题是两步反应，即合成气经二甲醚制取低碳烯烃，刘中民承担的是二甲醚制烯烃催化剂的研制任务。当时确定了不放弃 ZSM-5 催化剂同时快速开展 SAPO-34 合成和性能研究的策略。在实验室大量研究工作的基础上，1993 年，刘中民与何长青、常彦君三人利用抚顺石油三厂的分子筛工业合成装置开展了 SAPO-34 分子筛的放大合成。他们完成了 3 个配方的分子筛合成，从实验室 2L 合成釜直接放大到 $2m^3$ 釜，均取得了成功。这也是世界上 SAPO-34 分子筛的首次工业放大。

很快，合成气经由二甲醚制取低碳烯烃中试项目顺利通过验收。然而在1995年底，美国UOP公司在北京召开了甲醇制烯烃（MTO）技术发布会，宣布完成了0.5吨/天的中试试验，可直接建设工业化装置。刘中民团队深感合成气或甲醇制烯烃技术面临的将是一场激烈的国际竞争。由此，刘中民和王清遐一起拜访了洛阳石化工程公司的陈俊武院士。陈俊武设计了包括中国第一套催化裂化装置在内的众多大型工业装置，具有丰富的化学工程经验。在双方多次交流之后，决定在工业化之前必须完成工业性实验。同时，刘中民意识到合成气制烯烃技术可能要从战略急需变成战略储备项目，技术推广及工业性试验将是个持久战。于是，在不放弃技术推广的同时，研究小组继续加强基础研究和应用基础研究，补齐技术短板。2004年，国际油价开始回升，陕西省计划建设煤制烯烃项目，并为此成立了新兴能源科技有限公司。大连化物所结合甲醇制烯烃的技术特点，联合该公司以及中石化洛阳工程有限公司，成立了优势互补的创新团队，将技术推广的重点放在了甲醇制烯烃方面，联合进行工业性试验。

从2004年8月2日启动，至2006年8月23日通过技术鉴定，攻关团队怀着参加世界首套甲醇制烯烃工业化试验的自豪感和责任感，不畏艰难，日夜奋战，历时两年取得圆满成功。如今，该项目在催化剂、反应工艺、工程化及工业化成套技术等方面取得了一系列技术发明和创新，形成了具有自主知识产权的甲醇制烯烃技术（DMTO）。在国家支持下，建成了世界第一套万吨级甲醇制烯烃工业性试验装置，于2006年完成了试验，装置规模和技术指标均处于国际领先水平。而将DMTO作为技术名称，专业层面的解释是，二甲醚或/甲醇制烯烃（dimethyl ether or/and methanol to olefin），而D也隐含着两种原料（double）和大连（Dalian）的意思。

2010年，我国利用DMTO技术建设完成了世界首套甲醇制烯烃工业化装置，也是我国煤制烯烃国家示范项目（神华包头），装置规模为每年180万吨甲醇生产60万吨烯烃。开辟了我国独有的甲醇制烯烃战略性新产业，奠定了我国在世界煤制烯烃产业中的国际领先地位。2014年，甲醇制烯烃技术在国家科学技术奖励大会上荣获国家技术发明奖一等奖。

在煤制烯烃技术30多年的研发过程中，石油价格时刻牵动着大连化物所研究人员的神经。当油价较低时，煤制烯烃的研究是否必要的质疑就会产生。20世纪90年代中期，大连化物所在完成“合成气经由二甲醚制取烯烃工艺”技术年产60吨烯烃的中试试验后，国际油价出现大幅下跌，每桶最低时不到10美元。刘中民研究员说："那时，我们的技术发展进入了困难期，但是团队始终抱有坚定的信念。"共同参与技术攻关的中石化洛阳工程有限公司的陈俊武院士认为，甲醇制烯烃这项技术全世界都处于实验室阶段，谁先工业化，谁就掌握市场主动权。他告诉大家，"一定要抢时间，如果被国外公司先占领了，我们再国产化就晚了。"

神华包头180万吨煤基甲醇制60万吨烯烃项目（来源：中国科学院网站）

技术超前的部署，坚持不懈的追求，优势互补的合作，这是DMTO技术走向成功的关键。

参考资料

[1] 刘中民．探索中前行 变革中发展[N]．中国科学报，2019-09-17(003).

[2] 张今令，叶茂．艰难险阻浑不怕 磨砻砥砺勇攀登[N]．中国科学报，2019-12-17(003).

[3] 李大庆．煤制烯烃为什么能摘下国家技术发明一等奖[N]．科技日报，2015-01-10.

[4] 韩朝阳，陈俊武．科技报国70载 满腔热情终不悔[J]．智慧中国，2019(11):72-73.

[5] YeMao,TianPeng,Liu Zhongmin.DMTO: A Sustainable Methanol-to-Olefins Technology[J]. Engineering,2021,7(1):17-21.

生物航煤

生物质能是仅次于煤炭、石油、天然气的第四大能源。生物质能中的碳来自大气中的CO_2，其生产和消耗过程不会增加大气中的碳总量，是一种清洁可再生的能源形式，也是唯一可替代化石能源转化成液态、固态、气态燃料及其他化工产品的碳资源。发展生物质能是应对全球气候变化、能源短缺和环境污染最有潜力的方向之一。我国已将生物质能作为六大重点发展的新能源产业之一。

目前，全球民航业商业航班的航煤年消费量约为2.7×10^4万吨，温室气体年排放量约为8.59×10^4万吨，占行业排放总量的96%以上。由于航空燃料燃烧时产生的CO_2主要排放在平流层，对气候变化影响很大，开发可实现碳减排的航空替代燃料已成为国际民航业的普遍共识。

生物航煤与石油基航煤的组成与结构相似，性能接近，可满足航空器动力性能和安全要求，且无须更换发动机和燃油系统，全生命周期CO_2减排幅度为67%～94%，是目前最现实可行的燃料替代方案和CO_2减排的有效途径。生物航煤技术发展迅速，自2009年以来，费托合成制备生物航煤（FT-SPK）、油脂加氢脱氧制备生物航煤（HEFAs）、轻芳烃烷基化制备生物航煤（SPK/A）、糖发酵加氢制备生物航煤（SIP）、低碳醇制备生物航煤（ATJ-SPK）、催化水热裂解喷气燃料（CHJ）均是通过ASTM D7566 认证的技术路线。其中HEFAs路线是目前成本较低、应用最广泛的生产技术，即生物质原料经预处理脱除掉磷、钠、钙、氯等杂质后，通过两段加氢工艺，即加氢脱氧得到长链烷烃，再经加氢改质使长链烷烃发生选择性裂化和异构化反应，生成异构烷烃，最终分馏得到石脑油、生物航煤、生物柴油及重组分燃料等产品。

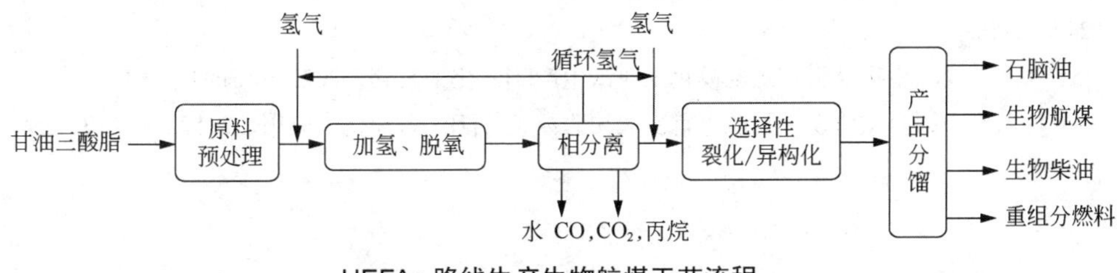

HEFAs路线生产生物航煤工艺流程

在国家政策的支持下，我国的生物航煤技术发展势头迅猛。2011 年以来已完成4次生物航煤飞行试验。2014年，中国石化顺利获得生物航煤适航许可证，先后进行过国内航线从上海至北京的商业飞行，国际航线从北京至芝加哥的跨洋飞行。我国由此成为亚洲第一个、世界第四个拥有生物航煤自主研发生产技术的国家。2022年6月28日，我国首套生物航煤工业装置在中国石化镇海炼化首次生产出生物航煤，意味着我国的生物航煤技术可实现规模化生产，向大规模生产及商业化应用迈出了重要一步。该套生物航煤工业装置采用中国石化石油化工科学研究院研发的生产技术，是HEFAs路线下的两步法加氢脱氧技术，可以将使用过的烹饪用油、食用油，即地沟油作为原料生产生物航煤。中石化方面表示，与传统石油基航空煤油相比，生物航煤全生命周期 CO_2 减排最高可达50%。该装置年设计加工能力10万吨，一年基本能消化掉一座千万人口城市回收来的地沟油，每年可减排 CO_2 约8万吨，相当于近5万辆经济型轿车停开一年。

发展生物航煤技术是减少对化石燃料依赖，实现“双碳”目标的有效途径之一。现阶段，生物航煤的经济性仍然是制约其发展的关键因素，开发高性能低成本催化剂，研发新的技术路线是目前生物航煤产业发展所面临的最大挑战。

参考资料

[1] 张胜军，门秀杰，孙海萍，等.“双碳”背景下生物液体燃料的机遇、挑战及发展建议[J]. 现代化工，2022,42(6):1-5.
[2] 乔凯，傅杰，周峰，等. 国内外生物航煤产业回顾与展望[J]. 生物工程学报，2016, 32(10): 1309-1321.
[3] 雪晶，侯丹，王旻烜，等. 世界生物质能产业与技术发展现状及趋势研究[J]. 石油科技论坛，2020,39(3):25-35.
[4] 王圣，杨鹤，闫瑞，等. 生物航煤生产技术的发展现状[J]. 生物工程学报，2022,38(7): 2477-2488.
[5] 佚名. 我国生物航煤首次规模化工业试生产[J]. 化工时刊，2022,36(6):41.
[6] 佚名. 中国自主研发生物航煤首次成功跨洋飞行[J]. 石油化工应用，2017,36(12):30.

3D 打印

3D 打印是一种将材料一次性熔聚成型的先进制造技术，它以三维数字模型为基础，运用金属或塑料等可黏合材料，通过逐层打印并叠加不同形状的连续层方式来构造目标实物。有别于传统的减材生产工艺，3D 打印工艺是添加工艺，仅消耗加工目标产品所需要用到的材料量，极大节省了原材料的使用，因此也被称作“增材制造”。3D 打印技术始于 20 世纪 80 年代中期，通过融合机械制造、计算机、材料学、精密机械等多学科技术优势，发展成为一门综合交叉性制造技术。短短四十年，已经发展出了包括选区激光烧结（SLS）、光固化成型（SLA）、熔融沉积成型（FDM）和直写成型技术（DIW）等商业化成熟技术。3D 打印被誉为“实现中国制造业升级的核心技术之一”，是未来全球制造业的技术高点之一。

随着 3D 打印技术的日趋完善和发展，其产品的制造精度也不断提高，使之在化工领域显示出独特的应用优势。事实上在化工产品开发的每个环节与反应中，3D 打印技术均有应用。与传统的制造模式不同，计算机辅助的智能制造使整体式催化剂、反应器、混合器和辅助设备的研究更加深入。

一方面，3D 打印技术在功能材料制造领域，有望突破传统制备方法的局限，获得性能更优、用途更广的功能材料。例如整体式催化剂的设计加工，传质和扩散是重要的影响因素，采用 3D 打印技术，能够快速实现宏观的结构设计，可控制备出三维空间高度贯通的特殊结构，并可以方便地进行精细化调整。作为连续制备工艺，能够有效提高可持续性和能源、材料利用率，兼具了高效、高精度、成本可控的优势，这是传统催化剂成型工艺难以比拟的。近年来，研究人员已将 3D 打印技术应用于分子筛、金属有机框架、多孔金属氧化物等材料，研发了结构丰富的整体式多孔材料，在催化与气体吸附、分离等领域有着潜在的应用前景。最近，中国科学院上海高等研究院工程科学团队采用光固化 3D 打印技术制备氧化铝多孔催化剂载体，通过改进氧化铝载体空间结构，提高了载体的传热与传质效率，成果开发出了一种兼具高机械强度和高催化活性的 3D 打印催化剂制备方法，所制备的催化剂机械强度是目前传统颗粒催化剂的 4 倍，可适应车载加速颠簸等情况，有望应用于车载甲醇重整制氢技术领域。

另一方面，3D 打印技术可以作为有机化学合成和材料工艺的“微化工平台”，能够将微型反应器的设计和加工的时间和成本大大压缩。微型反应器也能用做小的原型机来模拟制造工艺。原型打印加快了研发速度，缩短了产品投放市场所需时间。研究人员可以在数天内生产、试验和完成原型，而以前要花费数周时间。3D 打印在微化工技术领域的应用有待引发在绿色化工生产方面的变革。

可以预见的是，未来我国的 3D 打印技术将向标准化、规模化发展，最终将与数控技术、大数据、云计算、物联网、智能材料、机器人等先进技术结合得更加紧密，成为众多智能制造平台终端的一个重要组成部分。

参考资料

[1] Zhu Jie, Wu Peiwen, Chao Yanhong, et al. Recent advances in 3D printing for catalytic applications, Chem Eng J, 433 (2022).

[2] Huo Cunbao, Tian Xiaoyong, Nan Yang, et al. 3D printing of hierarchically porous monolithic TS-1 catalyst for one-pot synthesis of ethylene glycol, Chem Eng J, 450 (2022).

[3] Wen X, Zhang B, Wang W, et al. 3D-printed silica with nanoscale resolution, Nat Mater, 20 (2021) 1506-1511.

[4] 3D 打印可制备车载甲醇重整制氢催化剂[J]．山西化工，2022,42(1):126.

[5] 张丽．化工材料在 3D 打印领域的应用与发展[J]．化学工业，2017,35(2):37-41.

[6] 王若瑜，韩蕾，任黎明，等．3D 打印一体式多孔功能材料研究进展[J]．石油炼制与化工，2021,52(5):117-126.

单原子催化

随着纳米科学与技术的发展，人们认知到当纳米晶尺寸降低到原子团簇、单原子时，其能级结构和电子结构会发生根本性的变化，使得单原子催化剂往往表现出不同于传统纳米催化剂的活性、选择性和稳定性，因此可以通过控制纳米晶的尺寸、形貌、晶面去调控催化剂表面原子的分布和结构以提高催化性能。单原子催化剂（single-atom catalyst）是指孤立的单个原子分散在载体上的催化剂。单原子催化剂的催化过程就是单原子催化。单原子催化剂中的原子不能简单理解为物理概念上的电中性原子，因为它或强或弱与载体有相互作用。

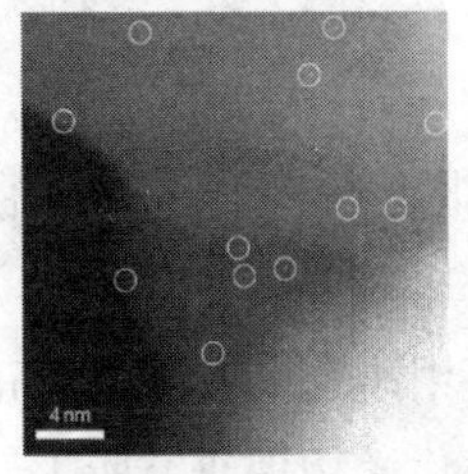

(a) Pt 单原子（白色圆圈）分散在 FeO_x 载体上

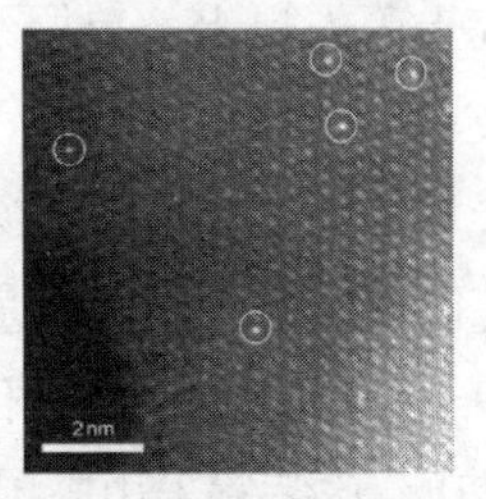

(b) 占据铁原子的位置

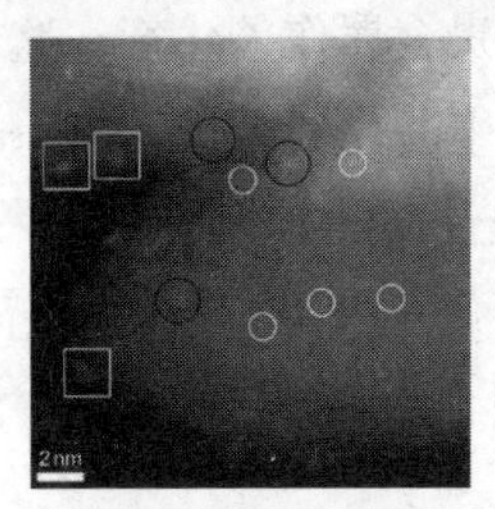

(c) 混合单原子（白色圆圈）、少于 10 个铂原子组成的二维铂筏（黑色圆圈）、1nm 左右的三维 Pt 簇（白色方形）高角环形暗场透射电子显微镜（HAADF-TEM）下的单原子 Pt 催化剂

（源自 *Nature Chem*）

“单原子催化”主要是在提高金属原子利用效率的理念上发展而来。2011 年，中国科学院大连化学物理研究所的张涛院士、清华大学李隽教授及美国亚利桑那州立大学刘景月教授首次提出，开发了 FeO*x* 负载的单原子铂（Pt）催化剂，研究发现，Pt 单原子提供电子给基底材料 FeO*x* 使催化剂更加稳定，并对 CO 氧化呈现高活性；球差电镜和 XAFS 证明了 Pt 单原子的存在，DFT 计算表明带正电的 Pt 降低了 CO 的吸附能和 CO 的反应能垒。这种将活性金属以单原子形式分散在催化剂载体上，能够以极低的负载量获得更高的反应活性。自此，掀起了国际社会对于单原子催化剂的研究热潮。单原子催化不同于纳米催化和亚纳米催化，因为当活性物种分散度达到单原子尺寸时，会产生与纳米或亚纳米级

粒子显著不同的特性，如急剧增大的表面自由能、不饱和配位环境、量子尺寸效应和金属载体强相互作用等，从而赋予了单原子催化剂优异的催化性能。因此，单原子催化的应用已经拓展至能源、材料、环境、肿瘤光热治疗、传感等领域，具有广阔的应用前景。

单原子催化剂上的金属中心以孤立的单原子形式高度分散在载体上，达到了金属分散的极限，具有类似于均相催化的“孤立位点”及结构稳定易分离的优点，该方法实现了原子利用率的最大化，有利于实现催化反应的高活性和高选择性；虽然兴起的时间不长，但其优越的性能在工业催化中有重大的应用潜能，规模化的工业应用正在深入研究中，该成果已入选美国化学会 C&EN 2016 年“十大科研成果”及“中国科学院改革开放四十年 40 项标志性重大科技成果”。

自张涛院士等人提出“单原子催化”这一概念以来，科研人员不断地深入挖掘和进行技术创新，促进了这一领域的进一步发展，对于高负载量单原子催化剂，具有普适性的规模化制备策略被陆续报道出来，单原子催化在催化研究中，特别是在催化反应机理方面是一个重要的里程碑。

2020 年 9 月，5 万吨/年的多相催化乙烯氢甲酰化及其加氢制正丙醇工业装置在宁波开车成功，该装置采用中国科学院大连化学物理研究所丁云杰团队研发的载体和配体双功能聚合物固载贵金属作催化剂，这是我国烯烃多相催化氢甲酰化技术的首次工业应用，为烯烃甲酰化多相催化体系的研发提供了宝贵经验。

目前，关于新颖单原子催化剂的合成方法越来越丰富，运用也越来越广泛，其发展前景十分广阔，我们要借鉴前辈们的成功经验，继承和发扬其探索精神，寻找更加稳定、具有更高活性和更高载量的单原子催化剂，推动中国催化工业继续前进。

参考资料

[1] Qiao Botao, Wang Aiqin, Yang Xiaofeng, et al. Single-atom catalysis of CO oxidation using Pt_1/FeO_x. Nature Chem, 2011(3): 634–641.

[2] 乔波涛，伊晓东，高飞雪，等．能源转化过程中的单原子催化：机遇与挑战[J]．中国科学基金，2022,36(6):11.

[3] 正丙醇工业装置开车创先河[J]．浙江化工，2020,51(9):26.

[4] 靳永勇，郝盼盼，任军，等. 单原子催化——概念、方法与应用[J]. 化学进展，2015, 27(12): 1689-1704.

[5] Zhang T. Single-Atom Catalysis: Far beyond the Matter of Metal Dispersion, Nano Lett, 23(2021)9835-9837.

“将功赎过”的三聚氰胺

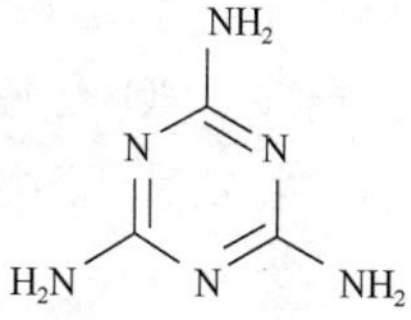

三聚氰胺（Melamine），俗称密胺、蛋白精，分子式为 $C_3H_6N_6$，IUPAC 命名为“1,3,5-三嗪-2,4,6-三胺”，是一种三嗪类含氮杂环有机化合物，被用作化工原料。它是白色单斜晶体，几乎无味，对身体有害，不可用于食品加工或食品添加物。

三聚氰胺分子式

三聚氰胺昔日被广泛关注源于 2008 年的三鹿毒奶粉事件。当时很多婴儿食用了三鹿奶粉后患了肾结石，最终的罪魁祸首竟是这个不起眼的小分子——三聚氰胺。它是一个三嗪（三个氮作为杂原子的苯）的结构，每个碳上的氢被一个氨基取代。三聚氰胺之所以被不良商家掺入奶粉中，是因为其高含氮量与价格低廉的优点。发生食品中添加三聚氰胺问题的主要原因在于食品中蛋白质含量测量方法的缺陷。长期以来一直采用的凯氏定氮法只能检测样品中总的含氮量，不能区分蛋白氮和非蛋白氮，从而导致了以高含氮量非蛋白物质冒充蛋白质现象的发生。这件事给了我们一个深刻的教训，蛋白质检测法的缺陷导致了致命的造假。在三鹿事件后，检测项目中增加了三聚氰胺的检测，当前，应用最广泛的三聚氰胺检测方法就是高效液相色谱法，该方法分析速度快、样品组分分离效率高。此外，质谱法以及较为新颖的近红外线吸收法、拉曼光谱法、电泳法等方法都有对奶制品中三聚氰胺检测的报道。

三聚氰胺实际上是一种重要的有机化工原料，广泛应用于木材加工、建材、塑料、涂料、造纸等行业，同时可做发泡剂、阻燃剂、绝缘材料和甲醛清洁剂。三聚氰胺可与甲醛缩合合成三聚氰胺-甲醛树脂，该树脂与填料、颜料、润滑剂捏合，可制成性能优越的热固性氨基塑料，可用于各种电器或机械设备的配件、日用器皿、卫生洁具和仿瓷餐具等；此外三聚氰胺还可用作阻燃剂和化肥。

除了以上用途，三聚氰胺还有一个非主流应用：作为合成石墨相氮化碳（g-C_3N_4）的原料。那么石墨相氮化碳又是什么呢？且看其结构：g-C_3N_4 是通过三聚氰胺等聚合而成的，商业上用来做涂层，也被报道是一种很好的储氢材料。近年来发现这种结构材料并不简单，其 N 原子与 C 原子之间有 π 电子云的重叠，形成一个大的二维平面 π 共轭结构，层与层之间通过 C、N 极性的相互吸引而具有较强的稳定性（不像石墨烯全是 C、C 相互作用）。这种大 π 电子云相互作用使其成为一种带隙较窄的半导体，是一种很好的光吸收剂。当光照射到其上，电子会从基态激发到激发态，产生空穴和光生电子。在助催化剂作用下，空穴可以起氧化作用，光生电子可以起还原作用，从而可以应用到如 CO_2 还原、光催化分解水等领域。当然，目前石墨相氮化碳的光催化性能还远未达到商业化的水平，不过预期在不久的将来，以三聚氰胺为原料的 g-C_3N_4 将会在如光催化分解水、CO_2 还原等关系到能源、环境的重大领域大放光彩，届时三聚氰胺也可以“将功赎罪”了。

参考资料

[1] 张文广，陈恢贵，张文．三聚氰胺浅探[J]．上饶师范学院学报，2009,29(6),59-62.
[2] 张欣，赵杨东升，李鹏．关于乳制品中的蛋白质检测论述[J]．现代食品，2015(13),17-19.
[3] 赵瑞，杨世杰，杨艳，等．乳制品中三聚氰胺检测方法研究进展[J]．中国乳业，2021,233(5),69-77.

溶剂低温溶解技术

纤维素是地球上最丰富的可再生资源，它可用于纺丝、制膜、生产无纺布或制得纤维素衍生物，是重要的化工原料。在采用生物质生产纤维的过程中，传统方法采用黏胶法，即采用 $NaOH/CS_2$ 体系将纤维素溶解，该方法由于大量使用 CS_2 以及重金属盐和有害污染物造成环境污染并损害人体健康。

武汉大学张俐娜教授课题组，开发了纤维素的新一类溶剂：碱/尿素水溶剂（NaOH/尿素、NaOH/硫脲、LiOH/尿素水溶液体系），并由此形成了高分子低温溶解新技术，解决了最难溶解的生物质大分子—纤维素和甲壳素溶解的问题，打开了一条利用可再生动植物资源的新通道。该技术采用最普通和经济的氢氧化钠和尿素水溶液作为纤维素溶剂，预冷到-12℃后，它能迅速溶解纤维素得到透明的溶液；再由此生产出新型再生纤维素丝，整个生产周期仅 12 小时。这种新溶剂体系采用了最经济、最普通的化工原料，生产工艺简便、生产周期短、价廉，而且所用的化学原料容易回收，可循环使用。

为什么这些溶剂在室温下不能溶解纤维素，而它们预冷到-5～-12℃后则能迅速溶解纤维素？为了弄清纤维素在新溶剂体系中低温溶解的机理，张俐娜教授课题组详细研究了 NaOH/尿素、NaOH/硫脲和 LiOH/尿素水溶液体系及它们的纤维素溶液在低温环境下的结构变化。通过研究，发现在低温下溶剂中的小分子和纤维素大分子之间通过氢键驱动自组装形成包合物，由此把纤维素分子带入水溶液中，导致透明的纤维素溶液。尿素包合物阻止了纤维素分子自聚，维持了溶液的稳定性。下图为纤维素-LiOH-尿素管道包合物透射电镜图及模型设计图。这是一种通过低温下氢键驱动的小分子和大分子自组装成包合物导致纤维素溶解的新机理。这种新思路对天然高分子以及含功能基团的合成高分子的溶解开辟了新的途径，拓宽了化学溶解理论的范围。

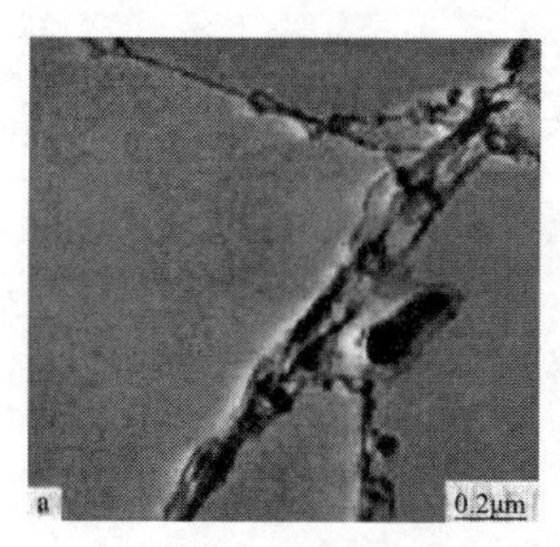

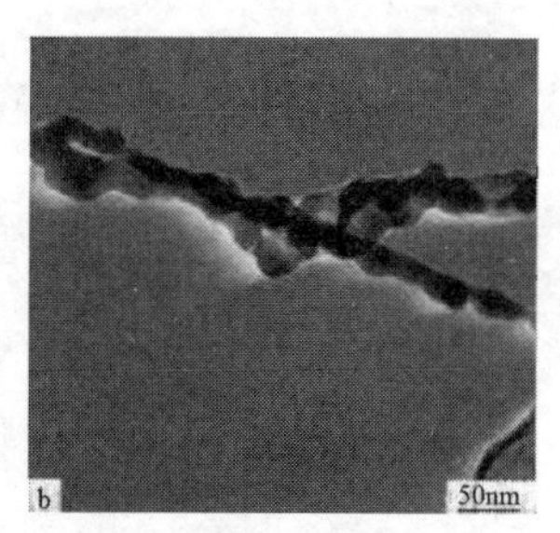

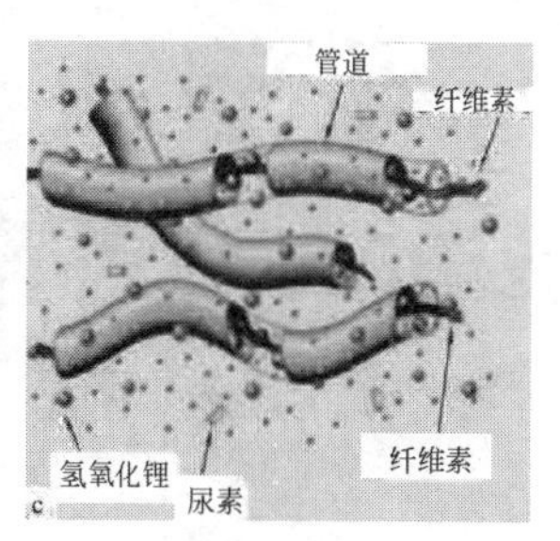

纤维素-LiOH-尿素管道包合物透射电镜图像及模型（来源：高分子学报）

张俐娜教授课题组突破使用有机溶剂和加热溶解高分子的传统方法，创建了 NaOH/尿素水溶剂体系和低温快速溶解纤维素的崭新方法，并提出了低温溶解大分子的新机理，开创了高分子低温溶解新技术，推进了化学“绿色化”的进程。

参考资料

[1] 武汉大学. 美国化学会向张俐娜颁发安塞姆·佩恩奖. [EB/OL].[2012-03-28]. https://baike.baidu.com/reference/7301754/533aYdO6cr3_z3kATKaNyv_3MC_BM92tubTaVuNzzqIP0XOpRovyScYl6MJx-_NyWgjF_5FsZtlax7j6CFRE5_EWdPNtBug.
[2] 人民网. 武汉大学第一位女院士 张俐娜演绎“神话般故事”. [EB/OL] [2014-03-19]. https://baike.baidu.com/reference/7301754/533aYdO6cr3_z3kATPyMxfT3NXyXNdT5trfTV-dzzqIP0XOpTYrwFJg378cz-7lkGwaFs5YtbplHxrn-FUtG7_4PIuw1R7Y_n3L5VDDBz7b4p51sxg.
[3] 我国创建绿色溶剂低温溶解新技术[J]. 发明与创新，2011(5):32.
[4] 吕昂，张俐娜. 纤维素溶剂研究进展[J]. 高分子学报，2007(10):8.

高性能芳纶纤维

高性能纤维是近些年来纤维高分子材料领域发展迅速的一类特种纤维，是具有高强度、高模量、耐高温、耐气候、耐化学试剂等所谓高物性纤维的统称。高性能纤维品种很多，如碳纤维、芳香族聚酰胺纤维、芳杂环聚合物纤维、芳香族聚酯纤维、高强高模聚烯烃纤维等都属于高性能纤维范畴。

芳纶纤维即芳香族聚酰胺纤维，是芳香基团和酰胺基团组成的线性聚合物，是一种新型高性能合成纤维，具有优异的力学性能；具有耐高温、耐酸碱、质量轻、耐磨损等优良性能；拥有良好的绝缘性和抗老化性能和很长的生命周期。芳纶的发现，被认为是材料界非常重要的历史进程。

芳纶纤维的应用领域可横跨国防安全及军事、航空航天、高端制造等多个方面。在军事方面，为了适应现代战争的需要，芳纶防弹衣、头盔的轻量化，有效提高了军队的快速反应能力和杀伤力。在航空、航天方面，由于芳纶质量轻而强度高，节省了大量的动力燃料。

按化学结构不同，芳纶纤维可分为对位芳纶、间位芳纶和邻位芳纶 3 种，其中邻位芳纶很少使用。

一、芳纶 1414（对位芳纶，也称芳纶Ⅱ）

对位芳纶（PPTA 或 PBA）区别于普通柔性聚合物分子链，对位芳纶纤维的主链结构主要由苯环对位而成的棒状分子结构构成，由于大共轭苯环的存在，分子链段难以发生内旋转，从而呈现一种线性刚性结构。对位芳纶的主要突出优点是高强度、高模量，优良的韧性、抗疲劳性、耐摩擦、电绝缘性等。主要应用于安全防护、防弹，橡胶制品增强，高强度缆绳以及石棉摩擦材料替代。防弹头盔是对位芳纶一个典型的应用领域。

二、芳纶 1313（间位芳纶）

间位芳纶（PMIA）的分子链共价键没有共轭效应，分子链内旋转位能低于对位芳纶，大分子链的柔性较对位芳纶强，纤维结晶度比对位芳纶小。

间位芳纶具有优异的耐热性、耐焰性及绝缘性，可用在高温的工作环境，主要用于耐高温防护服、消防服，高温烟道过滤材料，电绝缘纸及复合材料轻量蜂窝结构。由于其特殊性能，也可用作电池包中防火绝缘材料。

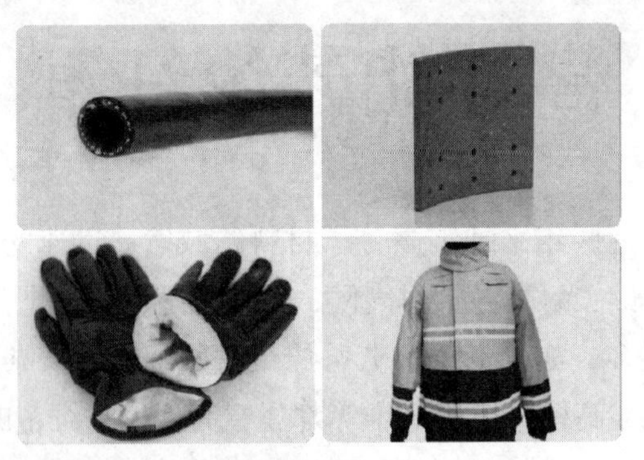

间位芳纶应用

三、F12–芳纶Ⅲ（对位杂环芳纶）

芳纶Ⅲ和全对位芳纶在结构和性能上有极大不同，是在聚对苯二甲酰对苯二胺（PPTA）的分子主链上引入杂环结构，使其具有比芳纶Ⅱ更好的力学性能，同时有利于纤维和树脂的复合性能提升。F-12 高强有机纤维属于芳纶类纤维，呈黄褐色，有明显的金属光泽，具有高比强度、高比模量、低密度、阻燃性、耐磨性、耐酸碱、耐腐蚀、韧性好等优异性能，也是当前高新技术纤维领域最具代表性的品种之一。

我国芳纶纤维的研发起步较晚，由于国外公司对核心技术的封锁垄断等原因，大部分原料需要进口，特别是国产的溶剂不能过关，生产的技术瓶颈难以突破，我国芳纶纤维的技术水平、产品档次及生产能力都与国外发达国家存在着一定的差距。据报道，至 2020 年我国对位芳纶进口依赖度约为 87%，进口替代需求迫切。

2022 年 10 月 15 日，央视军事报道，中国航天科工六院历经十多年潜心研制，终于走通了 F12 纤维的国产化之路，开发了低温缩聚、混合、过滤、脱泡、湿法纺丝、真空热处理、动态热牵伸和溶剂回收等成套工艺技术及装备。国产 F12 芳纶纤维已实现自动化生产，这种单根直径只有 14μm 的材料是头发丝的六分之一，用它做成 12mm 的细绳，能拉动 20 多吨的重物，同样粗的钢绳只能拉动 8 吨。F12 实现国产化，打破了美、日、俄等技术垄断的局面。未来国产高性能芳纶纤维将在火箭发动机、飞机功能结构件等尖端领域支撑着国之重器跨越发展。

参考资料

[1] 李艳伟，宁元军，母长明，等. 两种高性能纤维研究进展[J]. 高科技纤维与应用，2011(1):8.
[2] 肖长发，尹翠玉. 化学纤维概论[M]. 北京：中国纺织出版社，2015.

工程塑料中的“黄金”——聚酰亚胺

聚酰亚胺（Polyimide，PI）是综合性能非常突出的有机高分子材料，被誉为“二十一世纪最有希望的工程塑料之一”。

作为特种工程塑料，聚酰亚胺的物性几乎可以称得上是“全能”：

（1）突出的耐高低温性能　长期的使用温度可达 300℃，具有超高的热分解温度约 500℃，优良的耐寒性，在-269℃的液氦中不发生脆裂，表现出优良的机械性能；

（2）优异的力学性能　原材料抗张强度大于 100MPa，作为工程塑料弹性模量可达 3～4GPa，强度和模量仅次于碳纤维；

（3）出色的介电性能　10^3Hz 下介电常数为 4.0，介电损耗最低仅有 0.004～0.007；

（4）优良的化学稳定性　绝大多数的化学试剂都无法对其造成损害，耐酸耐腐蚀；

（5）具有生物相容性　无毒，可用来制造餐具和医疗器械，并经得起数千次消毒。

因其优异的性能，聚酰亚胺又被称为“解决问题的能手”。

聚酰亚胺的应用形式非常多，以薄膜、涂料、纤维、工程塑料、复合材料、胶黏剂、泡沫塑料、分离膜、液晶取向剂、光刻胶等为主，可应用到航空航天、电气绝缘、液晶显示、汽车医疗、原子能、精密机械包装等领域，人们普遍认为“没有 PI 就不会有今天的微电子技术”。

目前，我国高等院校、研究所、多领域企业公司已布局多种类型聚酰亚胺材料的研究开发工作。聚酰亚胺在高性能、特种用途的材料制造方面国产化进程情况如下。

一、PI 泡沫领域

我国在技术研发和生产方面仍处于起步阶段。在发达国家严密封锁 PI 泡沫技术的大背景下，国产 PI 泡沫有明显的需求缺口，国内产品开发多集中于技术专利阶段，尚未形成大规模产业化应用。

二、PI纤维领域

我国PI纤维领域布局早，目前已实现大规模连续生产，产品综合性能达到国际先进水平。2006年，中国科学院长春应用化学研究所自主研发的PI纤维性能实现了对美国杜邦公司Kevlar-49的超越。2013年，长春高琦PI纤维年产能已达到1000吨，已基本可以满足军队对于该项材料的需求。此外，江苏奥神新材料、江苏先诺、科聚新材等公司均在PI纤维领域取得生产技术的重要突破，关键性能指标有了进一步提高。

三、PI薄膜领域

已实现电工级PI薄膜的大规模生产,但电子级PI薄膜仍对国外有较大依赖，进口依赖度达到80%。自20世纪70年代，我国开始尝试自主研发PI薄膜的生产工艺。1993年，深圳兴邦电工器材完成国内第一条PI薄膜的工业化产线。截至目前，国内已有桂林电器、山东万达微电子、深圳瑞华泰等数十家企业具备PI薄膜的生产能力或规划生产。

聚酰亚胺材料作为很有发展潜力的高分子材料，其价值已经得到充分的认识。其在绝缘材料和结构材料方面的应用不断扩大的同时，作为新型功能材料也正崭露头角，应用潜力也在不断发掘中。

参考资料

[1] 二十一世纪最有希望的“工程塑料”——聚酰亚胺[J]. 塑料科技，2018,46（11）.

[2] 董南希. 聚酰亚胺纳米材料：微结构调控、功能化及其锂电池应用研究[D]. 北京化工大学，2021.

[3] 前沿材料. 21世纪最有希望的工程塑料——聚酰亚胺！[EB/OL].[2020-09-17]. http://www.360doc.com/content/20/0917/01/71590417_936133776.shtml.

[4] 轧钢之家. 我国16种“国产替代”新材料投资指南！[EB/OL].[2022-10-30]. https://zhuanlan.zhihu.com/p/578751511?utm_id=0.

[5] 关宗. 确定发力方向 主攻高端产品——来自我国新材料产业的报告[J]. 中国石油和化工产业观察，2022(4):4.

合成橡胶中的“中国创造”

橡胶是关乎国家经济发展和国防安全的战略资源，在军用、民用众多领域具有不可比拟的重要作用。小到瓶盖、橡皮、暖手袋，大到国防上使用的飞机、大炮、坦克，甚至尖端科技领域里的火箭、人造卫星、宇宙飞船、航天飞机上都可以看到它的身影。

从 1950 年中国科学院长春应用化学研究所成功生产出新中国第一块合成橡胶——20 公斤氯丁橡胶生胶开始，而后相继生产的丁苯橡胶、顺丁橡胶等，为我国合成橡胶领域奠定了基础。中国的“第一块胶”，凝聚着我国无数石油科研人员和产业工人的智慧和汗水。

一、第一块“氯丁橡胶”

氯丁橡胶（Neoprene），是由氯丁二烯（即 2-氯-1,3-丁二烯）为主要原料进行 α-聚合而制成的合成橡胶，被广泛应用于黏胶鞋底、涂料和火箭燃料。长春应化所的前身—东北科学研究所于 1949 年便率先在全国开展合成橡胶的研究，1950 年 12 月 28 日，诞生了我国第一块合成橡胶——氯丁橡胶，吹响了我国在合成橡胶领域研发的号角，有力地满足了国防建设的急需。随后，各种通用和专用橡胶的研发有序进行。

国家科技进步特等奖证书及奖杯

经过 20 多年积累，长春应化所开发出了具有我国自主知识产权的镍系顺丁橡胶生产工艺，荣获了 1982 年国家自然科学二等奖及 1985 年国家科技进步特等奖。如此高的评价的获得是因为顺丁橡胶解决了我国“路能走”的大问题。当时我国橡胶工业几近空白，老百姓以布鞋为主，顺丁橡胶的生产不仅改变了人们的生活，还为车辆工业奠定了基础。此后，在这个中国合成橡胶的发祥地，在孙书棋、钱保功、欧阳均、沈之荃、王佛松等老一辈科学家的努力下，长春应化所科研团队攻坚克难，砥砺前行，让中国合成橡胶技术在世界舞台上“一路晋级”。

二、第一块“丁苯橡胶”

丁苯橡胶（Styrene-Butadiene Rubber，SBR）是合成橡胶家族中另一个重要成员，是以丁二烯和苯乙烯为单体共聚得到的高分子弹性体，它的产量和消耗量在合成橡胶中占第一位，它的诞生地是兰州石化公司合成橡胶厂。

1953～1960 年，基于中苏签订的合成橡胶建设项目协议，兰州石化成功生产出新中国第一块乳聚丁苯橡胶，结束了我国不能生产丁苯橡胶的历史。但在 1960 年 7～9 月，中苏关系变化，苏联撤走了所有专家，同时带走了全部图纸和资料，并停止供应我国建设急需的重要设备，在这样艰苦的条件下，兰州石化人自强不息、艰苦奋斗，于 1965 年自行开发了低温（5℃）乳液聚合技术代替了热法聚合工艺，开始生产丁苯软胶，同时停止丁苯硬胶的生产。在接下来的几十年中，兰州石化形成了自主知识产权技术，2008 年投产了 10 万吨/年的丁苯橡胶生产线，2013 年扩大为 15 万吨/年，至 2019 年已经达到 143 万吨的生产能力，满足下游行业需要。

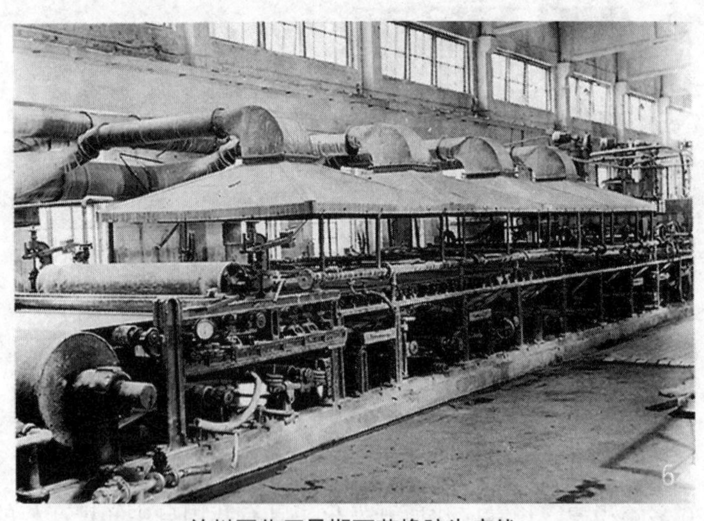

兰州石化厂早期丁苯橡胶生产线

三、第一块“顺丁橡胶”

顺丁橡胶是高顺式聚丁二烯橡胶的简称，是以1,3-丁二烯为单体，采用镍系和稀土催化剂聚合得到的，由于顺式1,4-聚丁二烯橡胶的含量大于96%，因此称为顺丁橡胶。中国第一块合成顺丁橡胶诞生在锦州石油六厂（以下简称六厂）。

1965年6月，国家汇集全国30多家科研机构力量，决定采用锦州基地的精制丁二烯技术，在锦州基地展开“合成顺丁橡胶大会战”。1966年9月30日，锦州基地生产出新中国第一块合成顺丁橡胶，首批14吨。1967年1月，年产1000吨顺丁橡胶装置投产，5月成功生产139吨顺丁橡胶。1970年，橡胶大会战采用了催化剂双二元陈化方式，并以脂肪烃为溶剂进行丁二烯聚合试验，最终获得了成功。

中国的“第一块胶”故事，凝聚着我国无数石油科研人员和产业工人的智慧和汗水，每一块胶都是新中国自主研发的科技成果，都闪烁着耀眼的光芒，凝结着历史的印记。

参考资料

[1] 中国石油兰州石化公司合成橡胶厂．纪念中国“第一块乳聚丁苯橡胶”诞生60周年．[EB/OL]．[2020-05-20].http://www.cnsria.org.cn/newsitem/278496801.

[2] 倪伟波．合成橡胶：橡胶世界的“中国创造”[J]．科学新闻，2018(8):3.

[3] 王铎．聚氯丁二烯橡胶改性聚酰胺研究[J]．化工新型材料，2011,039(010):135-137.

[4] 冯学军．一块胶的故事[J]．中国石油石化．2021,(20):72-75.

聚集诱导发光

聚集诱导发光（Aggregation-Induced Emission，AIE）概念是由唐本忠教授团队提出，经过 20 年的发展，已在化学、物理学、材料科学、生命科学和医学与健康等众多领域得到广泛研究和应用。

2001 年，香港科技大学唐本忠团队基于研究的需要，制备了一系列多苯基取代的噻咯衍生物。在分离纯化过程中，他们发现含这些物质的溶液滴在薄层色谱板（TLC）上后，用手持式紫外灯照射并无荧光发射，但随着溶剂的挥发，TLC 板上斑点发光逐渐增强。这种现象与当时已写入教科书的光物理学常识“聚集猝灭发光（ACQ）效应”正好相反。在确定这一现象真实存在后，他们就以快报（通讯）的形式发表了文章，由于这些体系的发光是由分子的聚集所引起，因此唐本忠教授正式将这一现象命名为“聚集诱导发光”（AIE）。

“为什么发光材料会产生截然相反的两种现象？具有 ACQ 特性和 AIE 特性的发光材料究竟有什么不同？”为了搞清这背后的机理，唐本忠团队将 AIE 分子与 ACQ 分子进行对比分析之后发现，引起 AIE 的原因源于其独特的分子结构，简单来说，就是“长得不一样导致的结果”。

具有 AIE 特性的多苯环取代噻咯衍生物具有非常扭曲的“螺旋桨”状构型。因此在溶液中，分子外围的苯环可以围绕中心的噻咯环发生转动，从而热耗散掉激发态的能量，使分子不发光。而在聚集状态下，分子的扭曲构型抑制了分子键的 π-π 堆积效应，同时分子的内旋转受邻近分子的位阻作用而被限制，两种因素协同作用促使这类分子只能通过辐射跃迁的方式失活。而具有 ACQ 特性的分子大多是具有大的平面结构的稠环化合物，像一张张扁平的光盘，这样的结构非常稳定，单个时无法随意转动，能量耗散偏向于光能转换，而堆积起来后，面面相结合的分子间易发生电荷转移，提高了各种非辐射过程（即非发光过程），消耗能量，发光自然减弱甚至消失了。唐本忠由此提出了分子内旋转受限（RIR）是导致 AIE 产生的根本原因。

在多年潜心研究中，唐本忠团队开发出了多种 AIE 材料，这些材料的用途十分广泛：可用于生物检测甄别肿瘤和正常细胞；可用于测定水体污染物，快速判断污染源；可用于制作高效节能的有机发光二极管显示屏……2016 年，AIE 纳米粒子被顶级学术期刊《自然》列为支撑即将来临的纳米光革命的四大纳米材料之一，是其中唯一一种由中国科学家原创的新材料。

AIE 研究目前正蓬勃发展，仅 2020 年发表的与 AIE 主题相关的论文数就高达 6000 多篇。在这些文章中，有些研究团队探讨了 AIE 过程的工作原理，比如分子运动与结构刚性；另一些团队开发了新型 AIE 体系，比如有机室温磷光、簇发光和生物源 AIEgens；还有些团队探索了 AIEgens 在刺激响应、生物探针、化学传感、光电器件等方面的潜在技术应用。理论上，AIE 材料可以应用于任何涉及分子内运动受限的领域，如细胞器成像、癌细胞追踪、爆炸物检测、智能材料、光波导、有机发光二极管用材料、化学传感器等。因此，AIE 材料的应用范围“只有想不到，没有做不到”！

加拿大科学家贝琳达海涅教授说：“我们讨论聚集不能不提聚集诱导发光。自从唐本忠团队的研究成果发表以来，毫不夸张地说，这个研究领域经历了爆炸式的发展。”开拓了这一全新研究领域的唐本忠，2009 年当选为中国科学院院士，并以 AIE 这一成就获得了 2017 年度国家自然科学奖一等奖。

“其实 AIE 效应很普遍，我们观测到 AIE 现象之前，也有人看到过这种现象，但却被人们忽视了。”唐本忠说。当发现实验结果与教科书不符时，不要轻易下结论是自己错了，要想到也许实验结果预示着一个新的突破。“做研究就是‘见人皆所见，思人所未思’。要敢于跳出框框，力争比巨人看得更高更远。”

在唐本忠看来，最伟大的科学研究有两个层次：一是改变世界面貌；二是改变人们的思想。唐本忠说，“要么去改变人们的思维方式，要么去改变世界的面貌，这就是我的科学梦想、人生追求。”

参考资料

[1] 涂兴佩，蔡萌．一光一世界——记 2017 年度国家自然科学奖一等奖获得者、香港科技大学教授唐本忠[J]．中国科技奖励，2018(02):26-31.

[2] 余惠敏．科学之光照亮人生路——记中国科学院院士唐本忠[N]．经济日报，2021-06-27.

[3] 唐本忠，董宇平，秦安军，等．聚集诱导发光[M]．北京：科学出版社，2020.

[4] Kenry, Tang Benzhong, Liu Bin. Chem, 2020,6,1195-1198.

甲壳型液晶高分子

传统的液晶高分子有主链型和侧链型之分。主链型的液晶基元在高分子主链中，具有较大的主链刚性，玻璃化转变温度和熔点高，通常作为高强、高模的结构材料使用；侧链型的液晶基元作为侧基悬挂在高分子主链上，主链柔性较大，液晶基元对外场变化响应迅速，通常作为功能材料使用。除分子链刚性的区别外，这两种性质不同的高分子的制备反应也不同：主链型高分子经过缩合聚合制造而成，侧链液晶高分子则大都是通过单体的链式聚合或高分子反应制造的。二十世纪八九十年代，在高分子合成和液晶高分子的研究领域，全世界科学家都还是沿用这两种思路对其进行研究和合成。

北京大学周其凤院士在充分认知和完全掌握国际上通用的这两种思路基础上，对自己提出了这样一个问题："能否用制备侧链液晶高分子的链式聚合反应制备刚性或半刚性链液晶高分子并从而获得高强度高模量材料？更一般的，能否用链式聚合方法制得性质与主链型液晶高分子相似的侧链型液晶高分子？"

基于对主链—液晶基元连接部位与运动力矩的思考，周其凤院士做了以下推想："如果通过液晶基元的质心或尽可能靠近质心的部位（腰部）与主链相接，主链热运动对液晶基元所产生的作用力矩应当较小"。如果这样的猜想是正确的，那么这种侧链型液晶高分子的分子链应该采取伸直链构象并有较大刚性。这是因为体积庞大的刚性棒状液晶基元拥挤在分子主链周围的有限空间内从而迫使高分子主链采取尽可能伸直的构象，主链的运动自由受到严重限制，势必导致链的柔性下降刚性增强。

1987年，北京大学周其凤院士在Macromolecules发表论文，首次提出"甲壳"型液晶高分子（Mesogen-Jacketed Liquid Crystal Polymers，MJLCPs）的概念。在甲壳型液晶高分子中，其侧基与高分子主链紧密相连，由于大体积、高密度侧基的体积排斥作用，整个高分子链被迫采取较伸展的构象，使得其整体作为液晶基元从而产生液晶相。由于这些刚性液晶基元包覆在柔性主链周围、形同甲壳，因而称其为"甲壳"型液晶高分子。MJLCPs在结构上属侧链型液晶高分子，性质上更接近主链型液晶高分子。

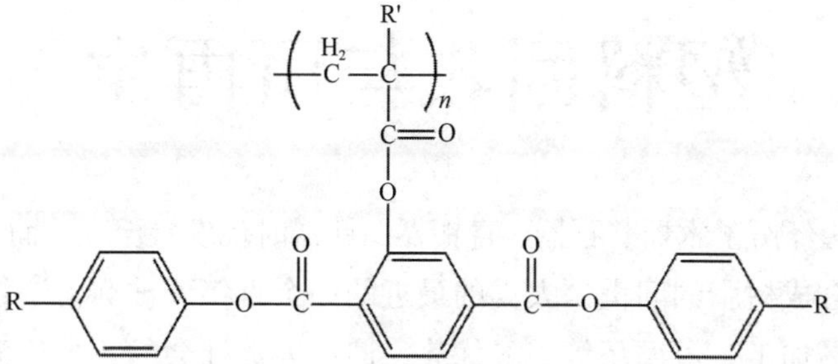

聚乙烯基对苯二甲酸系列甲壳型液晶高分子

甲壳型液晶高分子的概念和学术思想，突破了国际液晶高分子传统的分子设计模式，丰富和发展了液晶高分子研究领域，成为少有的中国学者引领的学术方向。这一独到的理论概念一经提出，便立即引起了国内外学术界的高度关注和重视；众多的科学家采用各种实验技术证实了这一理论的科学性和正确性。从而，周其凤院士的这一重大突破性的开拓得到了全世界科学界的公认，有力地促进了高分子学科理论的提升，引领了高分子研究的发展。

30 多年来，甲壳型液晶高分子的研究不断延伸，深化了人们对液晶高分子结构与性质之间内在关系的认识，为高分子材料的结构和性能设计提供了一个新策略，取得了一系列重要成果。

参考资料

[1] 宛新华，张希．甲壳型液晶高分子 30 周年专辑 前言[J]．高分子学报．2017(10).
[2] 周其凤．“甲壳型”液晶高分子研究进展[J]．中国科学基金，1994(4),256-261.
[3] 余振魁．周其凤：一流科研，出色校长[J]．湘潮（上半月），2013(7):34-37.
[4] 刘禹彤．周其凤：人生哪有那么“合适”[J]．中国新闻周刊，2016(19):60-65.

塑料回收与可再生

人类文明经历了木器、石器、青铜器、铁器时代发展至今，而在20世纪20年代，随着合成树脂的问世，人类的最近的一个百年可被称为塑料时代。塑料具有质轻、易加工、可循环等明显优势，遍布人类社会的各个角落，上天入地无处不在：日用容器、医疗卫生、电子产品、交通工具、航天探月，都离不开各种各样的塑料制品。然而，由于塑料高度的稳定性，以及回收和处理不当，导致它们在发挥完作用后变成了人们眼中的“白色垃圾”，而微塑料在环境中的扩散也成为了被人诟病的严重问题。

随着国家“双碳”目标的发布，“回收”与“降解”成为了塑料行业的关键词。高效地回收废旧塑料制品，研制可降解的塑料原材料，成为了重要关注点。1950年至2017年全球累计生产约92亿吨塑料，而废塑料的回收利用率却不足10%。随着国际社会对回收塑料的重视程度不断加强，世界几大经济体在塑料废弃物回收方面投入了大量资金和技术。欧盟2021年共产生3560万吨废塑料，其中回收利用量为820万吨，回收率23%。美国产生废塑料约3570万吨/年，回收利用量300万吨/年，回收率约9%。相比之下，我国作为全球最大的塑料生产国和消费国，2020年塑料制品产量7600万吨，废塑料产生量6000万吨，通过填埋、焚烧、物理回收处理5900万吨，废弃100万吨。其中物理回收1600万吨，占比26%，相对较高。如果将全部回收方式计算在内，则处理总量达到98%。

塑料回收处理常采用热裂解和共混加工等方式，但技术难度均非常高。主要问题体现在回收塑料再次共混加工后，产品性能较低，无法满足使用需求。而热裂解则需要高性能的催化剂和反应设备。虽然我国有约10000家从事废旧塑料回收的企业，但技术层次并不占优。而反观欧美国家，废塑料化学回收技术处于行业领先地位，目前针对混合塑料废弃物，热解技术和气化技术已实现工业应用，产品包括石蜡、油品、甲醇、乙醇等。

回收是废旧塑料制品处理的一种方式，而设计和制备可降解的塑料品种则可以极大缓解废弃合成树脂对环境带来的巨大压力。目前市场上已经出现了在一定条件下可以实现降解的塑料制品，如以淀粉、聚乳酸、聚己内酯、聚己二酸/对苯二甲酸丁二醇酯等为基体的塑料餐具、食品包装、医疗器械。根据我国《关于进一步加强塑料污染治理的意见》要求，2025年快递、外卖、一次性

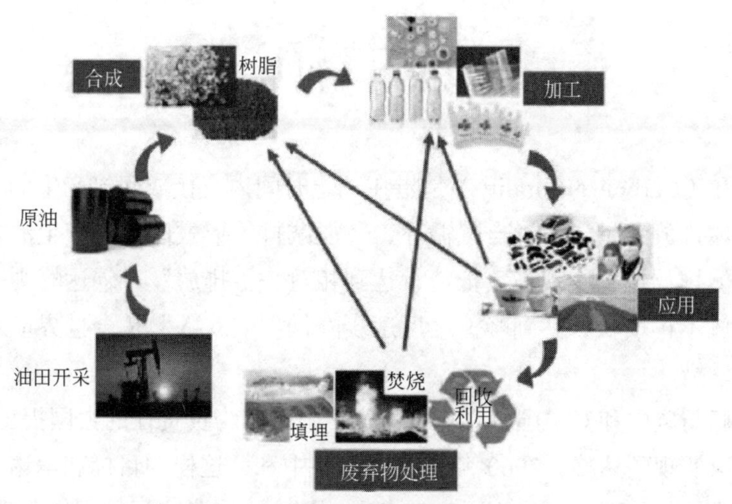

塑料的生命周期

塑料袋应采用可生物降解塑料，鼓励地膜采用生物可降解塑料。而纸张作为包装替代品的使用也大大补充了市场对可降解材料的需求。我国可降解塑料产能建设在最近几年势头强劲，目前主要可降解塑料已有产能 78 万吨/年，在建产能 182 万吨/年，规划产能达 1400 万吨/年。但问题仍然存在，如回收体系建立不完备，可降解塑料的中间产物有污染环境的可能，成本较高，碳减排效果不及传统塑料回收等。所以，我国的塑料回收与可再生产业仍需加大力度，从精细化和专业化上下足功夫。

参考资料

[1] 王红秋，付凯妹．新形势下我国废塑料回收利用产业现状与思考[J]．塑料工业，2022, 50(6):38-42.

[2] 王琪，瞿金平，石碧，等．我国废弃塑料污染防治战略研究[J]．中国工程科学，2021, 21(3):160-166.

[3] 郑强．塑料与“白色污染”刍议[J]．高分子通报，2022(4):10.

[4] 李超．回收再生将成为塑料绿色发展主流[J]．中国石化，2022(4):31-34.

[5] 陈勇．废塑料无害化回收利用发展现状及趋势[J]．现代化工，2022,42(9): 23-26.

碳中和

碳中和（Carbon Neutrality）是指在一定时间内直接或间接产生的二氧化碳或温室气体排放总量，通过自然循环、节能减排等形式能抵消产生的二氧化碳或温室气体排放量，实现正负抵消，达到相对“零排放”。碳达峰则是指二氧化碳的排放不再增长，达到峰值之后逐步降低。“双碳”是全世界应对气候变化的战略举措。

碳达峰与碳中和对中国意义非常重大，中国作为负责任的大国提出 2030 年之前要争取实现碳达峰，2060 年努力做到碳中和，这样的目标和承诺不仅仅是简单地减排二氧化碳，更是为了人类未来，符合“人类命运共同体”理念。

碳中和目标的实现，一方面需要节能，需要降低单位工业增加值能耗，发展绿色建筑、新能源汽车等；另一方面需要发展新能源，包括风电、水电、光伏、地热、生物质能以及新的储能技术。化工行业对实现“双碳”目标起着重要作用，减少二氧化碳的排放包括碳封存、碳抵消，开发可再生能源和低碳清洁技术，可以借助化工研究，实现新能源革命，同时需要新的物质转化技术。

CO_2 分子形状是直线形的，中心原子碳原子采取 sp 杂化，2 条 sp 杂化轨道分别与 2 个氧原子的 2p 轨道重叠形成 2 条 σ 键，碳原子上互相垂直的 p 轨道再分别与 2 个氧原子中平行的 p 轨道形成 2 条大 π 键。二氧化碳虽然会造成温室效应，但是也可以用于光合作用、制备纯碱、制备碳酸饮料、干冰等。

CO_2 捕集封存与转化利用面临巨大的挑战与机遇。碳捕集与封存（Carbon Capture and Storage，简称 CCS）是一种将产生的二氧化碳收集起来，并用各种方法储存以避免其排放到大气中的技术。这种技术被认为是未来大规模减少温室气体排放、减缓全球变暖最经济、可行的方法，包括燃烧前捕集（pre-combustion）、富氧燃烧（oxy-fuel combustion）、燃烧后捕集（post-combustion）三类方法。燃烧前捕集主要运用于整体煤气化联合循环系统中，将煤高压富氧气化变成煤气，再经过水煤气变换后产生 CO_2 和氢气，气体压力和 CO_2 浓度都很高，很容易对 CO_2 进行捕集，剩下的 H_2 可以当作燃料使用。富氧燃烧采用传统燃煤电站的技术流程，但通过制氧技术，将空气中大比例的氮气脱除，直接采用高浓度的氧气与抽回的部分烟气（烟道气）的混合气体来替代空气，这样得到的烟气中有高浓度的 CO_2 气体，可以直接进行处理和封存。燃烧后捕集是在燃烧排放的烟气中捕集 CO_2，常用的 CO_2 分离技术主要有化学吸收法（利用酸碱性吸收）、物理吸收法（变温或变压吸附）、膜分离法技术。

捕获的二氧化碳可以用来制造化学品，也可以封存。地质封存是将超临界状态（气态及液态的混合体）的 CO_2 注入地质结构中，这些地质结构可以是油田、气田、咸水层、无法开采的煤矿等。海洋封存是指将 CO_2 通过轮船或管道运输到深海海底进行封存。但是这种封存办法也许会对环境造成负面的影响，比如过高的 CO_2 含量将杀死深海的生物、使海水酸化等。此外，可模仿自然界中岩石风化吸收 CO_2 的过程，CO_2 溶解在水中产生碳酸，然后与碱性矿物发生中和反应，反应得到稳定的固态碳酸盐，经历漫长的地质年代也不会分解，可实现对 CO_2 的永久封存。

二氧化碳的催化转化也是一类重要的途径。甲烷二氧化碳重整制合成气后制备高附加值化工产品。甲烷二氧化碳重整技术同时消耗两种温室气体，获得合成工业前驱物——合成气，兼具环保性和经济效益。二氧化碳直接和氢气反应制备高附加值化工产品，如甲醇、甲酸等。二氧化碳与环氧化物共聚合成的聚碳酸酯具有许多优良的性能，被广泛应用于工程塑料、生物降解的无污染材料、汽车工业以及医药卫生等领域。二氧化碳与氮杂环共聚合成的聚氨酯也是一种用途广泛的高分子材料，被广泛应用于制造各种泡沫塑料、海绵以及避震、抗摩擦的弹性材料和医用器材中。由二氧化碳与环氧丙烷合成环状碳酸酯是二氧化碳化学利用的重要途径之一，碳酸丙烯酯是重要的化工产品，有广泛的用途，随着现代工业的发展，碳酸丙烯酯的需求量会逐渐加大。工业上采取环氧丙烷与二氧化碳在一定压力下加成，然后减压蒸馏制得。碳酸丙烯酯可用于油性溶剂、纺丝溶剂、烯烃与芳烃萃取剂、二氧化碳吸收剂、水溶性染料及颜料的分散剂等。二氧化碳与邻二醇合成碳酸丙烯酯也具有很重要的实用价值，将酯交换法生产碳酸二甲酯（DMC）工艺过程中产生的邻二醇转化为该工艺的原料碳酸丙烯酯。一些反应的路径如下：

（1）二氧化碳与环氧丙烷合成环状碳酸酯

$$\text{(环氧丙烷)} + CO_2 \longrightarrow \text{(碳酸丙烯酯)}$$

（2）二氧化碳与邻二醇合成碳酸丙烯酯

$$n\mathrm{CH_3{-}\underset{\diagdown O \diagup}{HC{-}CH_2}} + n\mathrm{CO_2} \xrightarrow{\text{催化剂}} \left[\mathrm{\underset{|\atop CH_3}{C}HCH_2O\overset{O\atop \|}{C}O}\right]_n$$

（3）二氧化碳与烯烃合成环状碳酸酯

$$\text{CH}_3\text{CH}{=}\text{CH}_2 + CO_2 \longrightarrow$$

大连理工大学研究团队在吸收法回收工艺和吸附精馏法回收精制二氧化碳技术方面取得了突破性进展。1995 年变压吸附法制氧和制氮技术获得辽宁省两个发明金奖。2004 年吸附精馏回收精制二氧化碳技术被鉴定为国际先进和国际首创技术。2005 年获得中石化科技进步二等奖和中国技术市场协会金桥奖。2006 年获得辽宁省科技进步二等奖、辽宁省和教育部重点科技成果。与欧盟合作项目 CO_2 PipeHaz 和 CO_2 QUEST，建立了当时世界最大的工业规模超临界二氧化碳运输管道安全测试平台，为工业界及理论模拟提供了重要的数据，是 CCS 技术进步的关键进展。2017 年完成年产 20 万吨高纯 CO_2 生产工艺设计。2018 年设计世界首套 5 万吨/年水泥窑烟气碳捕集提纯项目。2019 年设计国内首套 8 万吨 CO_2/年、12000 Nm^3 N_2/h 的电厂碳氮联产项目。2020 年合作申请成功欧盟 Horizon2020 项目 C4U。

总之，碳中和是全人类的一场绿色化工业革命、减碳化能源革命、生态化科技革命，将给人类社会与经济发展带来新的深刻变革，是实现人类能源利用与地球生态系统可持续发展的重大实践。

参考资料

[1] Choi Y H, Jang Y J, Park H, et al. Carbon dioxide Fischer-Tropsch synthesis: A new path to carbon-neutral fuels[J]. Appl. Catal. B: Environ., 2017, 202, 605-610.

[2] Li W, Liu Y, Mu M, et al. Organic acid-assisted preparation of highly dispersed Co/ZrO_2 catalysts with superior activity for CO_2 methanation[J]. Appl. Catal. B: Environ. 2019, 254, 531-540.

[3] Zhu J, Wang P, Zhang X, et al. Dynamic structural evolution of iron catalysts involving competitive oxidation and carburization during CO_2 hydrogenation[J]. Sci. Adv. 2022,8(5): eabm3629.

[4] Zhang X, Zhang G, Liu W, et al. Reaction-driven surface reconstruction of $ZnAl_2O_4$ boosts the methanol selectivity in CO_2 catalytic hydrogenation[J]. Appl. Catal. B: Environ. 2021, 284: 119700.

液态阳光

液态阳光（Liquid Sunshine）是指生产过程中碳排放极低或为零时制得的甲醇、甲酸等化学品，即“清洁甲醇”“绿色甲醇”“绿色甲酸”等。

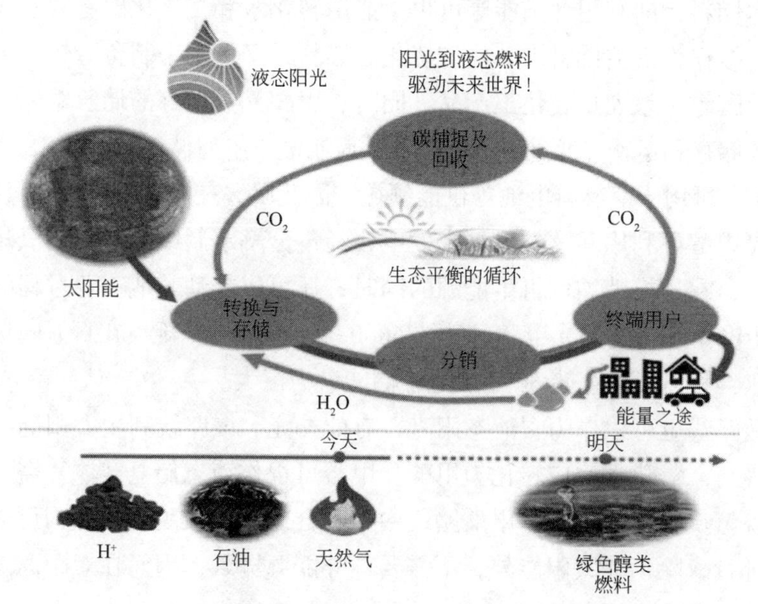

液态阳光示意图（来源：科学网）

应该如何解决碳排放的问题？2020 年 10 月 15 日，全球首套千吨级液态太阳燃料合成示范项目在甘肃兰州新区通过了中国石油和化学工业联合会组织的科技成果鉴定。该示范项目采用了中国科学院大连化学物理研究所李灿院士团队开发的原子级分散的过渡金属电解水催化剂和二氧化碳加氢制甲醇双金属固溶体催化剂两项自主核心技术，包括光伏发电、电解水制氢、二氧化碳加氢制甲醇耦合集成技术。由中国科学院院士何鸣元等 9 位院士专家组成的鉴定委员会给出的结论是该示范采用了电解水制氢和二氧化碳加氢两项国际领先的催化技术，创新集成了液态太阳燃料合成全流程工艺装置，具有完全自主知识产权，整体技术国际领先。该示范项目为从源头解决碳排放问题提供了很好的思路。李灿院士提出，“太阳能是取之不尽用之不竭的，同样的道理，我们还可以用风能、水能等绿色能源发电，与水和二氧化碳合成出清洁的甲醇。”

液态太阳燃料合成是指以太阳能、风能等可再生能源制取绿氢，与二氧化碳加氢技术耦合制备以甲醇为代表的液体燃料和化学品，其本质在于利用可再生能源将二氧化碳和水转化为液体燃料。因此，液态太阳燃料合成是衔接化石资源与以太阳能为代表的可再生能源的重要枢纽。

十几年前，诺贝尔化学奖得主乔治·奥拉（George A. Olah）曾提出“甲醇经济”概念，其本质是基于可再生能源制氢，进而转化二氧化碳制备甲醇、二甲醚等。2018 年，施春风、白春礼等提出液态阳光的理念，把阳光（太阳能）变为液体燃料，即利用太阳能等可再生能源转化水和二氧化碳制取液体燃料。甲醇可直接作为清洁燃料来替代传统化石燃料，又可用来制备芳烃、烯烃、甲醛、二甲醚等一系列重要化工产品。同时，甲醇又是良好的储氢载体，可实现常温常压储存和运输；通过甲醇水蒸气反应制氢（甲醇储氢量可达 18.75 %，质量分数），可用于氢燃料电池等供能领域，因此甲醇是液态阳光首选目标产物。液态阳光甲醇可利用间歇的风、光发电，经过分解水制绿氢，与二氧化碳进行反应合成，在规模消纳可再生能源的同时，还可以带动其他工业过程的减碳。据测算生产 1 吨液态阳光甲醇可消纳 6000 多度电，一个规模在百万吨级的甲醇合成企业，相当于可存储 60 亿度电，储能潜力巨大。

甲酸路线也可以作为“液态阳光”有效补充。该路线利用太阳能分解水产生的氢气与二氧化碳反应转化为甲酸。甲酸可视作液态储氢载体，需要时可通过甲酸脱氢反应释放氢气。甲酸路线中甲酸合成和甲酸脱氢反应均可以在常温常压下进行，除消耗太阳能外，不需要额外能源输入，因而在短距离氢气储存运输中表现出重要的应用潜力。

2022 年 2 月，北京冬奥会张家口赛区，液态阳光加氢站示范项目为冬奥会提供了绿色运行保障。全流程工艺以液态阳光甲醇为原料，通过甲醇重整制取氢气，再经过钯膜纯化装置提纯后给燃料电池供氢。将二氧化碳固定实现二氧化碳的零排放，提供了减排二氧化碳、储存可再生能源的切实可行的新技术路线。

同时，“液态阳光”还在持续发力，除了推进碳中和并为绿色甲醇工业化发展做基础外，还拓展到了生物领域。2021 年 9 月，天津工业生物技术研究所报道了人工合成淀粉的研究成果，发表在国际期刊《Science》上，引起国内外的广泛关注。该人工系统将植物淀粉合成的羧化-还原-重排-聚合以及需要组织细胞间转运的复杂过程，简化为还原-转化-聚合反应过程。研究表明，该系统从太阳能到淀粉的能量效率是玉米的 3.5 倍，淀粉合成速率是玉米淀粉合成速率的 8.5 倍。而在合成淀粉反应初期，由二氧化碳生成甲醇这一步，利用了“液态阳光”技术，为以二氧化碳为原料合成复杂分子开辟了新的技术路线。更重要的是，人工光合作用的能力得到了进一步扩展，给我们解决“粮食危机”提供了一条新道路。

参考资料

[1] Shih Choon Fong, Zhang Tao, Li Jinghai, et al, Powering the Future with Liquid Sunshine, Joule, 2018(2): 1925-1949.

[2] 王集杰，韩哲，陈思宇，等．太阳燃料甲醇合成[J]．化工进展，2022,41(3):1309-1317.

[3] 黄思维．实现碳中和：绿氢与液态阳光[J]．高科技与产业化，2022,28(2):26-29.

[4] 陈继军．“液态阳光甲醇”可担纲减排主力——访中国科学院院士、中科院大连化物所研究员、洁净能源国家实验室（筹）主任李灿[J]．中国石油和化工产业观察，2020(12):12-14.

[5] 施春风，Zhang Tao, Li Jinghai，等．“液态阳光”有望驱动未来世界[J]．科学新闻，2019(2):142.

[6] Cai T, Sun H, Qiao J, et al. Cell-Free Chemoenzymatic Starch Synthesis from Carbon Dioxide[J]. Science, 2021, 373(6562): 1523-1527.

[7] Zhai Shengliang, Jiang Shuchao, et al. Liquid Sunshine: Formic Acid[J].Phys. Chem. Lett., 2022,13(36):8586–8600.

绿色化工让生活更美好

绿色化工（Green Chemical Industry）又称为可持续发展化工，是指利用现代科学方法和原理，在化工产品生产过程中，从工艺源头上就运用环保的理念，推行源消减，进行生产过程的优化集成，废物再利用与资源化，从而降低成本与消耗，减少废弃物的排放和毒性，减少产品全生命周期对环境的不良影响。研究环境友好的新原料、新反应、新过程、新产品以实现化学工业与生态环境和谐发展。

塑料、橡胶、油漆、涂料、药品、化妆品、食品添加剂、服装……在我们身边，化工产品无处不在，化工为我们提供了丰富多彩的产品和服务，渗透在人类生产生活的全领域，是国民经济的支柱产业。但提起化工，大多数人会不由自主地想到污染和事故，因此，为更好地解决环境污染问题，保护生态环境，在化学化工生产中坚持绿色发展的概念，以此促进经济的可持续发展势在必行。

一、绿色化工的特点

绿色化工技术是通过对化学原理的应用和使用工程技术来减少甚至消除能够污染环境的物质，建立友好环境。理想的是采用“原子经济”（Atom Economy）反应，实现反应的绿色化，即原料分子中的每一原子都转化成产品，不产生任何废物和副产物，实现废物的“零排放”，获得绿色化工产品。绿色化工具有以下特点：

（1）清洁　绿色化工致力于从源头上制止污染和资源浪费，充分利用资源和能源，采用无毒、无害的原料，直接从源头避免化工生产过程对环境产生的影响，是真正意义上的“清洁生产”。在无毒、无害的条件下进行化学反应，最大程度地降低废物排放，以减少废物向环境排放。

（2）经济　绿色化工的合成中不产生或少产生副产物，提高原子的利用率，力图使所有原料的原子都被产品所接纳，提高产品的产率。

（3）安全　绿色化工反应条件更加温和安全，产品本身具有环保性。生产出有利于环境保护和人体健康的环境良好产品。绿色化工通过先进的技术手段改变了目标物质的分子结构，最大程度地保留原有产品的主要理化性质，降低了不利性质（如对人体、对环境有害的性质）。

二、绿色化工的研究方向

绿色化工应实现“资源—产品—再生资源”循环路线，降低消耗和能耗。主要有绿色产品工程和绿色过程工程两大方向，包括“原子经济性”反应、化工新产品、生产过程绿色化、环境友好的催化技术、清洁催化氧化技术、高附加值化学品制备技术、化工过程强化、新型反应器、新型分离技术等。

绿色化工技术是要把传统的化工绿色化，即设计环境友好的化学反应路线，构成物质和能量闭路循环的化工工艺流程，同时生产绿色化学产品，使化学反应和化工过程从源头起就不产生环境污染，将传统的化学工业建设改造成为可持续发展的绿色化学工业。例如，传统染料生产中，加强清洁硝化和还原技术的研究，加强绿色化的溶剂、绿色化的助剂、绿色化的催化剂的使用，减少甚至消除污染；药物关键中间体制备中强化原子经济性合成；以空气、氧气或者双氧水为氧化剂的催化氧化实现绿色化学农药的创制研究；采用计算化学和化工新产品生命周期全过程绿色化控制策略，研究原料绿色化、化学反应绿色化、化工过程绿色化以及回收再利用，实现高转化率、高选择性和高收率，甚至达到100%。

三、绿色化工的应用案例

1. 乙烯合成环氧乙烷

用传统的氯醇法合成环氧乙烷，其原子利用率只有25%。

$$CH_2=CH_2 \xrightarrow[2.\ Ca(OH_2)]{1.\ Cl_2} H_2C\overset{O}{\frown}CH_2 + CaCl_2 + H_2O$$

采用乙烯催化环氧化法仅需一步反应，原子利用率达到100%，产率99%。

$$2CH_2=CH_2 + O_2 \xrightarrow{\text{催化剂}} 2H_2C\overset{O}{\frown}CH_2$$

还可以发展电化学氧化技术、光催化氧化技术、生物酶催化转化技术、超滤膜辅助PO胶束催化反应工艺等。

2. 新型燃料和新能源

由于传统石化燃油给大气环境带来严重污染，造成我国近年来出现大量雾霾天气。2017年，国内使用新标号汽油、低硫柴油以及其他无污染燃料，大大减少汽车尾气造成的污染，说明我国工业合成燃油的技术水平在不断提高，不断向绿色化工靠拢。又如，在山东推行的用二甲醚作汽车用燃料，二甲醚既经济又环保，这具有很好的发展前景。再如，山西省太原市将所有的燃气、燃油出租汽车全部替换为电动汽车，并完善相关服务，大幅度地减少了汽油和天然气汽车尾气的污染，这是绿色工业的又一体现。

新能源汽车包括纯电动汽车、增程式电动汽车、混合动力汽车、燃料电池电动汽车、氢发动机汽车等。我国化工新材料产业不断创新升级，助力新能源产业实现跨越式发展。

3．用清洁技术生产清洁产品

2012 年之前，我国乙苯生产普遍采用三氯化铝液相法技术，该技术工艺流程复杂、设备腐蚀严重、环境污染大，后采用中国石化上海石油化工研究院首创开发的乙醇法气相乙苯技术，经历了从传统技术到清洁化技术集成创新，再到原料多样化技术自主创新的两个阶段，最终实现了“质本洁来还洁去”的跨越。该技术实现了气相法乙苯生产的清洁化，解决了装置严重腐蚀和环境污染问题，开创了以煤基和生物基为原料生产乙苯的新工艺路线，避免了单一原料对乙苯生产的限制，提高了乙苯生产工艺的灵活性，降低了对石油资源的依赖。该技术打破了美国的技术垄断，使我国成为世界上第二个拥有石油苯和乙烯气相法制乙苯清洁生产技术的国家。

绿色化工已被全球列为 21 世纪实现可持续发展的一项重要战略，是解决资源、能源紧缺，可持续水资源利用和废水处理，清洁可再生能源开发，二氧化碳捕集利用，绿色经济型药物生产的重要途径，是提高人类生存质量和保证国家与民众安全的核心基础科学与技术。绿色化工的出现，为人类最终从化学的角度解决能源和环境问题带来了新希望，绿色化工是化工产业的又一次飞跃。

参考资料

[1] 周爱林．化工园区发展“绿色化工”的思考[J]．化学工业，2011,29(10),43-47.

[2] 张兴宇．浅析我国绿色化工的发展[J]．山西化工，2017.37(1),65-67.

[3] 高鹏，李维俊．绿色化学与可持续发展[J]．北方环境，2011,23(9):25-26.

[4] 王延辉，张建广．乙苯催化：原料多样，清洁高效[N]．中国化工报，2012-03-01.

中国化学化工发展大事记

公元前 8000—6000 年

开始制造陶器，以铁质易熔黏土为材料，多混有石英砂和其他碎末。

汉代出现低温铅釉陶；唐代出现了彩色铅釉陶（唐三彩）；宋代出现紫砂陶；东汉末期出现青瓷。

公元前 5000—3000 年

新石器时代晚期，已发现煤炭，并巧妙地加以利用。

公元前 4000—3000 年

龙山文化晚期，中国已会酿造酒。公元前 1000 年已掌握制曲技术，比欧洲的“淀粉发酵法”制造酒精早 2000 多年。

公元前 2700 年—2599 年

中国是最早使用天然染料染色的国家。早在 4500 多年前的黄帝时期，人们就能够利用植物的汁液染色。

公元前 2000 年

作为“纤维之王”蚕丝的故乡，中国于公元前 2000 年就已经养蚕。公元 200 年养蚕技术传入日本。

公元前 2000—1700 年

开始冶铸铜；17 世纪开始冶铸青铜。

公元前 1500 年

炼丹术发展，是最早的化学实验。这一时期是中国化学发展最辉煌的时期，引导了世界化学的发展。

公元前 1200 年

开始使用金、铜、锡、铅、汞。

公元前 1000—600 年

中国劳动人民开始掌握丝帛染色方法。多部古籍文献中记录了色彩的名称，东汉《说文解字》中有 39 种色彩名称，明代《天工开物》《天水冰山录》则记载有 57 种色彩名称，到了清代的《雪宧绣谱》已出现各类色彩名称共计 704 种。

公元前 800 年

发现石油。古书记载“泽中有火”即指地下流出石油溢到水面而燃烧。宋朝沈括所著《梦溪笔谈》第一次记载石油的用途，并预言“此物必大行于世”。

公元前 600—476 年

春秋晚期能炼铁；中国已掌握冶铁技术，比欧洲早 1900 多年。

公元前 453—221 年

战国时期能炼钢。

公元前 300 年

发展起块铁渗碳的制钢技术。

公元前 200 年

炼出了球墨铸铁，比英美领先 2000 年。

公元前 200—公元 400 年

炼丹术兴起。魏伯阳的《周易参同契》和葛洪的《抱朴子》记录了汞、铅、金、硫等元素和数十种药物的性状与配制。公元 750 年中国炼丹术传入阿拉伯。

公元前 140—公元 87 年

发明了造纸术。

公元 105 年

东汉蔡伦总结并推广了纸技术，欧洲人还在用羊皮抄书。

公元 700—800 年

唐朝孙思邈在《伏硫磺法》中最早记载了黑火药的三组分（硝酸钾、硫磺和木炭）。火药于 13 世纪传入阿拉伯，14 世纪传入欧洲。

公元 800 年

唐朝的《太上圣祖金丹秘诀》所载“伏火矾法”是原始火药的配方。

唐朝茅华是世界上第一个发现氧气的人，他比英国的普利斯特里（1774 年）和瑞典的舍勒（1773 年）发现氧气早约 1000 年。

16 世纪

明代用锌制造黄铜，早于欧洲 400 年。

1914 年

范旭东在塘沽创办久大精盐公司。

1915 年

第一家橡胶生产厂创办。

中国第一个用工业化方式生产涂料的工厂——上海开林造漆颜料厂创办。

1917 年

范旭东等人创立了永利制碱公司。

1918 年

河南省巩县兵工厂是国内首家使用接触法制取硫酸（规模 5000 吨/年）的工厂。

1919 年

被称为“民族染料第一家”的青岛维新化学工艺社（青岛染料厂前身）成立。

1922 年

最早成立的私人化工研究机构——黄海化学工业研究社由范旭东在塘沽创办。

1923 年

中国第一家国人自己创办的味精厂——天厨味精制造厂成立。

1926 年

永利碱厂生产出优质纯碱，在美国费城万国博览会上获金质奖章，被誉为“中国工业进步的象征”。

1929 年

中国第一家电解化学工厂——天原电化厂在上海成立，被视为中国食盐电解工业的鼻祖。

我国首家民办酸厂——得利三酸厂总厂于天津河东建成。

1930 年

中央工业试验所在南京成立。

1931 年

“永明漆”成为中国涂料工业的第一个名牌产品。

1936 年

新疆建立独山子炼油厂，采用单釜炼制原油。

1937 年

永利化学工业公司南京铔厂硫酸装置建成投产。

1941 年

永利化学工业公司将侯德榜研究成功的新制碱法命名为“侯氏碱法”。

1949 年

中央人民政府政务院设立燃料工业部、重工业部，石油工业和化学工业分别由这两个部门主管。

1950 年

上海炼油厂的常压蒸馏装置建成投产（年加工原油 10 万吨）。

我国首个化肥催化剂生产车间在永利化学工业公司南京铔厂建成。

重工业部化学工业局在北京成立。

1951 年

国营第一橡胶厂研制出防弹自补轮胎。

上海病虫药械厂成功投产“六六六”，标志着我国有机合成农药工业的形成。

我国第一套水银法烧碱生产装置在锦西化工厂建成，我国开始有了纯度较高的烧碱。

1953 年

重工业部化工局改名为中华人民共和国重工业部化学工业管理局（简称中央化工局）。

中央工商行政管理局以“发字 1 号文”给侯氏碱法颁发发明证书，有效期为 5 年，发明人为侯德榜。

冶炼烟气低浓度制酸工艺由 401 厂首创。

1954 年

石油炼制工业部门第一个专业科研机构——抚顺石油研究所成立。

1955 年

原永利碱厂、久大精盐厂合并，改称“公私合营永利久大化学工业公司沽厂”。

沈阳化工综合研究所研究成功的有机玻璃——聚甲基丙烯酸甲酯，在锦西化工厂建成年产 230 吨生产装置，生产出中国第一批有机玻璃。

永利宁厂研制成功 C4 型中温变换催化剂。

1956 年

中国第一家采用本土技术建设的有机磷农药企业——天津农药厂开始建设。

中国第一个年加工能力100万吨的大型炼油厂——兰州炼油厂动工兴建。

中国第一个生产碳酸氢铵的厂家—大连碱厂研制出以氨水制备母液循环连续作业法生产碳酸氢铵新工艺。该成果获国家新产品试制成果奖。

中华人民共和国化学工业部（简称化工部）成立。

中国首个硫铁矿沸腾焙烧技术由永利宁厂自主研发成功。

中国第一台多层包扎式高压氨合成塔由永利宁厂试制成功。

中国化学工业与化学工程学会（简称中国化工学会）筹备委员会成立，侯德榜任主任委员。

1957年

从苏联引进的3套氮肥装置之一的吉林化肥厂建成试生产。

上海天原化工厂立式吸附隔膜电解槽建成，单槽产量提高10倍，电耗降低23%，接近世界先进水平。

1958年

中国第一个活性染料产品——红光黄在上海润华染料厂投产。

南京磷肥厂40万吨/年、太原磷肥厂20万吨/年的粒状过磷酸钙装置分别建成投产，标志着我国已具备设计、建设大型磷肥厂的能力。

中国第一套16万吨/年联合制碱工业化装置在大连化工厂动工。

中国自行开发建设的2000吨/年氯丁橡胶生产装置在长寿化工厂建成投产，生产出国内第一批合成橡胶。

中国第一个2000吨/年合成氨、8000吨/年碳铵氮肥示范厂在上海化工研究院投入试生产。

我国第一套聚氯乙烯工业化生产装置——锦西化工厂3000吨/年悬浮聚合法聚氯乙烯生产装置建成投产。

锦西化工厂年产1000吨苯酚法己内酰胺（即聚酰胺-6纤维的单体）生产装置建成投产。并经锦州合成纤维厂纺丝成功，命名为“锦纶”。

1959年

中国自行设计的58型4.3米顶装焦炉于北京焦化厂建成投产。

1960年

兰州合成橡胶厂建成投产，生产出国内首批丁苯橡胶。

上海染料涂料所、化工部天津化工研究院涂料室研制成功聚醋酸乙烯类乳胶涂料，标志着建筑乳胶涂料在国内正式问世。

1962年

兰州化学工业公司年产5000吨的炼厂气裂解、分离装置建成投产，在国内第一次以石油气为原料生产出乙烯。

石油部在北京召开炼油新技术座谈会，决定集中各方面技术力量，独立自主地开发流化催化裂化、铂重整、延迟焦化、尿素脱蜡和有关的催化剂、添加剂，被誉为中国炼油工业的“五朵金花”。

化工部编制了《化学工业科研 1963～1972 年长远规划》，化学工程成为中国技术科学门类的一个独立学科。

1963 年

国务院批准化工部引进以天然气、轻油、重油为原料的石油化工装置 16 项。分别在抚顺炼油厂、兰州化学工业公司、泸州天然气化工厂等企业开展建设。

江西东乡磷肥厂 3 万吨/年钙镁磷肥生产线建成投产。

1964 年

上海市涂料研究所试制成功有机氟涂料，应用于火箭发射，为国内首创。

上海大中华橡胶厂研制出国内第一条全钢丝子午线轮胎。

1966 年

国家科委、石油部、化工部联合组织顺丁橡胶技术攻关会战，以锦州石油六厂为主要现场，开发成功以丁二烯为原料制顺丁橡胶，并建成 1000 吨/年顺丁橡胶的工业装置。

1967 年

中国自己设计建设的第一座年加工量为 250 万吨的常减压蒸馏-硫化催化裂化—延迟焦化大型联合装置，在山东胜利油田建成投产。

1970 年

北京染料厂开创了中国合成靛蓝的发展历史，靛蓝投入工业化生产。

沈阳化工研究院成功试制出中国第一个内吸性广谱杀菌剂多菌灵。

1974 年

维生素 C 两步发酵新工艺通过技术鉴定，这项新工艺获得国家发明二等奖。

1975 年

第四届全国人民代表大会第一次会议决定，将燃料化学工业部分为煤炭工业部、石油化学工业部（简称石化部）。

1977 年

青岛染料厂成功研制生产出 3 个高档油溶性彩色电影胶片，呈色剂黄 5381、品 5381 和青 5381，填补了国内相关领域空白。

1978 年

第五届全国人民代表大会第一次会议决定，撤销石油化学工业部，设立化学工业部、石油工业部。

化工部引进 30 万吨/年乙烯及配套化工装置，分别建在南京、山东、大庆和上海。

1979 年

安徽化工研究院在国内率先开发成功了“水相悬浮压力法”生产氯化聚氯乙烯新工艺，成为全国生产氯化聚氯乙烯的主要工艺。

以轻油为原料，全部由国内自行设计、制造设备建设的年产 30 万吨合成氨、年产 24 万吨尿素装置在上海吴泾化工厂建成投产。

1981 年

全国第一家正式成立的工业类行业协会——中国氯碱工业协会在沈阳成立。

1982 年

化工部为运载火箭提供了燃料及其他化工配套材料。

1983 年

中国第一套 52 万吨/年尿素合成塔在南化公司机械厂制造成功。

1984 年

四川银山磷肥厂、成都科技大学合作开发的 4000 吨/年料浆浓缩-喷雾干燥法制磷铵中试装置，通过部级技术鉴定。该成果 1988 年获国家科技进步一等奖，大型料浆浓缩法磷铵国产化装置项目获 2004 年国家科技进步二等奖。

1985 年

顺丁橡胶生产新技术的研发成果获得 1985 年度“国家科学技术进步奖特等奖”。西南化工研究院等单位开发的“用四塔一次均压式变压吸附工艺从合成氨驰放气中回收氢‘七四三’工程设计”获得国家科技进步一等奖。

南化公司磷肥厂建设 20 万吨/年硫酸装置开启了中国硫铁矿制酸装置大型化的进程。

中国自行设计、研制的涤纶短纤维成套设备在上海石油化工总厂涤纶二厂建成投产，通过国家级技术鉴定，年产涤纶短纤维 1.5 万吨。

1986 年

中国第一套万吨级固体磷酸一铵生产装置，在湖北老河口市光化磷肥厂通过技术鉴定。

1987 年

TS-系列冷却水处理药剂的研制与应用、大庆常压渣油催化裂化技术获得 1987 年度国家科技进步奖一等奖。

北京化工机械厂制造出国产离子膜电解槽，填补了这一核心技术的国内空白。

晨光化工研究院研制的室温固化耐高温高强韧性环氧结构胶黏剂在第 15 届日内瓦国际发明和技术展览会上获金奖。

化工部星火化工厂年产 1 万吨国产有机硅工程开工建设，该工程是中国第一套万吨级有机硅工业试验装置。

1988 年

二水法磷酸——中和料浆浓缩法制磷铵新工艺和乐凯 100 日光型彩色胶卷（Ⅱ）获得 1988 年度国家科技进步奖一等奖。

1989 年

年产 52 万吨二氧化碳气提法尿素装置机械设备、萘氧化制苯酐流态化催化反应器和催化剂及其系统新技术开发和应用获得 1989 年度国家科技进步奖一等奖。

1990 年

安徽铜陵华兴公司应用国内先进的工艺技术和装备建成大型硫铁矿制酸装置，该装置是中国第一套自行设计、国家“八五”大型硫酸装置国产化攻关项目的依托工程，产量达 20 万吨/年。

锦西化工研究院、浙江大学、无锡电化厂承担的“七五”国家科技攻关项目“微悬浮糊树脂聚合工艺技术开发”通过部级鉴定。该项成果已建成年产 2000 吨生产装置，主要技术经济指标达到国外先进水平。

1991 年

由北京化学试剂研究所等 5 家单位联合研制成功的紫外光刻胶，通过国家计委、国家科委、化工部等单位组织的鉴定验收。

化工部主持的“七五”国家重点科技攻关课题“染料和染料助剂技术开发”通过国家验收。

化工部主持的“七五”国家重点科技攻关课题“涂料新品种技术开发”通过国家验收。该课题开发了近百种汽车涂料、建筑涂料、工业防腐涂料、节能低污染涂料等新品种。

化工部成都有机硅应用研究中心研制成功新型环氧胶黏剂，获国家科技进步一等奖。

由中国成达化学工程公司承包建设的印度尼西亚 15 万吨/年联碱项目签约，这是中国第一套大型化工成套出口项目。

1992 年

上海染料化工八厂成功开发投产活性黄 KE-4RN、活性黄 M-2RE 和活性艳蓝 KE-GN，填补了国内空白。

拥有自主知识产权的甲醇低压羰基合成制醋酸专利技术由化工部西南化工设计研究院研制成功。

中国第一套 150 吨/年聚苯硫醚工业性实验装置由四川省自贡市化学试剂厂建成投产，并通过国家级鉴定验收。

1993 年

国内大型国产化子午线胎生产线在山东荣城橡胶厂建成投产。

年产 200 吨银催化剂工业生产装置在北京燕山石化公司研究院研制开发建成，这项成果已在中国和美国获得专利。

化工部在首届全国化工科技成果交易会上推出十项重大科技成果，包括 A301 型氨合成催化剂、缔置法硫酸钾技术、碳酸氢铵一步合成法尿素新工艺、杀虫剂双原粉生产技术、新型高效组合式换热器、高温热管蒸汽发生器、新型工业结晶技术、新型高效填料塔等。

1995 年

MTBE 裂解制聚合级异丁烯生产装置在燕山石化建成投产，为生产丁基橡胶提供了经济可靠的原料来源。

第一套万吨聚氯乙烯糊树脂国产化工程在沈阳化工厂试车成功。

1996 年

鲁南化肥厂研究开发成功的水煤浆加压气化制合成氨新工艺重大化肥科技成果，获得 1995 年国家科技进步一等奖。

武汉双虎涂料集团公司改制，“双虎涂料”股票在上海证券交易所正式上市，为涂料上市企业第一家。

改革开放以来第一个以石油化工、精细化工为主的专业开发区——上海漕泾化工园区宣布成立。

沈阳化工研究院开展的溶剂法合成 2-羟基-3-苯甲酸、氯代苯甲醛和分散黑 EX-SF300% 三个项目的研制获“八五”国家科技攻关重大成果奖。

我国第一套溶液聚合法丁苯橡胶装置在燕山石化建成。

2000年

国务院批准建设青海盐湖工业集团有限公司30万吨/年氯化钾反浮选冷结晶高技术产业化项目。

中国第一套大型国产化聚酯装置在仪征化纤股份公司涤纶一厂顺利建成投产，产量为10万吨/年。

2001年

国内首套低压临氢脱硫醇100万吨/年航煤加氢装置在镇海炼化建成投产。

2002年

“MCI柴油加氢改造新技术及工业应用”项目获国家技术发明二等奖。

“大庆减压渣油催化裂化成套技术开发及工业应用”项目获国家科技进步一等奖。

中国第一套1000吨/年芳纶Ⅱ工业装置在四川省德阳市奠基。

2003年

中国首创生物农药宁南霉素1万吨/年项目全面开工建设。

“浙江龙盛”股票在上海证券交易所上市，这是国内染料行业首家上市企业。

2004年

中国科学院大连化学物理研究所、新兴能源科技有限公司和中石化洛阳工程有限公司合作，建成世界第一套万吨级（日处理甲醇50吨）甲醇制烯烃工业性试验装置。

世界上首个煤直接液化项目——神华集团鄂尔多斯煤直接液化项目开工建设。

山东华鲁恒升30万吨/年合成氨国产化大型装置投产，为我国第一套拥有自主知识产权技术的国产化合成氨装置。

2005年

中国淘汰甲基溴国家行动计划项目正式启动，由秦皇岛市领先科技发展有限公司研发的《用于土壤消毒的甲基溴生物替代技术培训与推广》项目得到了联合国《蒙特利尔议定书》多边基金的批准和资助，从而使我国成为第一个开发此类生物替代甲基溴技术的国家。

中国海洋石油总公司、荷兰皇家壳牌公司和广东省政府合资兴建的位于广东省惠州市大亚湾的中海壳牌石油化工有限公司的80万吨/年乙烯裂解装置建成投产。

2006年

烟台万华聚氨酯股份有限公司拥有自主知识产权的MDI大型装置在宁波大榭岛一次试车成功。

世界首套1万吨/年DMTO（甲醇制取低碳烯烃）工业化装置获得成功。

2008年

世界第一套以高硫煤为原料生产清洁能源甲醇的装置在山东兖矿集团国宏公司建成投产。

兰州石化公司10万吨/年丁苯橡胶装置化工投料开始生产。这是国内生产规模最大、完全依靠自有技术建设的丁苯橡胶装置。

2009年

中国石化齐鲁分公司建设的丁苯橡胶生产装置投产，全厂丁苯橡胶装置年总产能达23万吨，为当时国内最大的丁苯橡胶生产基地，该装置全部采用国内自有技术。

中石油兰州石化公司5万吨/年丁腈橡胶生产装置建成投产，该装置全部采用国内自主知识产权技术。

山东东岳集团100%国产化的全氟离子膜在万吨级规模氯碱生产装置上获得成功应用。

2010年

山东玉皇化工有限公司8万吨/年顺丁橡胶生产装置建成投产，这是国内民营企业建成的第一套规模化合成橡胶装置。

河南煤化工集团煤制乙二醇工程开工建设。该项目为国内自主研发，世界首创，投产后产品产量20万吨/年。

茂名鲁华化工有限公司建设的1.5万吨/年异戊橡胶生产装置建成投产，该项目全部采用自主研发技术，填补了国内异戊橡胶生产的空白。

2011年

神华集团包头煤化工分公司煤制烯烃工业示范工程正式开始商业化运营，标志着中国煤制烯烃工业化示范工程取得成功，该工程煤制烯烃60万吨/年。

中国及亚洲第一条年产 1000 吨含氟活性染料生产线在湖北丽源科技股份有限公司正式投产，填补了国内含氟活性染料的空白。

神华宁煤集团研制出甲醇/二甲醚高选择性制丙烯 （MTP）的催化剂，拥有自主知识产权，打破了国外企业对煤制烯烃关键技术的垄断。

2013年

1.5万吨/年反式异戊橡胶装置在青岛建成投产，这是全球首套万吨级工业化生产装置。

2014年

“千万吨级大型炼油装置智能控制系统” 在长岭炼化通过验收并示范推广。

2015年

甲醇制低碳烯烃（DMTO）技术获得2015年度国家技术发明一等奖。

千吨级氢化丁腈橡胶装置在浙江嘉兴建成投产，结束了氢化丁腈橡胶依赖进口的历史，中国成为世界第三个拥有自主知识产权工业生产氢化丁腈橡胶的国家。

2016年

“高效环保芳烃成套技术开发及应用”项目被授予国家科技进步特等奖，中国成为第三个全面掌握该技术的国家。

神华宁煤集团400万吨/年煤炭间接液化示范项目出油。这是目前世界上单套投资规模最大、装置最大、拥有自主知识产权的煤间接液化项目。

2017年

恒力石化 2000 万吨/年炼化一体化项目开工，该项目是国家对民营企业开放的第一个重大炼化项目。

金川集团40万吨/年烧碱项目投产运行。

中国石化巴陵石化分公司2万吨/年 SEPS 生产装置建成投产，填补了中国 SEPS 产品研发生产空白，该装置拥有完全自主产权。

扬子石化成功生产特高分子量聚乙烯，此为国内首次自主成功开发锂离子电池隔膜专用树脂。

“高效甲醇制烯烃全流程技术（S-MTO）”“煤制油品/烯烃大型现代煤化工成套技术开发及应用”项目获得2017年度国家科技进步一等奖。

2018年

中国石油自主开发建设的大化肥项目——宁夏石化国产化80万吨/年尿素装置成功投料。

2019年

总投资100亿美元的大型石化项目，巴斯夫（广东）一体化基地项目在湛江经济技术开发区正式启动，并开始建设首批装置。

2020年

埃克森美孚惠州乙烯项目在广东惠州大亚湾石化区开工，主要建设160万吨/年乙烯等。

2022年

亚洲最大的陆地采油平台——中国石油集团吉林油田分公司新215区块16号大井丛平台投产。该平台共有油水井72口，是继2015年吉林油田1号大井丛平台分布48口油水井建成投产后，再次创造的亚洲最大陆地采油平台新纪录。

由天华院设计制造的全国首台（套）鲁姆斯工艺聚丙烯（PP）聚合反应器在中海油宁波大榭石化有限公司30万吨/年聚丙烯项目中顺利投运。

我国首个万吨级48k大丝束碳纤维工程第一条国产线在上海石化公司碳纤维产业基地投料开车，并生产出合格产品。

2023年

我国首个百万吨级海上碳封存示范工程——中国海油恩平15-1油田碳封存示范工程在珠江口海域正式投用。这标志着我国初步形成了海上二氧化碳注入、封存和监测的全套钻完井技术和装备体系，填补了我国海上二氧化碳封存技术的空白。

我国第一桶“零碳原油”在中国石油吉林油田诞生——吉林油田新立采油厂Ⅲ区块光热系统正式并网运行，标志着亚洲最大陆上采油平台集群零碳示范区建成投运。

我国首个万吨级光伏制氢项目——中国石化新疆库车绿氢示范项目投产，标志着我国首次实现规模化光伏发电直接制氢工艺与工程成套技术的工业应用。

位于内蒙古包头的全球首套60万吨/年煤制烯烃示范装置升级，煤制甲醇的产能拟由180万吨/年增加到380万吨/年，甲醇制烯烃的产能由60万吨/年增加到130万吨/年。

首套4000吨/年CHP（过氧化氢异丙苯）法制环氧丁烷装置一次开车成功。这是全球首套采用CHP法制备环氧丁烷的装置，采用的是中国石化自主研发的技术。

参考资料

[1] 郭保章. 中国化学史[M]. 南昌：江西教育出版社，2006.

[2] 中国化工博物馆. 中国化学工业百年发展史[M]. 北京：化学工业出版社，2021.